佛 教 文 化

主　编　高文强

副主编　王　婧

编委会（以姓氏笔画为序）

马　麟　王　婧　李艳萍

杨森旺　高文强

博大精深　·　源远流长　·　传承千年　·　泽被东西

WUHAN UNIVERSITY PRESS

武汉大学出版社

图书在版编目(CIP)数据

佛教文化 / 高文强主编. -- 武汉 ：武汉大学出版社，2025.4（2025.4 重印）. -- ISBN 978-7-307-24993-6

Ⅰ.B948

中国国家版本馆 CIP 数据核字第 2025SK3156 号

责任编辑:白绍华　　　责任校对:鄢春梅　　　版式设计:韩闻锦

出版发行：**武汉大学出版社**　　（430072　武昌　珞珈山）

（电子邮箱：cbs22@whu.edu.cn　网址：www.wdp.com.cn）

印刷:湖北恒泰印务有限公司

开本:787×1092　1/16　印张:15.25　字数:314 千字　插页:2

版次:2025 年 4 月第 1 版　　2025 年 4 月第 2 次印刷

ISBN 978-7-307-24993-6　　定价:59.00 元

作者简介

　　高文强，湖北孝感人，文学博士，武汉大学文学院副院长、教授、博士生导师；兼任武汉大学东亚佛教诗学研究中心主任，韩国东国大学东亚海洋文明与宗教文化研究所客座研究员，湖北省文艺学学会副会长，中国古代文学理论学会常务理事及学术委员会委员，中国《文心雕龙》学会理事。主要从事中国文论、佛教诗学等方向的研究，代表著作有《佛教与永明文学批评》《东晋南朝文人接受佛教研究》等。曾先后获得湖北省社会科学优秀成果奖二等奖、三等奖，湖北省文艺评论奖二等奖，韩国东亚人文学会优秀学术奖，湖北省高等学校教学成果奖一等奖，高等教育国家级教学成果奖二等奖等奖项。

前　言

在打开这本书开始学习之前，同学们可以先想一想，在你的脑海中对佛教文化的印象是怎样的？你所认识的佛教究竟是怎样的形象？许多人一听到佛教，头脑中的第一反应往往是求神拜佛、祷告念经、寺院的香火乃至少林的功夫等景象。佛教文化就是这样的吗？这些确实属于佛教文化，但却不是佛教文化的主干。如果将佛教文化比喻为一棵参天大树，我们常常看到的上述景象，以及佛教音乐、佛教绘画、佛教雕刻、佛教建筑、佛教文学等各种形式，就像这棵大树上的枝叶花果。茂盛的花果枝叶极易吸引人们的眼光，但也常常阻挡着人们看清这棵参天大树主干的视线。这里所说的主干，就是佛教文化的主体和根本，这才是佛教文化的内涵。我们只有了解了佛教文化的主干，才能真正理解佛教大树上枝叶花果的文化意义，这正是本书的主旨所在。也就是说，本书希望通过对佛教文化主体内容的介绍，让同学们认识佛教文化的内涵。

之所以如此强调对佛教文化真实形象的认识了解，是基于这样一种现象。我们知道，佛教于公元前6世纪至前5世纪创立于印度，大约在公元1世纪左右的两汉之际传入中国，然后在中国不断发展壮大并走向繁荣，逐渐成为与儒家、道家并驾齐驱的主流文化之一，对中国的政治、思想、文学、艺术等文化都产生了深远影响。由此不难看出，要真正理解中国传统文化尤其是两汉之后的传统文化，不了解佛教文化显然是不行的。然而，当前的现实却是，大部分青年学生由于基础教育阶段佛教文化教育的缺失，从而对佛教文化的真实形象几乎一无所知。因此，在当前国家大力提倡传承弘扬中华优秀传统文化的大背景下，让青年学生认识佛教文化的真实形象，补上传统文化教育之缺，是非常有意义的。

正是基于上述主旨，本书所讲的佛教文化，便主要立足于文化层面来展开，而不涉及宗教层面。因为佛教文化也是中国传统文化的一部分，本书所介绍的内容，其侧重点正在于传统文化层面中的佛教文化。从这一视角出发，本书将从三大方面介绍佛教文化：第一是佛教的发展历史，包括佛教的形成及其在印度和中国的传播，佛教在中国的发展状况等；第二是佛教的基本观念，即佛教最基本、最核心的思想和观念；第三是佛教对中国文化的影响，主要介绍在佛教影响下中国文化的新变。

最后希望通过对本书的学习，能够实现以下三个目的：第一是了解过去，也就是要好好了解我们的传统文化里到底有什么，而且要了解它们到底是什么；第二是认识现在，中国文化已积淀了数千年，民族文化意识已在每个人身上打上了深深的烙印，因此只有在了解传统文化的基础上，我们才能深刻而清醒地认识现在的自己；第三是走向未来，未来我们将如何发展，同样与我们的传统文化有着密切联系，若能不断吸纳和接受传统文化中的大智慧，将之转化为我们自身智慧的一部分，将对我们走向未来极有帮助。

与本书配套的国家级一流本科在线开放课程"佛教文化"在"爱课程"网上已经上线，大家在学习过程中可以参考。（网址 https：//www.icourses.cn/）

目　录

第一章
佛教的形成

佛教产生于公元前 6 世纪到前 5 世纪的古印度，其创立与发展都是世界文化史上的大事。佛教的创立者释迦牟尼，是历史上真实存在的人物。为了解脱生老病死，释迦牟尼在 29 岁出家修行，成道以后，便依据自己对一切法（即一切事物、宇宙万有）如实的了解，广开言教。释迦牟尼创立佛教的目的，在于解决自己及他人的烦恼痛苦。本章主要介绍作为历史人物的佛陀和他开创佛教的过程。

第一节　佛教形成的社会背景

印度是世界上最古老的文明国家之一，也是中国的近邻。释迦牟尼出生于公元前六世纪中叶，时代约与孔子同时。当时印度正处于社会急剧变革与转型的时期，次大陆的政治、经济、文化发生转向，城市和国家普遍兴起。在那个时代里，列国兼并战争频发，婆罗门教及瓦尔那制度（即种姓制度）与印度社会之间产生巨大矛盾，各阶级力量此消彼长，文化领域出现沙门思潮，并在恒河中下游地区出现了百家争鸣的景象。有学者认为，作为世界三大宗教之一的佛教在此时诞生，给这个时代带来最大的特征，以至于历史学家们常常将佛陀所生活的公元前 6 世纪至前 5 世纪，称为佛陀时代。

一、群雄争战

考古学证据表明，印度古典文明主要由早期吠陀文明发展而来。吠陀文明的建立者是雅利安人。大约从公元前 15 世纪开始，雅利安人从中亚细亚分批进入印度河中游的旁遮普，征服了当地皮肤黝黑的达罗毗荼人，并通过武力扩张占领了北印度。雅利安的意思是

"高贵"，雅利安人即高贵的人，这是他们的自称。旁遮普意为"五河之地"，这是印度河的五条支流杰赫勒姆河、杰纳布河、拉维河、比亚斯河、萨特莱杰河汇流处。雅利安人在征服印度河流域之后，就不断向东扩张。

大约在公元前1000年，雅利安人将势力扩张到恒河流域，占领了当地肥沃的土地。与此同时，南亚次大陆开始使用铁器，铁斧、铁犁等工具，使得生产力得到很大的提升。大面积的森林、荒地、沼泽被开垦，土地得到深耕，水稻成为主要的种植作物，棉花、甘蔗的产量也迅速增加。手工业在此时也有进一步的发展，不同工种的职业如铁匠、石匠、编织工、刺绣工、制箭者等相继出现。此外，商业繁荣，地方贸易蓬勃发展，商品交换较为频繁，牛车、马车和象驮成为当时主要的运输方式。海上、陆上的对外贸易也形成了一定的商业路线。当时的货币有金、银、铜等。在此基础上，次大陆开始出现王舍城、吠舍离、波罗奈等有名的大城市。

随着殖民扩张和经济的发展，雅利安人内部也开始发生分化。部落首领和上层占有的经济资料越来越多，部分雅利安人因为无力偿还债务，被迫成为奴隶。晚期吠陀时代，由于军事首领和僧侣贵族的权力进一步扩大，雅利安人的氏族部落制度和军事民主制度相继瓦解。部落长老会议和全体成员会议名义上还存在，但实际已失去作用。部落首领将部落所占有的领土视为自己所有，地域性质的王权开始形成。国王建立职业军队，任命高级官吏，征取强制性赋税（如土地税等）。一些部落开始过渡为国家，部落军事首领罗阇变为世袭君主。这样，国家就产生了。在公元前600年，印度大约有二三十个这样的国家，吠陀时代到这时通常认为已经结束，印度历史进入所谓的列国时期。

关于印度最初形成国家的情况，汉译佛典、巴利文佛典以及耆那教经典都曾有部分记载。印度次大陆形成的国家，重要的有十六国，佛教文献习惯地称为"十六大国"。据《长阿含经》卷五记载，这十六大国分别是："鸯伽国、摩揭（陀）国、迦尸国、居萨罗国、跋阇国、末罗国、支提国、跋沙国、居楼国、般阇罗国、阿湿波国、阿般提国、婆蹉国、苏罗婆国、干陀罗国、剑浮沙国。"《增一阿含经》所记载的十六国名，与《长阿含经》基本相同。耆那教文献《薄伽跋提经》所列十六国名，与《长阿含经》出入较大，其中半数为《长阿含经》所未曾提到。这些新的国家延伸到更远的东方和南方，表明耆那教文献所列名单时间较晚。因此，一般认为汉译佛典《长阿含经》所列十六国名更接近实际，因为它时代较早，应当属于佛陀时代早期的列国。

根据考古学资料，十六大国主要分布在印度河—恒河平原（只有一国即阿湿波国在德干高原）。按照其地理位置从东至西、自南向北，依次是：

1. 鸯伽国，又称"鸯掘多罗国"

位于恒河中游的平原地区，地处十六大国的最东部。都城为瞻波城（今印度比哈尔邦帕格尔布尔)。佛陀在世时，已为摩揭陀国所灭。

2. 摩揭陀国

位于恒河南岸，都城为王舍城(今印度比哈尔邦拉志吉尔)。佛陀在摩揭陀国的伽耶城外得道。得道后，最先到达的都城是王舍城。佛陀生前与摩揭陀国王频婆娑罗王、其子阿阇世王友善，在王舍城外的竹林精舍讲道多年。佛陀涅槃后，阿阇世王参加了佛陀的葬礼，并分得舍利、起塔供养。阿阇世王也是佛教第一次结集的赞助人。

3. 跋耆国

位于恒河北岸，都城为吠舍离(今印度国比哈尔邦瓦伊沙利)。阿阇世王将攻跋耆，佛陀盛赞跋耆国的共和制度，断言跋耆不可战胜，后来又于多处宣讲跋耆人的"七不退法"。吠舍离是佛陀重要的传地道点。维摩诘居士居住此城。佛陀灭度百年后，僧团在吠舍离城进行第二次结集，上座部与大众部分裂，开始了佛教部派时期。

4. 迦尸国

位于恒河上游，都城为波罗奈(即今印度邦瓦拉纳西)。佛教四大圣地之一的鹿野苑在波罗奈附近，佛陀在此初转法轮、建立僧团。

5. 摩罗国

位于恒河上游，全族信仰佛教。摩罗国南部以婆波城为中心，佛陀在此接受了铁匠纯陀的布施，就餐后，感到非常不适，但坚持前往北末罗的都城布道。摩罗国北部以拘尸那揭罗城为中心，佛陀在拘尸那揭罗城郊外的希连河边入灭。

6. 拘萨罗国，又作"憍萨罗国"

都城为舍卫城。佛陀所出自的释迦族部落，为拘萨罗国的属地。舍卫城是佛教史上著名的祇园精舍(意译为给孤独者园)所在地，佛陀在此渡过 25 次雨安居。《阿含经》中多部经典在这里演说。

7. 支提国

位于亚穆纳河南岸。都城为塞缚悉底跋底。佛陀生前未到该国。

8. 跋蹉国，意译为犊子国

位于亚穆纳河与恒河之间。都城为憍赏弥城。佛陀曾在憍赏弥城与国王优填王论道。

9. 般阇罗国

位于恒河上游。北般阇罗国王参加了佛陀的葬礼，并在都城建有佛舍利塔。

10. 阿般提国

次大陆中西部地区最强大的国家，都城为邬阇衍那城。佛陀生前未到该国。

11. 苏罗娑国

都城为末土罗城。佛陀生前未到该国。

12. 婆蹉国

都城为毗罗陀那伽多城。佛陀生前未到该国。

13. 居楼国

都城为因陀罗普斯太城。佛陀曾到居楼国的劫摩娑陀密城宣道。

14. 干陀罗国，又作"犍陀罗国"

位于印度河上游五河交汇之地，都城为呾叉始罗城。佛陀生前未到该国。1世纪以后，犍陀罗成为佛教造像制作中心。

15. 剑洴沙国

位于印度河上游，地处十六大国的最西部。都城为陀跋利迦城。佛陀生前未到该国。

16. 阿湿波国

位于德干高原地区，地处十六大国的最南部。都城为补呾洛迦城。佛陀生前未到该国。

十六国的起源和组织目前所知甚少。按照传统说法，在这十六大国中，迦尸国和拘萨罗国最先兴起。摩揭陀国、跋耆国、阿般提国崛起后，彼此对峙。随后摩揭陀国与拘萨罗国发生冲突，因为两国都企图称霸。最后摩揭陀国凭借自己的经济优势和强大的军事力量，打败了拘萨罗国，成为列国中最强大的国家。

佛陀活动的年代，正处于摩揭陀国与各国逐鹿炽盛的时期。摩揭陀国王频毗沙罗王（约公元前544—前493年在位）曾以武力吞并东邻鸯伽国，并派太子阿阇世统治其地。摩揭陀国也与阿般提国发生冲突，阿般提国王曾率兵围攻王舍城，但不战而退。频毗沙罗王之后的统治者是阿阇世(约公元前493—前462年在位)。阿阇世弑父登位，结果引发摩揭陀国和拘萨罗国之间的战争。摩揭陀国打败了北邻强国拘萨罗和迦尸的联盟，并兼并后者。又与跋耆国进行了16年的战争，吞并了它，最终成为东印度的霸主。而这又引起强国阿般提国的敌视。

各国之间长期的兼并战争，加剧了社会的动荡和民众的痛苦。不少人过着颠沛流离、朝不保夕的生活，甚至因为饥荒或是无力支付赋税、罚金而卖身为奴。为了反抗统治者的暴政，各国都曾发生民众暴动。但暴动并非革命，暴动没有改变印度社会种姓隔离、社会分裂的现实。在这种情势之下，民众看不到摆脱苦难现实的出路。因此有人遁迹山林，也有人出家寻找精神的慰藉。佛教对人生痛苦有很深刻的把握，这适应了社会的悲观情绪。佛教针对此类痛苦也给出许多切实的解决方案(如《沙门果经》)，并许诺彼岸世界光明圆满，这就为人们寻找解脱之道提供了寄托。

二、种姓制度

种姓制度是雅利安人进入印度之后创立的，又称"瓦尔那制度"。根据古代文献的说法，梵语瓦尔那的意思是"色"，雅利安人用它来区分征服者与被征服者，目的是为了维持雅利安人的统治地位。在《梨俱吠陀》①中，白肤色的雅利安人自称"雅利安瓦尔那"，而把被征服的黑肤色的土著居民称为"达萨瓦尔那"。"达萨"的意思是敌人，雅利安人俘虏土著居民后，将其变成奴隶，因此达萨就成为奴隶的同义词。在《梨俱吠陀》的时代，奴隶主要是非雅利安人战俘，而到了后期吠陀时代，雅利安人的内部战争导致雅利安人战俘的出现。雅利安人当中也有因赌博、负债等原因沦为奴隶的情况。

随着雅利安人社会分工的进一步分化，瓦尔那制也被用来区分雅利安人因社会地位不同而形成的不同社会集团。从事祭祀的婆罗门和贵族军事集团，分别形成掌握宗教和军政特权的两个等级。一般的雅利安居民成为第三等级。再加上殖民扩张中，雅利安人大量征服的土著居民(土著部落实际成为一个特定的被奴役的群体)。这样，在后期吠陀时代，整个社会出现了四个社会等级。原来的两个瓦尔那(雅利安瓦尔那、达萨瓦尔那)分化为四个瓦尔那(婆罗门、刹帝力、吠舍、首陀罗)。四瓦尔那在地位、权利、职业、义务等方面有严格的规定：

---

①　《梨俱吠陀》，意译《赞颂明论》，印度上古诗歌总集，婆罗门教四吠陀经典之一，成书时间约为公元前1500—前1000年之间。"吠陀"，原义"学"或"知识"。婆罗门教认为，《吠陀》由古代圣人受神启示诵出、编集而成，是神圣的知识。吠陀经典有四部：《梨俱吠陀》《娑摩吠陀》《夜柔吠陀》《阿闼婆吠陀》。《梨俱吠陀》成书最早，后三部约形成于公元前1000年以后。

1. 婆罗门

掌握祭祀的僧侣阶层，在四种姓中处于最高等。根据《摩奴法典》的规定，婆罗门来到世间，被列在世界的首位，有权享有一切存在物。婆罗门垄断祭祀和教育，拥有教授吠陀经典、主持祭祀和接受布施的特权。婆罗门的代表色是白色。

2. 刹帝力

武士和王族，在四种姓中处于第二等。刹帝力由军事贵族和行政贵族构成，负责征战和管理，拥有征收赋税的特权。刹帝力是婆罗门思想的受众，负责守护婆罗门阶层生生世世。刹帝力的代表色是红色。

3. 吠舍

包括农民、牧人、手工业者和商人，在四种姓中处于第三等。吠舍是平民，在政治上没有特权，必须以布施和纳税的形式来供养前两个等级。《瞿昙》规定吠舍可从事农耕、商业、畜牧、放贷等工作。吠舍的代表色是黄色。

4. 首陀罗

包括奴隶、杂工、仆役，以被征服的土著居民为主，属于非雅利安人，在四种姓中处于第四等。首陀罗是没有人身自由的奴仆，他们从事低贱的职业，是人口最多的种姓。首陀罗的代表色是黑色。

四瓦尔那的划分，最早见于《梨俱吠陀》所附《原人歌》。原人在婆罗门教中是宇宙万物的创造者，千头、千眼、千足。按照《原人歌》的说法，吠陀诸神分割一个原始巨人，由其身体的不同部位转化成四个不同的瓦尔那：原人的嘴变成了婆罗门，双臂变成了刹帝力（《梨俱吠陀》中称为罗贾尼亚），双腿变成吠舍，双脚生出首陀罗。许多学者认为，《原人歌》是后来婆罗门僧侣加入《梨俱吠陀》中的章节。这显然是婆罗门为了保障自己与刹帝力军政贵族的特权地位而编造的故事。

此外，各类法经、法典，也以大量条文强化、固定种姓之间不可逾越的界限。在宗教生活方面，婆罗门、刹帝力、吠舍被定义为再生族，能参加吠陀宗教生活，可佩带作为再生族标志的圣线，死后可轮回转世；首陀罗作为一生族，没有参与吠陀宗教生活和佩带圣线的资格，也无轮回转世的可能。法典说，假如首陀罗故意听人诵读《吠陀》，须向他耳中灌以溶化的锡或蜡；假如他诵读《吠陀》，须割去他的舌头。而在社会生活方面，法典为了巩固高级种姓的特权地位，强调职业的世袭性，严禁低级种姓的人从事高级种姓的职业。高级种姓为了保证其特权地位不致因通婚而混乱，强调各种姓必须实行内婚制，种姓之间不许擅自通婚。不同种姓的父母所生下的后代被称为杂种姓。高种姓男子娶低种姓女子是可以的，低种姓男子向高种姓女子求婚则会被处以体刑。《佛本生经》中有个故事：理发师的儿子爱上了离车族的少女。他的父亲劝告他不要奢望，因为他是理发师的儿子，属于低种姓（首陀罗），而离车族少女属于高级种姓（刹帝力），刹帝力的女儿是不能和首陀罗的儿子结婚的。结果理发师的儿子在绝望中忧郁而死。在法律地位方面，各种姓间的不平等也非常突出。如高级瓦尔那可以不受惩罚地打骂首陀罗，首陀罗如冒犯高级瓦尔那则要受到重罚。《摩奴法典》规定，婆罗门辱骂首陀罗处十二钵那罚金，首陀罗辱骂婆罗门等则应割舌。其他伤害、通奸、盗窃、杀人等刑事罪，在四种姓之间都有不同的规定。

除四大种姓外，大约在吠陀后期，南亚次大陆出现了"第五种姓"，称为"不可接触者"或"贱民"。《摩奴法典》中将首陀罗男子与高级种姓妇女"逆婚"所生子嗣称为贱民。大概最早的不可接触者是首陀罗中那些从事屠宰、制革、埋葬和清扫等职业的人，这些职业被认为是不洁和渎神的。婆罗门由此编造出"玷污说"，即高级种姓接触不可接触者就会被玷污，因此必须避免接触，被玷污的则要举行相应仪式净身。《佛本生经》中曾提到，某个年轻的婆罗门，因饥饿吃了同行赶路的不可接触者的剩饭，事后想起自己出身高贵，于是非常悔恨，食物和血一起从口中吐出而死。贱民不入四大种姓之列，《摩奴法典》规定贱民不能居住在村里，不能有完整的器皿，要穿死人的衣服，不能在公共水井打水，甚至不能在某些公共道路上行走。

在佛陀的时代，作为祭司等级的婆罗门中，已有不少人种田为业。《摩诃僧祇律》曾提到"婆罗门姓嵩渠氏田作生活""有婆罗门耕地"，《百缘经》说舍卫国"有一婆罗门，其所营务，耕田为业"，《杂阿含经》中这样的情况还有很多。此外，据《佛本生经》的记载，许多婆罗门当了医生、信差、税吏、商人、牧人、屠夫、猎人、木匠、卜者、仆人等。这样，随着部分婆罗门在经济上的衰落，他们的社会地位也就随之降低了。而在婆罗门之外，刹帝力掌握政治军事权力。他们通过战争，掠夺大量的土地和财富，实际经济地位上升，在政治和宗教上都不甘屈居于婆罗门之下。王权与神权随之展开斗争。吠舍种姓中，大商人和富裕农业主的经济实力上升，但宗教地位依然低下。他们不满婆罗门享有过分的宗教特权，也对婆罗门反对人口流动、限制出海贸易感到掣肘。首陀罗的地位也在发生变化。孔雀王朝的建立者旃陀罗笈多，一说母系为首陀罗。但总体而言，首陀罗的处境还是比较恶劣的。婆罗门与刹帝力、吠舍、首陀罗之间都产生了较为尖锐的矛盾。这种形势导致了反婆罗门思潮的兴起。

三、思想争鸣

雅利安人原始的宗教信仰是对自然的崇拜。在后期吠陀时代，婆罗门学者把原始的宗教学说，加以整理，形成了婆罗门教。婆罗门教的最高信仰是"梵"或"梵天"。梵，是梵摩的简称，意思是清净、离欲、寂静，后来引申为世界的主宰。婆罗门教认为，只有梵天才是真实的，世界的一切都是幻象。梵天创世，四瓦尔那由此产生，婆罗门居于最高的位置。此外，婆罗门教提出"业报轮回""灵魂不灭"等理论。所谓"业"，指的是人们身心所表现出来的行动和意念。按照这种理论，自身的行为存在一种必然性的力量，它会使自己陷入永恒的轮回之中。现世善恶有报，法（指各个等级所应遵守的行为规范）可以牵引自己，正确作业。此外，婆罗门教将《吠陀》视为天启，宣扬祭祀万能。为了垄断祭祀的特权，婆罗门祭司宣称，婆罗门至高无上，只有婆罗门主持的祭礼，才能得到成功。不过，随着时间的推移，人们发现《吠陀》对社会人生的解释并不能够完全使人满意，祭祀的作用有限，婆罗门至上更造成许多矛盾。

婆罗门教发展到《奥义书》的时代（约公元前6世纪），内部开始出现新的思潮。《奥义书》中酝酿着一种轻祭祀、重思辨的方向。《奥义书》在祭祀升天之上，提出真我解脱的理论。《奥义书》认为，梵是世界的精神本原，它创造万物，也存在于万物之中。作为外在的、宇宙的终极原因的梵和作为内在的、灵魂的我在本质上是统一的，我源于梵，也必复归于梵，人生应当以实现"梵我合一"为最高的目标。这就是梵我合一的理论。此外，《奥义书》主张在"梵行""家住"的基础上，还要有"林栖""遁世"的苦行生活。①《奥义书》的这些新见，为当时活跃的思想文化提供了新的思路和材料。

随着恒河中下游诸国的崛起以及列国兼并导致的社会阶级的变动，婆罗门垄断文化事业的时代已经过去。反对婆罗门教的各沙门集团风起云涌，成为东方诸国的新思潮。列国时代的印度思想界，如同中国的春秋战国时期，出现了百家争鸣的景象。这一文化领域的新动向最初发生在恒河中下游的东部地区。这是因为婆罗门教的势力范围，主要集中在印度西北部及恒河上游（所谓"中国"地区），在那里婆罗门教的势力压倒一切。而在东部，婆罗门教的控制力量有限。

在公元前6世纪，印度思想界对于宇宙、社会和人生的问题，曾涌现出数以百计的不同的见解。这些意见汇合成两股对抗的思潮，即婆罗门的守旧思潮和沙门的革新思潮。沙门，即出家修行者，原意勤息、息心、净志。沙门思想家或宗教家的共同特点是反对婆罗门教的绝对统治。他们反对神创说，讥笑婆罗门教繁琐的祭祀礼仪，指出吠陀

---

① 婆罗门教渗透到社会伦理当中就产生了所谓的"四行期"：即梵行期、家居期、林栖期和遁世期。（1）梵行期指婚前的学生期。儿童到一定年龄后，须离家从师学习，主要学习吠陀及其相关知识，并熟悉祭祀仪式，一般为12年。（2）家居期又称家住期，指成年后成家立业，经营世俗生活，承担家庭与社会责任，并从事家祭与施舍。（3）林栖期指年事渐高，家庭与社会责任已经尽到，然后弃家，隐居森林，修行各种苦行与禅定，为解脱升天做准备。（4）遁世期又称云游期，指弃舍一切财富，严持戒律，乞食为生，云游四方，以期获得解脱升天。

圣典的荒谬，揭露婆罗门教的种种骗局，并开始创立自己的独立学派，形成一股强大的社会思潮。

关于沙门集团兴起时代思想界的情况，不同史料记载不同。耆那教称有"三百六十三见"（《苏耶伽陀》），佛教称有"六十二见"（《梵网经》）或"九十六种外道"。依据汉、巴《沙门果经》等文献的说法，除佛陀之外，当时还有六位哲学派别宗师，称为"六师外道"，或"六师"。

1. 富楼那·迦叶

正命论者。富楼那是《沙门果经》中阿阇世王最先拜访的人物，经中描述他是僧伽之主，教团首领，智识广博，名闻甚高。《四分律》提到他在王舍城有"弟子九万人"。但据五世纪斯里兰卡的佛音说，富楼那原本是奴隶的儿子，生于牛舍，年轻时从奴隶主家出逃，后来悟道。富楼那的哲学旗帜鲜明地反对婆罗门宗教道德。他否认善恶业报，认为善恶之业没有相应之根，善行、恶行都没有因果报应。"杀生、偷盗、淫逸、妄语、逾墙、劫夺、放火、焚烧……行如此事，非为恶也。""若以利剑脔割一切众生，以为肉聚，弥满世间，此非为恶，亦无罪报，于恒水南脔割众生，亦无有恶报，于恒水北岸为大施会，施一切众，利人等利，亦无福报。"佛教称为"无因无果论"。

2. 末伽梨·瞿舍利

正命论创始人、命定论者。梵语正命的意思是生活，因此正命论意为生活之道，也即游行沙门之道。末伽梨出身低微，相传是奴隶的儿子。他提出世界万物由灵魂、地、水、火、风、空、得、失、苦、乐、生、死等12种物质元素构成。这些元素机械偶合，组合之后就按照命运的轨迹运行。对于众生而言，没有导致烦恼的因，也没有导致烦恼的缘。他们既没有控制，没有力量，也没有精进，只是在命运的交会中转变形体的苦与乐。人的行为和命运都有定律，人力无法改变。一切持戒、圣行、苦行、梵行都是空的，经历八百四十万大劫之后，不管智愚都能得到解脱。末伽梨否认善恶业报，反对施舍、祭祀，认为"无施无与，无祭祀法，亦无善恶，无善恶报，无有今世，亦无后世，无父无母，无天无化，无众生世，无沙门婆罗门平等行者，亦无今世、后世，自身作证，布现他人。诸言有者，皆是虚妄。"佛教称为"邪命外道"。

3. 阿耆多·翅舍钦婆罗

佛陀时代最杰出的顺世论者。《中阿含·箭毛经》说他"名德宗主，众人所师，有大名誉，领大徒众，五百异学之所尊敬也"。在《沙门果经》中，摩揭陀国王阿阇世问什么是现世应验的沙门果，阿耆多回答说："无布施、无供牲、无祭祀，无善、恶业之异熟果，无今世、无他世，无父、无母，无化生之有情。"阿耆多否认因果报应的轮回业报之说，否认超越自然的实体。他从感觉经验出发，认为只有地、水、火、风四大元素独立常存，四大是宇宙万物存在的最终原因，人和世界都由四大合成。人及世间皆无因生，都是自然产生，自然消亡，并非由任何外物所决定，也不是自性的发展，所谓"如棘刺针无人作，孔雀等种种画色皆无人作，自然而有，不从因生"。人的肉体和灵魂是统一的，人由四大组成，人死之后，四大分散，回归虚空，断灭无余，因此不存在永恒的灵魂，也没有前世、来世。无论愚者和贤者，身坏之后悉数毁灭，不复存在。所谓善恶果报，所谓祭祀，所谓布施，都是虚假无用的。那么人存在的目的是什么呢？顺世论认为，人生的目的在于追求幸福，而且人可能得到的最高幸福是感官之乐。当生命属于你时，应当愉快地生活，不能由于害怕痛苦而拒绝我们本能觉得适宜的快乐。这种观点被佛教称为"现世涅槃论"。

4. 婆浮陀·伽旃延

提出七元素说的思想家。七元素即地、水、火、风、乐、苦、命（灵魂）。婆浮陀认为世界的本原是七元素（佛教称为七士身）。七元素本有，既不能被创造，也不能创造。它们安住不动，无有变化，不相接触，不相阻碍，也不能使彼此发生作用。人死之后，七元素发生转移，如同大树倒下，鸟在其他树上聚集。其中没有杀生者，也没有令人杀生者。即使有人以刀剑杀人，也没有夺走他的灵魂，因为刀剑只是穿过七元素的间隙，并不能伤害人的生命。世界万物由七元素堆砌而成，任何行为作用都无影响地在七元素之间通过，因此也就没有什么果报。人处于宿命之中，被动无力，对事情不能产生任何影响，所谓"无力无精追人，无力无方便。无因无缘，众生染着。无因无缘，众生清净。一切众生有命之类，皆悉无力，不得自在，无有冤仇，定在数中，于此六生中受诸苦乐。"佛教称为"无作为论"。①

5. 尼干陀·若提子

耆那教创始人，本名筏驮摩那（意为增益），耆那教尊为大雄（意为伟大的英雄）。相传在筏驮摩那之前已有 23 个先知，筏驮摩那是第 24 位。筏驮摩那出身刹帝力种姓，原本是跋耆国一个部落的王子，30 岁出家苦行，42 岁悟道，此后 30 年内足迹遍布摩揭陀、鸯伽、拘萨罗等地，创建耆那教团，72 岁死于白婆城。耆那教（意为胜利者的宗教）主张"七句义"，又称"七谛"说，即命、非命、漏、缚、制御、寂静、解脱。耆那教认为世界的本

---

① 一般认为，末伽梨、富楼那、婆浮陀都属于"正命派"（自称）或"邪命外道"（佛教所称）。他们的学说相近，后世对他们的记述往往相混，早期佛典和耆那教经典对此都说得不很清楚。

原是命与非命。命是精神性的，非命是物质性的；命有受业束缚的命和不受业束缚的命。不受业束缚的命是命的本原状态，不生不灭，清净圆满；受业束缚的命，是在轮回中的个体灵魂。生命不得解脱，是由于业的漏、缚，为了消灭业，就必须遮、灭。人从被束缚的状态挣脱出来，回归清净圆满的本质状态，这就是解脱。耆那教肯定业力轮回，认为灵魂存在于万物之中，死后因为业报，灵魂流转。为了超越轮回，就需要谨持"三宝"（正智、正信、正行），即正确认识、信仰、践行七谛。还要受到四重律仪的制约，即"戒绝一切冷水，具备一切禁制，遣除一切罪恶，一切抵御周遍"，要做到不杀生、不妄语、不盗窃、不淫、无所得（不蓄私财），其中特别禁止杀生。耆那教徒不可饮用未过滤的水，因为水中含有生物；外出时戴薄纱、带扫帚，防止小虫飞入口鼻或被践踏。耆那教又主张极端苦行，认为苦行是消除业的系缚的最佳途径，苦行愈烈，解脱越速。《长阿含经·散陀那经》描述这些人"离服裸形""苦役此身"："或复食果，或复食莠，或食饭汁，或食麻米，或食穄稻，或食牛粪，或食鹿粪，或食树根枝叶果实"；"或被衣，或披莎衣，或衣树皮，或草檐身，或衣鹿皮"；"或留头发，或被毛编"；"或有卧荆棘者，或有卧果蔬上者，或有裸形卧牛粪上者"；等等。佛经中称为"裸形外道"。

6. 散若夷·毗罗梨沸

不可知论者，对几乎所有问题都不作决定说。在《沙门果经》中，散若夷对"有无他世""有无化生之有情""有无善恶业的果报""如来死后是否存在"等一系列当时争议中的重大命题，既不作肯定回答，也不作否定回答，而是说"若我认为有，我会告诉你有。但我不说'是这样'，不说'是那样'，不说'是别样'。我不说'不是如此'，也不说'非不是如此'。"（"问如是，答此事如是，此事实，此事异，此事非异非不异。"）所以人们比之为难以捉摸的泥鳅。散若夷在有关人类灵魂的重大命题上有意模糊自己的判断，表明他对印度主流宗教思考问题的方式提出怀疑，非此即彼的判断获得的不一定是真知。他主张踏实地修定，以获得真正的智慧。佛陀弟子中舍利弗、目犍连曾跟随他学习。此外，散若夷对婆罗门教的业报轮回说，既不肯定也不否定，采取不信任的态度，但反对梵我转化世界的主张。佛教称他为"不死矫乱论"，耆那教称为"怀疑论"。

六师学说在印度历史上产生了重要影响。他们的理论不仅对当时占主流地位的婆罗门教思想形成巨大的冲击，而且对此后两千多年的印度哲学产生持续影响。阿耆多的"四大"理论、婆浮陀的"七原素"说，直接否定了婆罗门教关于梵或神作为世界根本因的理论。富楼那等否认善恶业报，散若夷对几乎所有问题持怀疑态度，对于冲破婆罗门教思想的禁锢无疑具有重要的作用。婆罗门为了应对沙门思潮的挑战，维护自己在思想领域的统治地位，努力吸收沙门思想的因素，逐渐产生了以《奥义书》为宗的新的哲学体系。此外，六师学说反映了当时下层民众的部分观念。相传末伽梨、富楼那、婆浮陀都是奴隶出身，他们的理论代表了第四种姓的利益。

第二节 认识佛陀

佛教和耆那教是沙门思潮中最成功、最有影响力的两个学派。佛教的创立者是释迦牟尼，释迦牟尼又称"佛陀"。本节从佛陀名号入手，介绍"佛陀""释迦牟尼""乔达摩·悉达多"等词语的含义，以期帮助我们更为全面、深入地了解佛陀其人，以及他所出身的环境。

一、佛陀——觉悟者

佛陀，梵语 Buddha，古译"浮屠"，又作"休屠""浮陀""浮图"等，略称"佛"，意译"觉悟者"。

佛陀原本是个泛称。在印度历史上，至少有十数人自称佛陀或觉悟者。在佛教形成之前，古印度已有出家修行的文化传统，"沙门"在梵语中的含义就是"出家修行者"。这些修行者原本从事不同的职业，离家后选择的道路也各不相同，有的游方（游行者），有的遁世（隐修者），有的苦行，有的行乞（比丘）。而一旦他们修行而有觉悟，其人便可称为"佛陀"。不过，虽然古印度自称佛陀者不乏其人，但其中只有一人即释迦牟尼的成就得到人们公认。因此"佛陀"一词后来就成为佛教的专有名词，并专指"释迦牟尼"。

在当时，释迦牟尼被认为是众人的导师，不仅自己悟道，也使他人觉悟。《大般涅槃经》卷十八《梵行品》说："云何为佛？佛者名觉，既自觉悟，复能觉他。"按照佛教的说法，佛陀是具足"自觉""觉他""觉行圆满"，成就无上正等正觉的圣者。也就是说，佛陀不但自己大彻大悟，也帮助众生获得觉悟，而且这种自觉觉他的行为，已达到无可比拟的圆满无碍的程度。对此，佛经中常以十种称号赞扬佛陀的成就，这十种称号构建了佛陀觉者的形象。

1. 如来

梵文音译多陀阿伽陀。"如"是真如的意思，即事物原本的性质、相状。佛陀乘如实之道而来，故谓"如来"；也可译为"如去"，即乘真如之道而去达佛果涅槃。佛陀如实知见、言说一切法的性象，《长阿含经·清净经》说："佛于初夜成最正觉，及末后夜，于其中间有所言说，尽皆如实，故名如来。"

2. 应供

梵语 Arhat，音译阿罗汉。佛陀经过修行、度众，证断三惑①，超越二死②，断尽一切烦恼，达到"三觉圆满，万德具足"的究竟佛果，堪受人天以种种香花璎珞等供养。

3. 正遍知

梵语音译三藐三佛陀，又作正等觉者。《梵网经》说："遍覆一切世界中一切事，正智圣解脱智，知一切法有无一切众生根故，是正遍知。"佛陀正觉一切法（宇宙万有），这有别于凡夫的不觉与外道的错觉；佛陀遍觉一切众，这有别于声闻乘、缘觉乘的自觉与菩萨的"虽正知而不遍"。佛陀以无漏清净的智慧，破除根本无明，断尽见、思二惑，圆满菩提，成就佛道，所以被称为证得无上正等正觉者。

4. 明行足

梵语音译鞞侈遮罗那三般那，即三明、五行悉皆圆满具足。三明即天眼明、宿命明、漏尽明③；五行为圣行、梵行、天行、婴儿行、病行④。《梵网经》说："明明修行，佛果时足故，是明行足。"意思是佛陀发明本来具足的无上智慧，实践六度万行，一切智慧功德在证得佛果时一时圆满具足，故名"明行足"。

5. 善逝

梵语音译修伽陀，即妙往的意思。《大般涅槃经·梵行品》说："诸佛世尊成大涅槃，故名善逝。"佛陀妙出世间，以一切智为大车，行八正道而入于涅槃妙境，不再退没于生死之海，故名"善逝"。

6. 世间解

梵语音译路伽愆，指佛陀能解世界的有情、非情事（一说世间解为世间解脱）。佛陀不仅是觉悟宇宙真理的觉者，也是彻悟宇宙真相的智者。佛陀具足包括认识诸法总相是空的

---

① 三惑：三种烦恼，即见思、尘沙、无明。

② 二死：指分段生死（轮回）与变易生死（超越轮回）。

③ 天眼明：知道自己及他人来世的生死相。宿命明：知道自己及他人前世的生死相。漏尽明：知道现在的苦相，并断除一切烦恼。因此，三明意即知道过去、现在、未来生死相状，并断除一切烦恼之智。

④ 圣行，修戒定慧三业。梵行，为众生拔苦与乐。天行，菩萨由天然之理而成妙行。婴儿行，菩萨以慈悲之心示现人天小乘小善之行。病行，菩萨以大慈悲和于一切众生，同有烦恼，同有病苦。

"一切智"、认识诸法别相是缘生而有的"道种智",以及认识空有不二、性相一如的"一切种智"。由于佛陀能彻底了知世间、出世间的一切实相,故名"世间解"。

7. 无上士

梵语音译阿耨多罗,意思是在诸法中,如涅槃无上,在一切众生中,佛亦无上。佛陀的智慧、禅定、戒行等一切智德圆满,福慧具足,于人中无有过者,故号"无上士"。

8. 调御丈夫

梵语音译富楼沙昙藐婆罗提。《梵网经》说:"调顺一切众生,名为丈夫。"佛陀以种种譬喻、种种方便,调御修行者的心性,使往涅槃正道,如同驯马师善于调御马性,故名"调御丈夫"。

9. 天人师

梵语音译舍多提婆魔沙喃。《梵网经》说:"于天人中教化一切众生,咨受法言故,是天人师。"佛陀为人、天的导师,示导众生何者应作,何者不应作(不做即有相应的戒德);何者是善,何者是不善。众生依教奉行,不舍道法,即能解脱烦恼,故号"天人师"。

10. 薄伽梵

梵语意译能破、世尊。薄伽梵总摄众德,有自在、炽盛、端严、名称、吉祥、尊贵六义。佛陀破烦恼、蕴、死、天四魔,庄严满足,为众生礼敬,故名"薄伽梵"。

除了上述十号以外,佛教文献中还可见到世雄、法王、能人、大导师、大沙门、大医王、大象王、两足尊、师子等称号。

此外,佛教发展到大乘时期,还出现十方三世诸多佛等观念。这和大乘佛教的理念以及"佛陀"一词的早期意义,或有一定渊源。所谓十方,即四方、四维、上下;所谓三世,即过去、现在、未来三世。大乘佛教认为,过去有人成佛,未来也会有人成佛,一切众生都有得到觉悟的可能。因此说,一切众生,悉有佛性,有佛性者,皆当作佛。

二、释迦牟尼——释迦族的圣人

释迦牟尼,又译释迦文,简称释迦,意为释迦族的圣人。"释迦"是佛陀所属部落的名字,有"能""勇"之意;"牟尼"是当时对修行成就者(圣人)的称谓,又译"文""寂静"等。

释迦部落在今尼泊尔境内,但关于释迦族的起源,目前所知甚少。旧说释迦族姓为雅利安种，近世学者提出释迦族是蒙古种。此外，汉译佛典《阿含经》《佛本行集经》《四分律》、梵文《大事》等文献中，保留了部分有关释迦族的记载。

据《佛本行集经》记载，贤劫最初时，世界上出现第一个国王名众集置（又译摩诃三摩多、大同意、平等王等）。众集置由大众推选而来，如法依平检校，守护一切稻田，故又称刹利王。刹利王血脉相承，至于甘蔗王。在甘蔗王时代，王族内部发生了一件大事。甘蔗王立善贤为妃，善贤生一子。甘蔗王又有第二妃，生四子。善贤想要立她的孩子为太子，于是设计使甘蔗王放逐四子于国外。四子在雪山（喜马拉雅雪山）之南建国，立姓释迦，这就是释迦族的由来。当三王子殁后，唯一的王子尼拘罗为王。尼拘罗生子拘罗，拘罗生子瞿拘卢，瞿拘卢生子师子颊。师子颊有四个儿子，长子净饭王，次子白饭王，三子斛饭王，四子甘露饭王。净饭王就是释迦牟尼的父亲。

净饭王，梵语音译首图驮那、输头檀那、阅头檀，又作白净王、真净王，梵语的原意是纯净的稻米。《佛所行赞》说他是"甘蔗之苗裔，释迦无胜王，净财德纯备，故名曰净饭"。净饭王在亲族中，迎娶了拘利族天臂城阿拏释迦王（又译善觉王）的长女摩诃摩耶（意译大幻化）为妻。

据说，摩诃摩耶四十五岁生佛陀，七日后去世。之后，净饭王续娶摩诃摩耶的妹妹摩诃波阇波提。摩诃波阇波提，略称波阇波提，意思是大爱道。释迦牟尼由摩诃波阇波提夫人抚养长大。释迦牟尼成道后第五年，净饭王命终。在净饭王去世后，摩诃波阇波提夫人与佛陀在家时的妃子耶输陀罗率五百释迦族女随佛陀出家，由此形成最初的比丘尼僧团。

佛陀在世时，跟随佛陀出家的释迦王族还有难陀、阿难、提婆达多、阿那律、跋提、罗睺罗等人。

难陀，释迦牟尼同父异母的弟弟，净饭王与摩诃波阇波提的儿子。难陀出家后难忘其妻，佛陀多方教诫始断爱欲。

罗睺罗，又作"罗云"，意译覆障，悉达多与耶输陀罗之子，在佛陀成道归乡时，跟随其出家为沙弥，为佛教沙弥之始。罗睺罗不毁禁戒，诵读不懈，被称为"密行第一"。

阿难，全称阿难陀，意译欢喜，白饭王之子（另有斛饭王子等说），释迦牟尼堂弟。阿难为佛陀常侍，善记忆，对佛陀的一言一语谨记无误，因此被称为"多闻第一"。佛灭后第一次结集，由阿难诵出佛法，形成经藏。

提婆达多，又译调达，阿难亲兄，释迦牟尼堂弟。提婆达多出家后，于十二年间善心修行，精勤不懈，后因未能得圣果而退转其心，拳打青莲花色比丘尼致其命终，别立五法，导致佛陀时代僧团的重大分裂，佛教史上称为"提婆达多破僧"。

阿那律，甘露饭王之子，释迦牟尼堂弟。阿那律精勤修行，清净无瑕，能以天眼见十方域，在佛陀十大弟子中号"天眼第一"。

此外,《佛本行集经》还提到,理发匠优婆离看到释迦族的七位王子欲从佛陀出家,心中也有这样的愿望。但优婆离是首陀罗,自觉血统卑下。佛陀知道后,为其剃度,授具足戒。优波离精于戒律,修持严谨,号"持律第一"。佛灭后第一次结集,由优婆离诵出戒律,形成律藏。

三、乔达摩·悉达多——迦毗罗卫国王子

在公元前6—前5世纪,北印度迦毗罗卫国王子乔达摩·悉达多创立了佛教。乔达摩,又译瞿昙、俱谭,意思是最好的牛。悉达多,又作悉达罗他、悉陀,意译吉财、一切义成。一般认为,乔达摩是释迦牟尼的姓氏,真名则叫悉达多。

佛陀时代,印度次大陆有摩揭陀、拘萨罗等十六大国,此外还有若干独立或半独立的小国或自治族。这些国家按其政治体制,大致可分为两类:一类是君主制;一类是共和制。印度古代文法家帕尼尼(约公元前5世纪)称为啰劫(即君主国)和僧伽(又作哥纳,即共和国)。君主制以世袭王权为主,任命王国官员,但受婆罗门等力量制约;共和制为多头领导,由贵族首领组成长老会议,共同决定国家大事。在列国时代,君主制是当时的主流,迦尸国、拘萨罗国、摩揭陀国、鸯伽国等国都行君主制,仅有跋耆等国实行共和制。一般认为,释迦族统治的迦毗罗卫国实行的是贵族共和制。

迦毗罗卫,梵文又译迦维罗卫、劫比罗伐窣堵、迦毗罗婆苏都、迦毗罗、迦毗梨等,意译苍城、黄赤城。考古发掘的遗址地点有两种说法:一说在今尼泊尔的提罗拉科特,一说在今印度北部距尼泊尔边境1公里处的毕拍罗婆。

列国时代的诸国,原本都是以某个主要城市为中心、周围分布许多部落而形成的小国。迦毗罗卫国是以城为国名的国家,首都即迦毗罗卫城。

据玄奘《大唐西域记》卷六记载:"劫比罗伐窣堵国,周四千余里。空城十数,荒芜已甚。王城颓圮,周量不详。"[1]表明迦毗罗卫国原有十个小城邦。释迦族是该国势力最大的一族。净饭王既是迦毗罗卫城的城主,也是迦毗罗卫国的国主。净饭王的弟弟白饭王、斛饭王、甘露饭王,大概是其他小城邦的城主。迦毗罗卫国最高的权力机构可能是五百人会议,即所谓"五百释种"会议。《增一阿含经》说,波斯匿王新绍王位,想要娶释迦族王女,于是派王使前往"五百释种所"转达波斯匿王的要求。五百释种讨论后,决定采取摩诃男的计划,将"婢生一女"冒充自己的女儿嫁给波斯匿王,由此埋下释迦族灭族的隐患。

---

① ［日］高楠顺次郎等辑:《大正藏》第51册,新文丰出版有限公司1992年版,第900页(后引用版本同此,不一一注明)。

迦毗罗卫国是小国，在净饭王时代已沦为拘萨罗国的附庸。悉达多太子出世后，净饭王对他寄望很高。因为曾有婆罗门对净饭王说："今此童子，必定得作转轮圣王。"轮，梵语原指车轮、战车。所谓转轮，即转动战车的车轮，以武力征服世界。这是列国时代刹帝力国王的理想。作为一种象征物，轮特称为"轮宝"，它是印度古代帝王的标志，具有无上神力，可使小国上下归降臣服，所向无敌。净饭王得知悉达多有望成为转轮王，欣喜异常，认为他"种我王世，荷负重担，代我所忧"，释迦族"可得兴盛，能令一切恭敬尊重，不为粟散诸王所欺"。仙人阿私陀看到悉达多后则认为，悉达多太子身具"三十二丈夫相"，兼有"八十微妙种好"，并非转轮圣王之兆，而是诸佛菩萨之种，于是断定他修行"必得成于阿耨多罗三藐三菩提，转于无上最胜法轮"。因此，悉达多太子出家前原有两条路可以走，一是做转轮王(政治上的统治)，一是做法轮王(思想上的统治)。悉达多选择了后者，成道后第一次说法就称为"初转法轮"。

不过，佛陀成道并没有改变迦毗罗卫国衰亡的命运。据《琉璃王经》，波斯匿王与释迦族婢女生的孩子叫琉璃。琉璃太子朝觐外家时，看到释迦族为佛陀准备的讲堂高广严净，于是停下乘凉。释迦族人见之大怒，认为婢女所生的孩子走入讲堂，污染了圣地，于是催促使者将其发遣回国，又把琉璃足迹所到之处全部挖去，重换净土。琉璃太子怀恨在心，成为国王后讨伐迦毗罗卫国。佛陀哀愍亲族，于枯树下亲自调停，琉璃王三次退兵。等到琉璃王第四次发兵，佛陀不遂属。琉璃王的精锐部队到达迦毗罗卫，将其灭国。5 世纪初，法显到达印度，看到"迦维罗卫国大空荒，人民希疏，道路怖畏。……城中都无王民，甚丘荒，止有众僧、民户数十家而已"[1]。玄奘去时更见萧条，"空城十数，荒芜已甚。王城颓圮，周量不详"[2]。这说明印度佛教在此时正在走向衰亡。

第三节　从王子到佛陀：佛教的创立过程

印度史学传统薄弱，中古史已经要依靠同时期的中国文献与考古发现进行重构，上古史多为传说，更不足为凭。关于佛陀的生平事迹，目前没有完整、可靠的历史文献。现在只能依据汉、梵、巴利语佛典的片段记载加以叙述。其中包括许多神话传说的成分，但也有一定程度的历史事实。这里首先要说明佛陀的生卒年代问题。这一问题历来争议颇多，答案不一。中国多依据"众圣点记"说，主张佛陀涅槃年为公元前 486 年。这里采用"点

---

① 《法显传》卷一，《大正藏》第 51 册，第 861 页。
② 《大唐西域记》卷六，《大正藏》第 51 册，第 900 页。

记"说，即认为佛陀大约生活在公元前 565—前 486 年之间(约与孔子同时)。①

一、王子出生

据《中部·希有未曾有法经》所记阿难陈述，佛陀在过去世因有正念、有正知而称菩萨、生兜率身，后进入母胎，诸天震动，大放光明。四位天神守护四方，防止人、非人乃至任何者，伤害菩萨及菩萨的母亲。菩萨的母亲天性纯洁，自然具戒，不生任何疾病，身体没有疲劳。菩萨宿胎内正十个月而生，清净而出，天女持冷、温两水为其行水。初生之时，菩萨即立起平等之足，面北七步，辖步而行，头顶白华盖，朝望一切诸方，大声说道："我是世界之首者，我是世界之胜者，我是世界之长者。此为最后一生，今无后有之事。"②

其他文献在此基础上又加以诸多润饰，如谓佛陀在兜率天名白幢，选定降生的时间、地点、家庭后，化身六牙大象进入母胎；婆罗门释梦(预言王子将成为统治世界的转轮王，或出家成佛)；佛陀在母胎中为众天神说法；摩诃摩耶在蓝毗尼园中，手扶无花果树，从右肋生下太子，并于七天后去世；仙人阿私陀指出太子具三十二相、八十种好，但因自己生不逢时，无法等到太子成佛度人而哭泣等。

悉达多太子早年过着豪富的生活。据《佛本行集经》记载，太子八岁时，净饭王为他延请名家大师课读，想将太子培养成文武双全的英明君主。名师们教悉达多武技、军戎、兵仗、智略，还教书算计数、雕刻印文、宫商律吕、舞歌戏笑、图画草叶等，同时太子还学习梵典、天文、祭祀、占察、悬射、巧诵、兽音、声论、造作等技能。经文说，太子用了四年时间通达一切知识，达到"通达无碍，一切自在"的程度。

太子十九岁时，净饭王想起阿私陀仙人的预言，害怕太子出家修行，因此与大臣商议为太子立殿、娶妻。净饭王为了让太子选中自己的意中人，为他举行无忧器施舍大会。城内所有女子各自庄严其身，但都无法承受王子的光辉，不能正看太子，只是低头接过宝器便赶快离开。唯有婆私咤族释种大臣摩诃那摩的女儿耶输陀罗可以直视太子，毫无愧颜。之后太子迎娶了耶输陀罗，并以璎珞庄严其身。悉达多可能不止一位妃子。《佛本行集经》

---

① 南亚次大陆每年有三个月的雨季，在此期间，佛教徒安住于某一处所，精进禅修，并在戒本上点一点以记年。这就是所谓"点记"。据云，佛灭第一年，佛徒即开始安居。而齐译《善见律毗婆沙》记载，永明七年(489 年)计得九百七十五点，点是一年，因此上推佛灭年为公元前 486 年。另据斯里兰卡《岛史》等文献，阿育王在佛灭后 218 年灌顶即位。现代学者考证阿育王在公元前 268 年前后登基，上推 218 年，与"点记说"的前 486 年基本相符。佛陀住世八十岁(《佛本行集经》)，因此诞生年代推测为公元前 565 年。

② 《修行本起经》卷上作："天上天下，唯我独尊。三界皆苦，吾当安之。"

提到，太子有三等宫，第一宫耶输陀罗最为上首，第二宫摩奴陀罗（即意持妃）为上首，第三宫瞿多弥为上首。侍御太子的媒女则有六万。悉达多就在父王宫中，具足五欲，娱乐逍遥，嬉戏自恣。

二、离家修行

净饭王一直忧虑悉达多太子会入山学道，因此为太子建造宫殿、遴选媒女，以使太子抛却出家的打算。但即便如此，成道的因缘早在太子少时就已经种下。

关于太子出家的直接因缘，一般认为是"四门游观"。所谓"四门"，即迦毗罗卫城东、南、西、北四城门。太子出城游观，见到老人、病人、死人、沙门，廓然大悟。在《长阿含经·大本经》中，佛陀讲述的是毗婆尸太子出城游观成道的故事，后来的经典将其作为佛陀本人的成道因缘。故事的大意是这样的：

某日太子出城游观，路遇老人，发如白霜，口齿疏缺，面部褶皱，弯腰驼背，扶杖喘息而行。太子问侍者，此为何人？侍者答道，这是老人。太子问，为什么叫他老人？侍者答，寿命将尽，余生无几，故称为老。太子又问，难道我也是这样，不可避免这个祸患吗？侍者答道，是的，生必有老，豪贵、贫贱都一样。于是太子怅然不乐，即命侍者返驾回宫。太子静默思考：这种老苦，我也不能避免。净饭王知道后，想到相师预言太子将会出家，于是严饰宫馆、简择媒女，使太子五欲娱乐，以悦其心，令不出家。

太子第二次出城游观，路遇病人，四肢羸弱而腹腔鼓胀，面目黧黑，躺在污秽不堪的粪便上，病甚苦毒，气息奄奄，口不能言。太子问御者，此为何人？御者答道，这是病人。太子问，为什么叫他病人？御者答，诸多痛苦压迫身体，活着抑或死去没有定期，因此称为病人。太子问，难道我也是这样，不能避免这个祸患吗？御者答道，是的，生则有病，无有贵贱。于是太子怅然不乐，即命侍者返驾回宫。太子静默思考：这种病苦，我也不能避免。净饭王知道后，又严饰宫馆、简择媒女，使太子五欲娱乐，以转移其心。

太子第三次出城游观，路遇死人，杂色缯幡，前后导引，宗族亲友，前后围绕，痛哭不止，送之出城。太子问御者，此为何人？御者答道，这是死人。太子问，为什么叫他死人？侍者答，死了就是完了。身体由风开始，其次是火，诸根败坏，死生异趣，家人永离，因此称为死。太子问，难道我也是这样，不能避免这个祸患吗？御者答道，是的，生必有死，无有贵贱。于是太子怅然不乐，即命侍者返驾回宫。太子静默思考：这种死苦，我也不能避免啊。净饭王知道后，又严饰宫馆、简择媒女，使太子五欲娱乐，不想出家。

太子第四次出城游观，路遇沙门，剃除须发，身披袈裟，手持钵器，视地而行。太子问御者，此为何人？御者答道，这是沙门。太子问，沙门是什么人？御者答，沙门者，舍离恩爱，出家修道，摄御诸根，不染外欲，慈心一切，无所伤害，逢苦不戚，遇乐不欣，能忍如地，故号沙门。太子说，好啊，这是真正永绝尘累之道，微妙清虚，惟是为快。于是太子让御者将车靠近他。太子问沙门，你剃除须发，又法服持钵，你心中的志向是什么？沙门回答，我出家是为了调伏心中的意念，永离尘世的污垢，平等慈爱地关爱众生，没有侵扰，虚心静寂，所追求的唯有道而已。太子说，好啊，沙门之道最真。又命御者将宝玉、车辇，回复大王，自己将要落发服衣，出家修道。

太子见老人、病人，知道世间的苦恼，深感众生的苦难；又见死人，看到生命的无常，恋世情灭；等到见了沙门，捐弃爱欲，廓然大悟。净饭王对太子出家，不能无感。《佛本行集经》中，净饭王听到太子说要出家，苦苦哀求太子不要出家。但是为了求得解脱，太子决意离家。于是命御者备马，顺利出城。拂晓时分，太子在一片树林前下马，解下身上的璎珞、天冠，让御者回去报信，又剃去须发，换上袈裟，从此开始了真正的出家生活。这时悉达多 29 岁。

三、觉悟成佛

悉达多出家后，为求明师，周游寻访，以期获得善道，达到无上清净的妙境。

据《佛本行集经》记载，悉达多在漫游中先进入了跋伽婆仙人的苦行林。苦行林中有许多苦行的婆罗门仙人，他们看到悉达多光明显赫的样貌，为其震动。悉达多向他们学习苦行之道。悉达多了解仙人苦行后，认为他们没有达到真理的极处，心中不甚欢喜。悉达多认为以苦求乐的实质是以欲求乐，以苦招苦，这将进入更大的牢狱。让现在这具身体受苦，希望死后生天，得到身体的快乐，这其实是增加五欲的因，和解脱生死痛苦没有关系。想通过舍弃今生恶形而得到后世妙身，这不是离有、离苦的办法，因为后身还将进入死生流转。身体作出的种种动作，都是随着心念而转动，假如离开心念，身体就如同木石一样没有知觉，因此修行应该先学会调心。如果断食能得到福报，那么野兽应当得到大福。这些见解使苦行仙人非常震动，他们恳请悉达多与他们一起修行。悉达多说自己志求解脱，不欲取有，因此离开苦行林。临行前，一个梵志仙人指点悉达多前往阿罗逻仙人居所。

阿罗逻迦蓝是婆罗门教数论派的早期人物，重视禅定，在当时具有很大的影响力。悉达多向阿罗逻学习禅定，但感到阿罗逻的法并不究竟，因为这种法不能达到觉醒、涅槃，也不能远离诸欲、越度烦恼。于是悉达多辞别阿罗逻，从优陀罗罗摩子学习。优陀罗罗摩子以"非想非非想法"教众，悉达多同样看出此法不能究竟解脱诸欲。于是悉达多离开阿罗逻、优陀罗罗摩子，来到摩揭陀国首都王舍城乞食。据《佛本行集经》记载，悉达多漫游至伽耶尸梨沙山，在树下铺草而坐，心中有所思：第一，沙门、婆罗门如果身心没有远离诸欲，没有舍弃对爱欲的追求、热恼，他们都不可能有知见，不能证得无上正觉。譬如有人想在水中钻湿木取火，这样做只是徒劳、烦恼而已。第二，沙门、婆罗门虽然身体远离诸欲，但内心并没有舍弃对爱欲的追求、热恼，他们都不可能有知见，不能证得无上正觉。譬如有人在地上钻湿木取火，这样做只是徒劳、烦恼而已。第三，沙门、婆罗门如果克制、远离诸欲，身心不贪恋爱欲，他们能够拥有知见，能够证得无上正等正觉。譬如有人在地上钻干燥的木头取火，只是稍用功夫，便能得到火种，传递给其他人。

悉达多渐渐明白，解脱大事不是苦行所能办到的。他感到，过去或未来的沙门及婆罗门，为了自我解脱，行此苦行。他们所受的痛苦，如同自己今日所受的痛苦，并且不可能超过自己所受的痛苦。但是自己至今未证得上人之法，没有获得圣智、圣见，也没有增益，因此应该另想办法而达到觉悟。悉达多想起了幼年在阎浮树荫下证得初禅的体验。那时他离舍一切诸欲染心，乐于寂定而心生喜乐。悉达多认为禅定的喜乐，远离诸欲、远离不善法，这是通往菩提之路，可以通过禅定来成就一切圣智、圣见。但自己身体瘦弱无力，应当调养身体。传说悉达多在尼连禅河洗去积垢，并接受牧女奉献的乳糜供养。悉达多进食后，五位侍奉他的比丘认为悉达多已经失禅，放弃努力，回复他放逸的本性，是懈怠之人，不能专于寂定，心身惯乱。因此他们放弃与悉达多同行。

据《佛本行集经》记载，悉达多恢复精力后，向尼连禅河畔的菩提树走去。悉达多在菩提树下结跏趺坐，发大誓愿："我坐此处，一切诸漏若不除尽，若一切心不得解脱，我终不从此坐而起。"然后身心清净，正念入定，进入四禅。他进而回忆起过去世的种种宿命，达到忆宿命智，又以清净天眼，看到有情生死因业，达到有情生灭智。悉达多继续以清净、无垢、柔软之心正观，想要证得漏尽智。悉达多想，众生淹没在烦恼海中，老病死从生中来。生因有，有因取，取因爱，爱因受，受因触，触因六入。因为识才有名色，因为诸行才有此识，因为无明才有诸行。如此诸苦，各相因生。如果能够灭除无明，那么就能消除造作的诸行，识亦遂之而灭，乃至生老病死等苦恼一齐都灭。悉达多继续入定，他对无明真实而知，知道无明从何产生、缘何灭亡，真实谛了，达到无明尽灭。悉达多已得正道，对识、名色、六入、触、受、爱、取、有、生、老、病、死等都如实而知，并深刻地了解苦集灭道。悉达多这样理解时，心摆脱爱欲而得解脱，最终成就阿耨多罗三藐三菩提，这时他三十五岁。

四、创教布道

悉达多成道后，并未立刻离开菩提树附近。按佛经的说法，佛陀在此停留了四个七日，先后在菩提树、阿伽波罗树、目真邻陀树、罗阇耶多那树下坐禅，享受解脱的快乐。

之后佛陀想到过去苦行时，有憍陈如等五比丘侍奉自己。于是前往波罗奈城的鹿野苑，为曾经共同苦修的五人讲法。

佛陀首先批判了放纵情欲和自苦自残两种极端的主张。佛陀指出，出家人应当舍弃世间的欲乐和苦行，堕入欲乐会使人行动移于聚落，走向毁灭；损毁自身既不能使自己得到利益，也不能使他人得到利益。佛陀舍弃两边，而走中道，终于得到成就。中道产生正知，可获妙悟，中道导向平静、通慧、觉了、涅槃。在此基础上，佛陀宣说了佛教的基本教义，四谛学说。佛陀又为五比丘讲解了"无我"的学说。憍陈如、跋提梨迦、摩诃那摩、婆沙波、阿奢踰时五人听了佛陀的宣讲，同样诸漏灭尽，心得解脱，成就阿罗汉。至此，佛教三宝中的佛、法、僧完全具足，它标志着佛教正式形成。佛教史便将佛陀成道后第一次说法，称为"初转法轮"。

随后佛陀在鹿野苑度富家子耶舍为比丘，这是佛陀第六位弟子。耶舍的父母、出家前的妻子也皈依三宝，成为优婆塞和优婆夷。耶舍的四位朋友毗摩罗、修婆睺、富兰那迦、伽婆跋帝听说耶舍出家，前来看望耶舍。佛陀为四人说法，他们听后，请求出家，受具足戒。此外，还有五十童子请求出家。佛陀让弟子们外出周游传法，教化四方。愿意出家的人从各地赶来，乞具足戒。可是来往人声嘈杂，比丘应接劳乏，佛陀决定授权众比丘在各地度众，授具足戒。佛陀规定出家的仪式是：首先剃除须发，其次穿上袈裟色衣，偏袒右臂，右膝着地，向比丘行触足礼；触足礼后，在比丘前跪坐，双手合十，连说三遍"我皈依佛陀，我皈依佛法，我皈依僧伽"。

释迦牟尼以摩揭陀、拘萨罗、跋耆等国为中心，游化度众长达四十五年。在这四十五年中，佛陀也遇到了诽谤与诬陷、阴谋与伤害。在佛陀晚年，提婆达多意图分裂僧团，甚至试图谋害佛陀生命；琉璃王将迦毗罗卫国吞并，释迦族遭到屠灭。在佛陀生命的最后一年，佛陀从王舍城到庵婆罗提迦园、达拘利村、那提迦、吠舍离等地行化。佛陀在雨季安居时，得了重病。此时佛陀已经八十岁，身体非常虚弱，但他仍坚持前往拘尸那罗。佛陀在拘尸那罗的末罗族沙罗林让阿难在婆罗双树间铺座，右侧躺下，呈狮子眠，累足而卧，具念正知。游方僧须跋陀听到沙门乔达摩将在今夜后夜分入般涅槃，于是前来请问佛陀。佛陀为他讲解八圣道，须跋陀成为佛陀生前最后的弟子。

佛陀最终进入涅槃。佛陀遗体火化后，力士族人将佛陀舍利安放在集会大厅，以歌舞、音乐、花鬘、香料供奉舍利。各国闻讯佛陀入灭，派遣使者请求分得一份佛陀舍利。在陀那婆罗门的主持下，佛陀舍利被平均分作八份，由摩揭陀的阿阇世王、吠舍离的离车族、迦毗罗卫的释迦族、阿罗伽波的跋离族、罗摩伽摩的拘利族、毗陀洲的婆罗门、波婆城的末罗族、拘尸那罗的末罗族各得一份，并分别建了八座塔供奉佛陀舍利。

以上是对佛教形成过程及释迦牟尼一生经历的简要梳理。需要注意的是，由于古印度流传下来的可信文献相对较少，所以目前关于释迦牟尼的生平情况知之甚少，所述更多依据的是佛经中带有传说性质的记载。因此，学习这一章内容同学们应多以理性和批判的眼光观之。

【课外博览】

1. ［英］渥德尔著，王世安译：《印度佛教史》，商务印书馆 2000 年版。
2. 魏道儒主编：《世界佛教通史》(第一卷)，中国社会科学出版社 2015 年版。
3. ［日］佐佐木教悟等著，杨曾文等译：《印度佛教史概说》，复旦大学出版社 2020 年版。

第二章
佛教的基本观念

　　佛教的基本观念在这里主要指释迦牟尼创立佛教时形成的一套基本理论，以及在此基础上形成的一些基本观念。虽然随着佛教在不同时期不同地域的发展和演变，佛教理论和观念也随之发生了较大变化，但本章介绍的基本观念却一直是不同佛教派别的共同的根本的观念，其中尤以四谛说和三法印说最为根本。因此，了解这些基本观念，对我们把握佛教的根本精神有着重要帮助。

第一节　佛说要义：四谛说

　　一般认为，由释迦牟尼创立的佛教早期理论体系中，"四谛"是最核心也是最基本的一套理论。此后佛教虽然经历了两千多年在不同地域的发展演变，但"四谛"作为佛学理论基石这一点却从未改变过。因此，了解"四谛"说对我们理解佛教的根本观念有着重要意义。"谛"是梵文的意译词，有"真实"或"真理"之义，是印度文化中通用的概念。"四谛"即指苦、集、灭、道四种真理；因其真实不虚，故也称"四真谛"；因其为圣人所知，故也称"四圣谛"。传说释迦牟尼在鹿野苑为五比丘"初转法轮"时所说的法就是"四谛"。下面，我们就来分别介绍苦谛、集谛、灭谛、道谛这四种真理。

一、苦谛

　　苦谛是关于人生根本特征的真理。人生的根本特征是什么？不同的人或不同的文化派别，从不同的角度观看到的结果可能是不一样的。佛教认为，人生是"无常"的，并因"无常"而苦，所以人生的根本特征就是"苦"，并将这一看法视为真理，故称"苦谛"。对人生的这一根本看法既是佛教教义得以建构的基础，也是佛教理论得以展开的前提。当然，这一看法极易引发人们的不解，比如人们会问，人生虽然有苦，但是也有快乐，为什么说人生的根本特征就是苦呢？这种疑惑产生的一个主要原因，便是人们对"苦谛"之"苦"的内涵没有真正理解。那么，"苦谛"的"苦"到底指什么呢？

佛教关于"苦"的分类有多种，如二苦、三苦、五苦、八苦等，其中最流行的是八苦说。八苦说对"苦"的内涵作了基本分类，并由此分类揭示了"苦"的本质是什么。因此，下面我们将重点介绍八苦说。所谓八苦，即指生、老、病、死、怨憎会、爱别离、求不得、五取蕴等八种苦。

1. 生苦

主要指人从形成生命、长成身体到出生落地的过程中，在身体、感受、知觉等方面产生的苦。比如在生命成长过程中，于母体中十月住胎，母腹狭窄不净，内热如煎煮，黑暗如地狱；初生之时，忽冷忽热的风吹，各种衣物接触身体，让柔嫩肌肤如刀刮针刺；出生之后，便已然有贫富、贵贱、男女、美丑等差别，让心理产生各种烦恼和担忧。上述一系列的苦都是引发其他苦的重要因素，此后老、病、死等苦便接踵而至。

2. 老苦

主要指人在身体衰老过程中产生的各种苦。比如人从少至壮，从壮至衰，气力不断羸少，体质每况愈下；至年老之时，常常头发花白，牙齿脱落，肌肉松弛，身体变形，五官失灵，神志不清，生命日短，死亡渐近。这些因衰老而呈现的各种现象，为身体和精神带来无尽的痛苦和烦恼。

3. 病苦

主要指人的身心病痛带来的各种苦。比如身体方面，如果四大不调，便会疾病交攻："地大不调，举身沉重；水大不调，举身胕肿；火大不调，举身蒸热；风大不调，举身掘强。百节苦痛，犹被杖楚。"① 又比如心理方面，受各种因素影响，从而心怀悲哀、忧愁、恐怖、愚痴等各种苦恼。这些身心病痛之苦可以说都是人生常见之苦。

4. 死苦

主要指人在生命终结时身体和精神所感受到的苦。生命的终结或因衰老病痛而寿终，或因事故灾难而命亡，无论是哪一种方式，死亡对人生而言都是一种莫大的痛苦。死亡是

---

① （唐）释道世撰，周叔迦、苏晋仁校注：《法苑珠林校注》，中华书局 2003 年版，第 1982 页。

必然的，面对这种必然，人的精神上一直有一种莫大的焦虑，这种精神上的巨大压力，同样是一种莫大的痛苦。

5. 怨憎会苦

主要指事物的不期而遇对人身心造成的各种苦。比如怨恨憎恶之人或事，人们本求远离，但是这种人却常常与你相遇聚集，这种事也偏偏向你纷至沓来。类似怨憎欲离这种不如意之事，在人生中非常普遍，这些不期而遇的不如意之感都会造成人的身心之苦。

6. 爱别离苦

主要指事物的期而不遇对人身心造成的各种苦。比如对所爱之人，像父子、兄弟、夫妇、朋友等，人们总是希望相亲相爱，共处不离，但是这些人却常常终得别离。或父东子西，或兄南弟北；或骨肉分途，或生死离别。对于所喜爱的事物，同样也是如此。类似爱这样欲留却离的不如意之事，在人生中同样非常普遍，这些期而不遇的不如意之感也会造成人的身心之苦。

7. 求不得苦

主要指面对世间一切事物人心有所欲求却不能得而产生的各种苦。人生常常会有许多需求、喜好和欲望，却又往往得不到满足，甚至求之愈甚得之愈难。这种求而不得的失落心绪，会给人的身心造成无尽之苦。

8. 五取蕴苦

也称为"五盛阴苦"，此苦被看作根本苦，概括了一切苦的根源所在，且从字面上不易理解其内涵。因此，这里有必要对此苦作一番详细解释。

"五取蕴"一词是由"五蕴"和"取"两个概念融合而成。这里"蕴"为梵语意译词，旧译作"阴"，意指聚积。所谓"五蕴"，就是指聚积构成一切事物的五种要素，即色、受、想、行、识。五蕴的内含分别如下："色"，指有形之物质，例如人之肉体；"受"，指心理之感受，例如人之苦乐喜舍；"想"，指内心之想象，例如人心中之形象、思想、概念等；"行"，指心中之意志，例如人依想象取舍而生起的善恶行为心理；"识"，指心之识，即心的认识作用，例如人心的分别、判断、认知等功能。五蕴中色蕴属于物质，受想行识四蕴属于精神。佛教认为，人就是由这五种要素积聚而成，所以许多时候"五蕴"也成为人的代称。"取"在这里则指执著。"五蕴"和"取"相结合便会产生种种贪念、种种欲望、种种执著，故称为"五取蕴"。也就是说，如果人们总是以自我为中心的心态去执著于五蕴，则必将一切皆苦，而令人遗憾的是，芸芸众生恰是如此。因此佛教认为人生的根本特征就是

"苦"，而"苦"之根本就在"五取蕴苦"。

从以上分析可以看出，"八苦"分类大致可以分为三个层次：第一层是生、老、病、死四苦，这四苦主要涵盖个人身心之苦；第二层是怨憎会、爱别离、求不得三苦，这三苦主要涵盖人与人交往所产生的苦，即人在社会生活中出现的苦；第三层是五取蕴苦，是人对五蕴构成的生命本身的贪恋执著而产生的苦，可以说是对前七苦的概括，既是苦的根本，也是苦的根源。可见，对各类事物的执著，是各种各样苦的根源所在，而对五蕴的执著又是对其他各类事物执著的根源，因此也是其他各类苦的根源。所谓"烦恼障品类众多，我执为根，生诸烦恼"①说的正是这个意思。从这个角度来看，可以说"苦"在人生中是普遍存在的。

二、集谛

集谛是关于人生本苦之原因的真理。"集"是招聚、集合的意思。如果说苦在人生中是普遍存在的，那么苦的产生又是由哪些条件聚合而成的呢？简言之，佛教在确认了人的根本特征是苦之后，必然需要进一步探讨和解释产生苦的原因，而这正是"集谛"要回答的问题。佛教关于产生苦的原因的探讨内容相当丰富，其中"十二因缘"说和"业报轮回"说尤具代表性，下面重点介绍这两个理论。

1. 十二因缘说

因缘，是因与缘的并称。因，一般指引发结果的内在直接原因；缘，一般指引发结果的外在间接原因。不过，因缘并称也常常泛指产生结果的一切原因。佛教认为，一切事物或现象的产生都是有原因的，或者说有条件的。一切事物或现象只有在一定条件下才能生起，这就叫"缘起"。因此，十二因缘也称十二缘起。人生之苦的产生也是有一定原因的，前面提到人生之苦的根源在对五蕴的执著，那么这种执著是因为哪些条件而生起的呢？在佛教历史的众多论述中，一个代表性的答案就是十二因缘。

十二因缘包括无明、行、识、名色、六处、触、受、爱、取、有、生、老死。这十二个环节构成一个前后相续的因果链条，用以说明人之生死流转的因果联系，从中可以看到人生中生起五蕴执著的因缘所在。具体内容如下：

无明：指不明真理、愚昧无知。佛教认为，人生是由五蕴聚合而成，五蕴聚人便在，五蕴散人便无，因此人生是无常的，并没有一个恒常不变的自体，这就叫"无我"；但人们却往往相信有"我"，并力求其恒"常"，由此形成的"我见"和"常见"就是"无明"的根本表

---

① 《成唯识论述记》卷一，《大正藏》第43册，第235页。

现之所在。佛教认为，人们对人生的这种无知认识，正是引发后续一系列"行"的原因，故曰"无明缘行"。

行：此处含义同"业"，与"五蕴"之"行"意义稍有差异，主要指人的一切身心活动，以及这些活动引发相应结果的过程。佛教认为，在过去的一系列身心活动引发将来相应结果的过程中，人的意志力量发挥着决定作用。因此，在"无明"的作用下，人们过去的一系列"行"，尤其其中之意志力量，将推动后续"识"的形成，故曰"行缘识"。

识：此处与"五蕴"之"识"意义也稍有差异，主要指人在投胎托生一刹那的意识。佛教认为，投胎刹那的意识是受"行"之力量或称"业力"牵引而生成，这个意识形成后会进一步推动"名色"的融合，故曰"识缘名色"。

名色：指一切精神和物质之总称，"名"指精神方面，"色"指物质方面。因此也可以说，"名色"就是"五蕴"的总称，受、想、行、识四蕴为"名"，色蕴为"色"。佛教认为，投胎刹那生成的"识"，会进一步引发"名色"即胎体精神与肉体的发育，进而推动"六入"的形成，故曰"名色缘六处"。

六处：也称"六入"，这里指"六根"，即眼、耳、鼻、舌、身、意等六种感觉器官和认知能力。佛教认为，随着"名色"的不断发育，人的生命体会不断成长，"六根"会不断完善，并由此推动了人对外界的不同"感触"，故曰"六处缘触"。

触：指触觉，即人的身体和精神与外界的直接接触。这里的触，更强调的是婴儿最初接触外界事物的感觉，那时婴儿尚无强烈的分别心，只是以"赤子之心"来感触外境，还没有形成苦乐差别。不过，随着"感触"的不断增加，就会推动各类有差别的"感受"的形成，故曰"触缘受"。

受：指感受。此处与"五蕴"之"受"意义也稍有差异，这里所指感受，主要指随着人的成长，童年时期生理和心理所获得的各类有差别的感受，如苦乐、爱憎等。有差别的"受"的增加，就会引发对差别之间的选择和需求，从而推动"渴爱"的形成，故曰"受缘爱"。

爱：指贪爱，主要指食色之贪爱，后引申为一切贪欲。随着人的逐渐成熟，从少年到青年，感受到社会中各类人事，便会不断增加对食色欲望、财富权势、名望地位等的贪求。这种"贪爱"的不断增加，就会导致对一切欲望的不舍与执著，故曰"爱缘取"。

取：指执著，即对人生一切内外欲望的炽热追求，执著不舍。此处与"五取蕴"中的"取"意思相近。在如此炽热的"执取"驱使下，便会形成众多将产生来世果报的"有"，故曰"取缘有"。

有：此处指"业"，即在执取驱动下人的一切身心活动，这些活动在来世能够产生果报。"有"与前面的"行"有相似之处，"行"是前世的"业"，"有"则是现世的"业"。现世的

"有"因果报关系会影响到来世的"生"，故曰"有缘生"。

生：指来世之生。生是人生的开端，有生必有老死，故曰"生缘老死"。

老死：身体衰朽变化曰老，寿命终尽灭坏曰死。老死是人生的终结，但并非人生的终点。在佛教看来，人生的生死往复，正是在"无明"和"业"（"行"和"有"）的推动下，不断地循环展开着。

上述十二因缘可以说是佛教对生命现象的一个总结。需要注意的是，十二因缘是根据人生相续发展的不同阶段的不同特征所进行的区分，并不是按照时间先后顺序来划分。十二因缘之间并无先后之分，只有因果相续，循环往复，无始无终。不过，从这一因果规律中不难发现，无论怎样循环往复，人生的因果链条中都会出现"爱"和"取"，也就是"贪爱"与"执著"，而从十二因缘因果关系来看，这种"贪爱"与"执著"其根本还是对五蕴的执著。如果进一步分析十二因缘，可以发现造成"爱"和"取"的最主要环节就在"无明"，即对于人生实相的无知。因为"无明"才会有"行"，以至有"爱"和"取"，以至有"老死"。因此，从这个意义上也可以说，人生之苦的总根源就在"无明"。按佛教史的记载，释迦牟尼悟道时正是看到了这一点，才最终找到了解脱人生之苦的根本方法。

2. 业报轮回说

十二因缘因果链条已经展现了人生无限轮回的过程，只是其重点要说明的是其中的因果关系。在这个无限轮回的过程中，还有一种力量发挥着重要作用，这个力量就是"业力"。

"业"梵语音译作羯磨，意译为造作，通俗讲就是指行为。"业"一般可分为三类，即身、口和意三业。身业表现为身体上的行动，口业表现为语言对行为意志的表达，意业表现为内心欲行某事之意志，三业基本涵盖了人的一切身心活动。当然，佛教所谓的"业"，并非仅仅指人的行为，同时还强调，人的身、口、意三业所含的一切行为，都会有一种引起未来因果报应的力量，这个力量就称为"业力"。佛教认为，行什么样的业，得什么样的报，善业有善报，恶业有恶报，而且业力是不会消失的，迟早都会报，或在此世报，或在他世报。而且佛教还认为，一切善恶苦乐等因果报应，其实都是由业力所致，因此有"业力不可思议"之说，这一现象就称之为"业报"。

"轮回"音译作僧娑洛，其意又作流转、轮转等。指众生由于业力影响而在六道中流转生死，如车轮旋转，循环不已，永无止境。轮回本为古印度婆罗门教主要教义之一，佛教吸收了这一思想并加以发展，注入自己的教义，使之有了新的内涵。例如婆罗门教认为四大种姓于轮回中生生世世永袭不变，但佛教则主张业报之前，众生平等，下等种姓今生若修善德，来世可生为上等种姓，甚至可生至天界；而上等种姓今生若有恶行，来世则将生于下等种姓，乃至下地狱。显然，生命轮回深受业力报应的影响，"业，体现着力量和作用，功德和过失，是决定再生的形态和性质的法则"①。根据这一业报轮回的法则，佛教认为众生依据善恶行为报应的不同而有六道轮回，也就是有六种再生的形态。这六道包括地狱、饿鬼、畜生、阿修罗、人、天。其内涵概括如下：

地狱：指受苦受罪之处。佛教描绘的地狱充满苦罪，有八寒，还有八热，入地狱者，既要受烈火焚烧，还要受寒风吹袭，如此等等。总之，入此道众生会受尽无数苦难。佛教认为，造上品十恶业及五逆罪的众生会堕入此道。

饿鬼：指常苦于饥渴之鬼。鬼有若干种类，而饿鬼是鬼中最苦的一种，历千百年不得一食，即使偶有获食，于将食时，又化作火焰，无法下咽。总之，入此道众生会受尽饥渴之苦。佛教认为，造中品十恶业的众生会堕入此道。

畜生：指一切虫鱼禽兽等动物，也称"傍生"。畜生的苦主要表现为互相残杀、互相吞食。佛教认为，造下品十恶业的众生会堕入此道。

阿修罗：梵语音译词，意译为"非天"，即魔神。阿修罗为印度最古诸神之一，常被视为恶神，具有神通但无德，多怒好斗。佛教认为，作下品十善的众生即可入此道。

人：指人类。人类世界苦乐参半，而人类善于分辨事物的前因后果，且能知苦断集，明理去惑，转凡成圣。佛教认为，修五戒及中品十善的众生即可入此道。

天：指一般的神，也称"天神"。天神住于欲界、色界、无色界等三界之中，那里空间美妙，没有疾病，天神也体态美丽，健康长寿，只是也须服从生死的规律。佛教认为，行上品十善、修四禅定、四空定的众生即可入此道。

上述六道前三道又称"三恶道"，后三道又称"三善道"。值得注意的是，此六道不过是对世间"有情"种类的一种大致划分，虽然不同的善恶业报会进入不同的轮回之道，但善恶之业是有着巨大的程度差异的，因此，即使生于同一"道"中也会有千差万别。所以在佛教看来，人生的贫富贵贱之别，也正是这种业报轮回造成的。

综合"十二因缘"和"业报轮回"两说，我们可以看到人生本苦的主要原因所在。从人生生死流转的过程来看，"爱"和"取"是必然出现的两个环节，这两个环节可以简称之为"执著"，而"执著"恰恰是造成人生之苦的直接原因。人若有了"爱"和"取"，就会积极地去追求所爱和所取，这样就会产生一系列相应的行为，而人的任何身心行为都会产生"业力"，这种"业力"又会推动人的生命不断轮回，而每一次轮回中都会再次出现"爱"和"取"，都会不可避免地出现"执著"。因此，人生之苦是普遍且必然存在的。当然，如果进一步分析还可以发现，每一次轮回中"爱"和"取"的必然出现，其实是与人们无法看清人生和世界的真相密切相关。也就是说，"无明"才是引发"爱"和"取"的根本原因，才是

---

① 方立天：《佛教哲学》，中国人民大学出版社1991年版，第89页。

推动生命轮回的根本条件。

三、灭谛

灭谛是关于灭尽人生之苦形成之原因的真理。"灭"是灭尽、熄灭之义。既然人生之苦的根源在"执著"，而引发"执著"的根本原因在"无明"，那么只要灭除众生因无明而生成的执著，就能灭除因执著而引发的业力，也就能使众生跳出业力驱动的轮回，达到解脱人生之苦的境界。而佛教将这一境界称之为"涅槃"。

"涅槃"是梵语音译词，也译为"泥洹""涅槃那""抳缚南"等，意译为灭、灭度、寂灭、解脱、圆寂等。"涅槃"一词原意指火的熄灭或被风吹散状态，如灯火熄灭可称为"灯焰涅槃"，后引申来指燃烧烦恼之火灭尽，达到觉悟菩提之智的境界。这一境界也就是灭尽无明执著，超越生死轮回，解脱人生之苦的境界。正如《杂阿含经》卷十八所说："贪欲永尽，嗔恚永尽，愚痴永尽，一切诸烦恼永尽，是名涅槃。"这一境界正是佛教追求的终极目的。因此，从这一角度来看，灭谛其实是在告诉人们：如果说人生根本特征是苦的话，那么要想从人生之苦中解脱出来，就需要达到涅槃境界这一终极目标。也就是说，佛教为解决超越人生之苦的问题，给出了一个可以实践的答案。

涅槃的分类方式很多，早期较为流行的一种分类方式是分为有余涅槃和无余涅槃两种。所谓有余涅槃，全称"有余依涅槃"，这里的"依"指依身，即人之身体。早期佛教认为，一个修行者如果灭除一切执著而证得涅槃境界，即已灭除生死轮回之因，但是其前世业报所造成的身心依然存在，即生死轮回之果尚在，相当于"五取蕴"中"取"已灭尽，但"五蕴"尚存，这是不彻底的涅槃，故称其为有余涅槃。所谓无余涅槃，全称"无余依涅槃"，是有余涅槃之对称，指一个修行者不仅已灭除一切执著，即生死轮回之因已灭尽，而且作为生死轮回果报的身心（五蕴）也已灭尽，即彻底的"灰身灭智"，是为无余涅槃。《成实论》卷十三云："得有余泥洹，则垢心灭；得无余泥洹，则无垢心灭。"所以无余涅槃其实质就是身心智俱灭的终极境界。早期佛教认为，听闻佛陀教诲的世间修行者，他们在世间能达到的最高果位是阿罗汉，所谓阿罗汉，即指已断尽一切烦恼，超越生死轮回，但为教化众生仍留在世间，故得受世人供养而被尊为圣者的修行者。显然，阿罗汉所达到的境界即是有余涅槃境界，其后若能进一步"灰身灭智"，才能达到无余涅槃的最终境界。

后期佛教对涅槃内涵又做了进一步阐释，中观学派的观点认为，灭尽一切烦恼的关键在于正确认识一切事物的"实相"（就是真相或本然），并在实践中加以运用，如此便可达到涅槃境界。从这个角度来说，涅槃境界就是对实相的认识和运用，这种涅槃被称为"实相涅槃"。而世间一切事物现象都以空为实相，涅槃的实相也是空，因此在追求灭尽一切烦恼境界的过程中，就要既不住于生死因果，也不住于涅槃境界，世间与涅槃其实是无差别的，这种涅槃被称为"无住涅槃"。正如《中观论颂·观涅槃品》所云："涅槃与世间，无有少分别；世间与涅槃，亦无少分别。涅槃之实际，及与世间际；如是二际者，毫无厘差别。"

概而言之，灭谛为如何解脱人生之苦这一问题，确定了一个解决方法，即达到涅槃境界这一目标即可。

四、道谛

道谛是关于达到涅槃境界的方法和道路的真理。这里的"道"即道路、方法的意思。既然实现解脱人生之苦须达到的目标已经确定，那么如何达到这一目标便成为最后的关键。早期佛教将达到涅槃境界的一系列方法归纳为"八正道"，即正见、正思维、正语、正业、正命、正精进、正念、正定。其具体内容如下：

1. 正见

正见，即正确的见解。何为正确的见解？佛教认为按照四谛真理来看待世间一切便是正确的见解，"念苦是苦时，集是集，灭是灭，念道是道时，或观本所作，或学念诸行，或见诸行灾患，或见涅槃止息，或无著念"[1]，如此便能明了通达事物表相背后的真相，破除无明引发的执著。由此可以看出，四谛所包含的大智慧在正见中占有非常重要的地位。

2. 正思维

正思维，又称正志，即正确的思辨，这是关于"意"的正道。根据正见的界定可以推知，依据四谛真理进行的思考、分别就是正思维，如此人之"意"便不会被无明所牵引，不被外界表相所迷惑。

3. 正语

正语，即正确的言语，这是关于"语"的正道。可以说，符合正见和正思维的言语，就是正语，因此佛教还特别强调了不要说妄语、绮语、恶口、两舌等违背正见精神的不好言语。

4. 正业

正业，即正确的行为，这是关于"身"的正道。同样，符合正见和正思维的行为，就可

---

[1] 《中阿含经》卷七，《大正藏》第 1 册，第 469 页。

以说是正业，因此佛教特别强调不作杀生、偷盗、邪淫等违背正见精神的不好行为。

5. 正命

正命，即正确的生活。就是按照符合正见的方式来谋生，以正当的职业过正当的生活，不以不正当的方式去谋求衣食。

6. 正精进

正精进，又称正方便，即正确的努力。就是要毫不懈怠、专心致志地依照四谛真理修行，以达到涅槃的理想境界。

7. 正念

正念，即正确的忆念。就是要念念不忘四谛真理，不忘世间一切诸法的本性和表相，不忘佛教修行要达到的终极目标。

8. 正定

正定，即正确的禅定。就是要专心致志地修习禅定，由此可于内心静观四谛真理，从而可以进入清净无执的涅槃境界之中。

"八正道"基本是从身、口、意三个层面对佛教修行者的日常思想行为的正确实践方式进行归纳概括，它是早期佛教修行中通往涅槃终极境界的重要方法。"八正道"又常常被归纳为戒、定、慧"三学"并加以引申，因此，"三学"也成为修行者欲达到涅槃境界必须学习的方法。若以"三学"来论"八正道"，则正语、正业、正命就是戒学，正念、正定就是定学，正见、正思维就是慧学，正精进就修行的态度而言可贯通"三学"，但就其根本特征而言其也是慧的一种呈现，所以也可归于慧学。从"三学"的角度来归纳修行的道路和方法，其内容又有着不一样的特点。

戒学，又称"增上戒学"，是关于戒律的修学。"戒"为梵文意译，音译为"尸罗"，戒律是为出家和在家修行者制定的纪律规则，以防行为、语言、思想等方面的过失。戒律同时也是一种修行方法，其根本要义在于止恶从善，从而使修行者能在"正道"上前进。佛教早期戒律有在家、出家、男女之别，一般而言，出家的比丘有 250 戒，比丘尼有 348 戒。在家修行者主要有五戒和八戒。五戒是在家修行者必须受持的戒律，即不杀生、不偷盗、不邪淫、不妄语和不饮酒。八戒也称八斋戒、八关斋戒，是在家修行者于六斋日需要受持一日一夜的出家戒律，即不杀生、不偷盗、不邪淫、不妄语、不饮酒、不以华鬘装饰自身且不歌舞观听、不坐卧高广华丽床座和不非时食。六斋日是指阴历每月八日、十四日、十五日、二十三日、二十九日、三十日，在家修行者可在这六日中的任何一天暂时离开家庭，赴僧团居住与出家人一起过出家人生活，并受持八戒。显然，八戒要比五戒更为严格，不过，五戒是在家修行者须终生受持的戒律，而八戒则是临时受持的戒律，可以是六斋日中的一天，也可以是几天或六天，相对比较灵活。随着佛教的发展，戒律也在发展之中，但无论怎样发展变化，其根本目的还是在于引导修行者走在一条正确的修行道路上。

定学，又称"增上心学"，是关于禅定的修学。"定"是梵文意译，其音译为"三昧""三摩地"，指心专注于一对象而达于不散乱的精神状态。禅定是古印度多种文化派别都提倡的修行方法，是一种希冀借助凝然寂静之特殊精神状态获得大智慧的方法，只是各派具体阐释各有不同。早期佛教的定学主要指的是四禅定。四禅定也称为四禅，分别为初禅、二禅、三禅、四禅，其具体内涵如下：初禅，即禅定的初级阶段，于禅定之中渐去情欲，以至于消除不善心，并因情欲与不善之远离而生欣喜与安乐，不过，此一阶段于对象尚有分别，于内心尚有思虑，故于表面方面尚未达到沉静，此阶段为制伏内在情意的阶段。二禅，即于初禅的基础上，进一步安住一想，以达到表象的沉静，并因表象的沉静而获得一种更高的欣喜与安乐，此阶段为进一步制伏外在表象的阶段。三禅，即由二禅更进一层，舍离欣喜和安乐，达到完全安静的境地，获得轻安的妙乐，进入正念和正智的阶段，但此时尚有身体上妙乐的感觉，只能算获得大智慧的初始阶段。四禅，即由三禅再进一步，完全超越苦乐之心，超越身体之愉，以至于身心的存在都已忘却，达到完全舍念清净的境界，湛然如明镜止水，这即是涅槃境界。随着佛教的发展，禅定的方法出现了多种类别，不过，无论怎么变化，佛教一直视禅定为达到涅槃境界的最重要方法之一。

慧学，又称"增上慧学"，是关于智慧的修学。"慧"是梵文意译，音译为"般若"，佛教认为"慧"能通达整理，决断疑念，观达真理，断除妄惑，从而根绝无明烦恼，获得解脱[1]。因此，佛教修行最重要的目的便是要获得觉悟的智慧，如此便能超越执著，达于涅槃境界。佛教早期将修学智慧分为三种方式，即闻慧、思慧和修慧。闻慧，即通过闻见经教而得来的智慧；思慧，即通过思考佛理而得来的智慧；修慧，即通过修行佛法而得来的智慧。三者常合称闻思修三慧。需要注意的是，"三慧"并不是说般若智慧有三种，而是指获得般若智慧主要有这三种路径。

从以上分析不难发现，"三学"中以慧最为重要，戒和定都是获得慧的手段。只有获得慧，才能达到最终解脱的涅槃境界。所谓戒定慧"三学"，可以说基本概括了佛教的全部要义，也基本包含了佛教修行的全部法门，这正是道谛想要呈现的内容。

综上所述，"四谛"说作为佛教的基本要义，回答了佛教文化的最基本问题，即什么是人生的根本？人生为什么会如此？从如此人生中解脱出来需达到之目标？如何达到解脱之目标？"四谛"说是释迦牟尼所讲佛法的核心要义，至今依然。

---

① 方立天：《佛教哲学》，中国人民大学出版社 1991 年版，第 122 页。

第二节　佛法印证：三法印

佛教认为人生之苦的总根源就在无明，而人之所以无明正在于看不清人生之"无常"和"无我"。而对这一重要基础问题，佛教"三法印"理论进行了较好回答。"三法印"是早期佛教提出的重要理论。这里的"法"指佛法，"印"指印证，"法印"即佛法之印证，具体来说就是指可以用来鉴别真正佛法的标准。佛教认为，凡符合法印的则是佛法，而违背法印的则非佛法。关于法印的数量，佛教历史上有多种说法，其中最具代表性的便是"三法印"，即诸行无常、诸法无我、涅槃寂静三者。《杂阿含经》卷十作"一切行无常，一切法无我，涅槃寂灭"①；《大智度论》卷二十二则称："佛法印有三种，一者一切有为法，念念生灭皆无常；二者一切法无我；三者寂灭涅槃。"②"三法印"理论又直接影响到佛教缘起论和空观念的形成和发展，从而构成了佛教一套基本理论体系。

一、三法印

在"三法印"中，"涅槃寂静"的内涵在"四谛"说的"灭谛"中已有涉及，所以此处将会略讲，下面要重点阐释的是"诸行无常"和"诸法无我"的内涵。

1. 诸行无常

诸行无常，也称"一切行无常印"，略称"无常印"。这里的"行"本指一切迁流变化的活动，而佛教认为，世间一切事物和现象无一不处在迁流变化之中，因此它们也可称为"行"，于是原指迁流变化的"行"被用来进一步指称那些变化着的事物和现象。简言之，"行"在此指世间的一切事物和现象。"常"指恒常，"无常"则是不恒常的意思。所谓"诸行无常"即指世间一切事物和现象都处于变化无常之中，世界上没有永恒不变的事物和现象。

"无常"是佛教对世间一切事物和现象存在方式的一种基本认识。《无常经》谓："未曾有一事，不被无常吞！"③佛教认为，世间一切事物和现象都是此生彼生、此灭彼灭的相互依存关系，没有永恒不变的实体存在。也就是说，世间一切事物和现象都不是单一的、独

---

① 《大正藏》第 2 册，第 66 页。
② 《大正藏》第 25 册，第 222 页。
③ 《大正藏》第 17 册，第 745 页。

立的、绝对的存在，而是相互依存的存在，一事物发生变化，必然引起与之相关联的其他事物发生变化，进而引起与其他事物相关联的更多事物发生变化，所以任何事物和现象都是无常的，都是处于刹那生灭之中的。

早期佛教对"无常"的认识，主要集中在人生层面。从这个层面来讲世间"诸行"，也着重讲的是由"五蕴"构成的人类的一切活动。从早期佛教的"五蕴"和"十二因缘"观念中不难看到，人生本就包含着一种意志活动，这种意志活动随着因缘关系不断地推动人生的生死流转，这一系列因缘相依相续的生命活动，明显表现出无常的性质。早期佛教提出这种观念，主要是为人生之苦的论断提供依据。因为人生无常，所以一切皆苦。佛教后来的发展，对"无常"的认识逐渐不再限于人生层面，而是不断扩展到世间一切事物和现象，从而成为佛教认识世间一切事物和现象的基本理论。

佛教从诸行无常观念出发，常常反对两种不同的观点：一是常见，也称为邪见，这种见解认为世界是常住不变的，人类死后的自我也是不灭的，而且能够再生并再以现状相续，即"我"也是常住不变的，婆罗门教便持这种观点；二是断见，也称为无见，这种见解认为人死后身心断灭不复再生，世界及"我"皆归于空无，终归于断灭。所谓断常二见，概括而言即外道之种种偏见，因此佛教主张离常、离断，以取中道。

《大智度论》卷四十三曾将"无常"分为两种：一是念念无常，即指从绝对变化的角度来看，一切有为法在刹那之间都有生、住、异、灭的变化而不间断；二是相续无常，即指从相对持续的角度看，一切有为法在一期相续之上有生、住、异、灭的变化。这里所谓的"生、住、异、灭"是佛教对事物和现象变化发展过程所分的四个连续相承的阶段或呈现为四种相状，所以也称为"四相"。其大意是，事物或现象的产生称为"生"，事物或现象形成后有其相对的稳定性称为"住"，事物或现象在相对稳定中又无时不在变异称为"异"，事物或现象的灭亡称为"灭"。世间一切事物和现象在一刹那中都具有生、住、异、灭四相，念念相续，无始无终，此即"诸行无常"。

2. 诸法无我

诸法无我，也称"一切法无我印"，略称"无我印"。"法"在佛教中有多层内涵，在这里则主要指世间的事物和现象，"诸法"也就是一切事物和现象的意思。"我"在佛教中是指永远不会生灭变化的实体或本体，"无我"则是没有永远不变的实体或本体的意思。因此，所谓"诸法无我"，是指世间一切事物和现象都没有永恒不变的实体或本体。也就是说，世界上没有单独存在的、自我存在的、自我主宰的永恒事物，一切事物都是因缘和合而成，是相对的，是暂时的。

早期佛教在《相应部经典》中便着重论述了佛教的无我论，如"无常是苦，是苦者皆无我"，"此形非自作，亦非他作，乃由因缘而生，因缘灭则灭"。早期佛教认为世界上一切事物都不会自生，而是种种要素的集合体，不是固定不变的、单一的独立体，而是种种要素刹那依缘而生灭的。就如房子是砖瓦木石的结合体，人则是由五蕴组成的，在这样的集合体中，没有常住不变的"我"，故谓"无我"①。佛教创立之时印度其他派别文化都认为一切事物皆有不生不灭永远存在的本体，宇宙的本体称为"梵"，个人的本体即为"我"。因此，诸法无我的法印，可以说是佛教独有的学说。

佛教"无我"可分为两类：一是人无我，即认为人是由五蕴和合而成，没有常恒自在的主体；二是法无我，即认为一切事物和现象都由种种因缘和合而生，不断变迁，没有恒常不变的主体。早期佛教一般主张人无我，随着佛教的发展，逐渐开始认为法也无我，一切法的自性都是无我的，一切法的存在都是如幻如化。这种人法无我的观念是佛教的基本学说，也是在思想上区别于印度其他派别的根本之处。

3. 涅槃寂静

涅槃寂静，也称"涅槃寂灭印"，略称"涅槃印"。关于涅槃，上一节已有较详细论述，所以此处不再赘述。"寂静"，在这里是指涅槃的状态。所谓"涅槃寂静"，就是指通过修行断尽烦恼，超脱生死轮回，达到涅槃境界。这是三法印的终极，也是佛教的最终理想。

三法印，是佛教的重要理论，判断一种理论是不是真正佛法，可以此三印来衡量。若与此三印相违者，即使是佛陀亲说，也不是真正佛法。反之，若与三印相契合，即使非佛所说，也可认为是佛法。三法印的根本内涵是揭示一切事物和现象的绝对真相，显示了佛教对世界的根本认识。

二、缘起论

以"三法印"理论为基础，佛教又形成了另一个重要的基本观念，即"缘起论"。"缘"，是关系或条件的意思，"起"是生起的意思。所谓"缘起"，即诸法由缘而起，即世间一切事物和现象的生起变化，都是由相互依存的关系或条件决定的。《杂阿含经》卷十五云："此有故彼有，此生故彼生；此无故彼无，此灭故彼灭。"②这是对缘起理论最简洁的说明。大千世界，森罗万象，形形色色，生生化化，无一不是因缘和合而生，世界上一切事物和现象都是相互联系、相互依存和互为条件的，都是由于互相依持、互相作用才得以存在，即

---

① 《中国大百科全书》（第二版）第 23 册，中国大百科全书出版社 2009 年版，第 454 页。
② 《大正藏》第 2 册，第 66 页。

都处在因果联系之中，是互为因果的。简言之，缘起论的实质也就是事物间的因果关系的理论①。上节提到的"十二因缘"说，便是早期佛教的缘起论之一种。缘起论是由法印说而产生的，法印说是佛教的根本特征，因此，缘起论也是佛教的根本理论。

缘起论是早期佛教针对当时印度各种文化派别主张世界是从"大梵天造""大自在天造"，或从"自性生""宿因生""偶然因生""生类因说"等理论而提出，用以解释世界、社会、人生和各种精神现象产生的根源。当时印度社会文化中占主导地位的是婆罗门教思想，这一思想的核心理念认为，世间一切事物和现象本质上都是由梵而生，离开梵的东西是不存在的，而梵是恒常不变的。事物之间的任何变化、任何差别在婆罗门教看来都是虚妄的，都是人的无知产生的幻觉。佛教缘起论与各派观点不尽相同，更强调世间万物相互依存之关系，且没有独立之自性，这就是"无常"和"无我"的理念。佛教以此解释世界一切产生的根源，从而建立起自己独特的人生观与世界观，缘起论也成为佛教异于其他文化派别的最大特征。自佛教发展史来看，无论任何时代、任何地域之佛教宗派，莫不以缘起思想为其根本理论。

缘起论的完整理论体系于早期佛教时代便已具备，后世佛教不同派别在此理论的基础上逐渐阐发出一系列缘起论系统教说，华严宗把各家关于缘起的学说，用判教形式概括为以下四种：

1. 业感缘起

这里的"业"是指有情众生之身语意日夜所造作之善恶事，众生在行事之后，其力用并不消灭，是可招感结果的。此缘起观认为世间一切事物和现象的生死流转，都是由众生业因所生起，善恶之业力可招感善恶之果报，因果相续，六道展转，生死轮回，循环不尽。小乘佛教各个宗派都持此种缘起观。

2. 赖耶缘起

又作阿赖耶缘起。阿赖耶，意译为藏，乃种子之义，意思是微细不可知之一大藏识，能藏一切诸法之种子。此缘起观认为业力来自于众生阿赖耶识中所执持的种子，此种子遇缘则生起现行，然后由现行熏染种子(称新熏种子)，其后再遇缘则再生现行，从现行又熏种子，从而形成"种子生现行，现行熏种子"的关系，如此展转依存、互为因果而无穷无尽。大乘唯识宗持此种缘起观。

---

① 方立天：《佛教哲学》，中国人民大学出版社 1991 年，第 199 页。

3. 真如缘起

又作如来藏缘起。如来藏，指隐藏于一切众生之贪嗔烦恼中的自性清净如来法身，又称自性清净心、自性清净藏，与真如同义。此种缘起观认为真如或如来藏之自性清净心为染净之缘所驱动，从而生起种种事物。因为如来藏有其常住不变的一面，同时也有随缘起动而变现万物的一面，如来藏随缘起动之后，先是如来藏之一心被无始以来的无明恶习所熏习，而成为阿赖耶识（藏识），再由藏识现起世间万有。大乘终教持此种缘起观。

4. 法界缘起

又作圆融法界无尽缘起。法界，在此是指真如、实相等，即真如法性之本体为一法界。此缘起观认为万法相互融通，以一法成一切法，以一切法起一法，是故一关系着宇宙之一切（一即一切），一切亦含摄于一之中（一切即一），法界之一与一切互为主从，相入相即，并存无碍而重重无尽。大乘华严宗持此种缘起观。

缘起论是佛法的核心思想。从原始佛教到大乘佛教，从印度佛教到中国、日本的佛教，几乎全部的佛教，都是以缘起说为中心思想。因此，如果能够充分了解缘起说，就可以了解佛教的基本思想。可以说，缘起说不仅为佛教的中心思想，也是佛教与其他宗教、哲学不同的地方，它是佛教独有的特征。

由缘起论出发进一步可以引申出佛教的"空"观念。在缘起论看来，世界上一切事物和现象都是相互联系、相互依存和互为条件的，都是由于互相依待、互相作用才得以存在，因此万法皆无独立不变之自性，这实质就是"空"的观念。三法印中的"诸行无常""诸法无我"其实本质也是"空"的观念。不过，从佛教发展历史来看，早期佛教虽然已有"空"这个概念，但只是作为一个普通概念使用，其与"无常""无我""缘起"等观念的内在联系并没完全揭示出来。进入部派佛教时期，"空"这一概念开始成为争论的重点之一，至大乘佛教时期，"空"观念进而成为大乘思想的理论基础而有了更为丰富的内涵。

大乘佛教中的中观学派和瑜伽行派对"空"的阐释最具代表性。中观学派的空观特点是主张"缘起性空"，中观学派在论证空时，一方面吸引早期佛教中基本思想，肯定事物自身"无常""无我"的"自性空"的观念，另一方面在说明事物自性为何空时，常从缘起论的角度进行论证。《中论》卷四云："未曾有一法，不从因缘生，是故一切法，无不是空者。"[1]这首偈的意思是，一切事物都是因缘和合而生，相互依存，互为条件，因此一切事物也无自性，也就是一切皆空。瑜伽行派的空观特点是在"唯识"的基础上讲万物何以"性空"，瑜伽行派认为人的"八识"中的阿赖耶识为根本识，是实有的，而一切事物都是由此识变现

---

[1] 《大正藏》第 30 册，第 33 页。

而出，因此一切事物都来自于识，识外无独立的事物，故一切事物都无独立之自性，此即万物皆空。不过，瑜伽行派所说的"识"本身也并不是真的实有，正如《成唯识论》卷二所说："为遣妄执心、心所外实有境，故说唯有识。若执唯识真实有者，如执外境亦是法执。"①这就是说，所谓"唯识"不过是为了帮助人们更好地理解"性空"的方便手法，即通过讲"识有"达到破"我执"和"法执"的目的后，还是要回到"性空"的根本宗旨上来。

佛教关于世界本质、人生本质的看法，在很大程度上表现在"缘起论"和"空观"之中，对佛教理论的建构、其他派别文化的发展都有着深远影响，并且这些观念对于当代社会人们认识与对待世界及人生都有借鉴意义。

三、因果论

因果论也称因果律，同样是佛教的基本观念。其实，缘起论所讲实质上就是世间万事万物之间的因果关系。所谓因缘和合，就是有因必有果，有果必有因。所以"十二因缘"又被概括为"三世两重因果"，原因正在于此。因此，作为佛教教义的因果论，也是用来说明世间万事万物一切关系的基本理论。

在因果论中，"因"为能生，"果"为所生，也就是说能够引生结果者为"因"，由"因"引发而产生者则为"果"。"因"又称因缘，"果"又称果报，因果展转相生，谓之因果报应。因果论适用于过去、现在和未来"三世"，谓之"三世因果"。总之，在佛教看来，整个世界的万事万物都是由互为因果的关系联系在一起的一个整体。

在佛教历史上，不同时期不同派别对因果论的阐释有着一定的差异，大致可以归类为小乘和大乘两个系统，小乘因果论以四缘、六因、五果为主要内容，大乘因果论则以四缘、十因、五果为主要内容。

"四缘"是一切事物生起的条件，可概括一切"因"。它们是因缘、等无间缘、所缘缘、增上缘。"因缘"是指产生事物直接的因；"等无间缘"是指前念为后念生起的因；"所缘缘"是指外境为思虑生起的因；"增上缘"是指前三缘之外能影响事物产生的因。"六因"与"四缘"都是对"因"的分类方式，"六因"是另一个角度的分类，可以说是将"四缘"中的因缘进一步细化后的结果。"六因"指能作因、俱有因、同类因、相应因、遍行因、异熟因；能作因相当于"四缘"中的等无间缘、所缘缘、增上缘，其他五因可视为对"四缘"中因缘的细化。"十因"也是在"四缘"的基础上对"因"的进一步细化，即将一切物质现象与精神现象得以产生的原因归为十类，分别是随说因、观待因、牵引因、摄受因、生起因、引发因、定别因、同事因、相违因、不相违因。无论是"六因"还是"十因"，所论都较为繁琐，

---

① 《大正藏》第 31 册，第 6 页。

我们大致了解一下即可，这里就不一一解释了。"五果"则是对"果"的一种分类，指异熟果、等流果、士用果、增上果、离系果。"异熟果"指前世业报之果；"等流果"指与前因相似之果；"士用果"指人力造作之果；"增上果"指由增上缘所得之果；"离系果"指离一切烦恼系缚之果，即解脱之果。

佛教将因果论视为世间万事万物之关系的一种基本存在方式，是有其深刻的一面的；但由此引申出的因果报应之说，又有其一定的局限性，这是我们在理解该理论时应该注意的地方。

【课外博览】

1. 方立天：《佛教哲学》(增订本)，中国人民大学出版社 1991 年版。
2. [英]关大眠著，郑柏铭译：《佛学概论》，译林出版社 2013 年版。
3. 姚卫群：《佛学概论》(修订版)，线装书局 2021 年版。

第三章
佛教在印度的发展

释迦牟尼一生在列国之间传教，僧团人数不断增加。由于印度各地的语言状况、文化情况都不一样，所以释迦牟尼允许弟子们用自己的语言学习佛所说的话，这就造成佛教传播过程中的复杂情况。随着佛教僧侣不断增多，不同的人对佛教教义的理解也会有些偏差。当释迦牟尼在世的时候，如果出现问题，可以去找佛陀决断，但当释迦牟尼去世之后，许多问题就变得复杂起来。

佛教在印度经历了 1800 年，其过程大致可分为四个阶段：原始佛教时期（公元前 6 世纪—公元前 4 世纪）、部派佛教时期（公元前 4 世纪—公元 1 世纪）、大乘佛教时期（公元 1 世纪—7 世纪）和密教时期（7 世纪—13 世纪）。早期佛教教义基本没有发生变化，但在后三个时期，佛教内部在理论阐释和修持的方法上都产生了不同的派别。

第一节　早期佛教时期

原始佛教，指释迦牟尼创教和弟子相继传承时期的佛教，时间上一般以释迦牟尼成道后第一次向五比丘说法算起，到世尊入般涅槃后的一百年内，即公元前 6 世纪到公元前 4 世纪之间。原始佛教也称早期佛教或初期佛教。这一时期佛教传播的内容以释迦牟尼在世的理论为主，佛教的根本教义、教团生活、修习等方面基本没有发生变化。佛教史上称为"和合一味"的时期。

一、传播与教义

释迦牟尼 29 岁出家，35 岁悟道，80 岁涅槃，成道后，45 年间奔波于列国，恒河流域的许多国家都留下了释迦牟尼的足迹。在当时，婆罗门教在恒河上游地区势力较大，而在恒河中下游力量薄弱。对后一区域，雅利安人并未完全征服。十六大国风云激荡，新兴的沙门思潮势如潮水，刹帝利和大富豪商人崛起，互相迎合，互相支持。释迦牟尼的学说就是在这样的土壤中生根结果的。

据学者的研究，释迦牟尼布道所走过的道路，基本是印度当时的商路。《长阿含经·游行经》较为系统地记载了佛陀成道前由北向南所走的路，以及入灭前由南向北走的路，这两条路很少偏离当时的商路。① 释迦牟尼常住的地方，有摩揭陀国的王舍城、拘萨罗国的舍卫城、迦尸国的波罗奈、跋耆国的吠舍离等（尤以王舍城的竹林精舍、舍卫城的祇园精舍为要）。这些城市既是当时的政治中心，也是贸易中心。

释迦牟尼的弟子包括各个阶层，上至国王、婆罗门贵族、大富豪，下至普通的民众和被压迫的低等种姓，甚至还有乞丐、妓女。据佛经记载，释迦牟尼最先度化的国王是摩揭陀国的频婆娑罗王。频婆娑罗王皈依、供养佛陀，在王舍城周边提供传道的场所竹林精舍。释迦牟尼后来返回故乡，得到了释迦王族的支持。拘萨罗国的波斯匿王也是佛陀弟子，专意护持佛教。摩揭陀国的阿阇世王则在佛灭后于王舍城赞助了佛教第一次经典结集。此外，迦叶三兄弟、舍利弗、目犍连、大迦叶、富楼那等原本都是婆罗门。大富豪如耶舍、须达多、给孤独长者等人，都是佛陀有力的支持者。

释迦牟尼公开反对婆罗门教义。佛经中提到四姓，一般都把婆罗门放在刹帝利之后。释迦牟尼承认印度有种姓的社会现实，但他的慈悲心却让他在僧团范围内实践种姓平等。释迦牟尼宣布除奴隶和未还清债务者，任何人都能入教，都能成为比丘或在家弟子，都能通过修行得到解脱。《摩诃僧祇律》记载，释迦牟尼对比丘说，正如恒河、遥扶那、萨罗、摩酰，流入大海，放弃它们原先的名字，共同称为大海，四种姓——刹帝利、婆罗门、吠舍、首陀罗，按照如来宣布的法和律，成为出家人后，放弃他们原先的名字和族姓，都称作沙门释子。在《杂阿含经》中，尊者摩诃迦游延对摩度罗国王阿盘提子更为直接地说：四姓是世间言说差别，至于依业，实无差别，"四种姓者，皆悉平等"。在佛教内部，低种姓的人成为僧团的长老，如优波离原是迦毗罗卫国的理发师，释迦牟尼在王子之前先为他授戒，又如须泥多曾是贱民，难陀过去是牧人，等等。释迦牟尼方便随顺、不遗余力地传法（如用当时平民的俗语说法），使得佛教在恒河流域广为流行。

释迦牟尼的整个学说以人生问题为中心，具有很强的现实性。对于那些无益修行的问题，释迦牟尼有时以沉默应对，有时加以贬斥。如在《长阿含经·世记经》中，释迦牟尼将外道辩论世间有边无边等问题喻为盲人摸象："得象鼻者，言象如曲辕；得象牙者，言象如杵；得象耳者，言象如箕；得象头者，言象如鼎……各各共诤，互相是非。"如果有比丘

---

① 杜继文主编：《佛教史》，江苏人民出版社 2008 年版，第 10 页。

议论这些问题，释迦牟尼也会制止他们："汝等莫作如是议论。"

释迦牟尼在四谛的基础上，又引申出其他学说。在《大般涅槃经》中，佛陀对自己平生说法进行总结，概括说起来就是：四念住、四正勤、四如意、五根、五力、七觉支、八正道，共称三十七道品。这一纲领又见《长阿含经·游行经》《清净经》《中阿含经·未曾有法经》《杂阿含经》等。这里略为解说：

1. 四念住

四念住，又作四念处，即身念住、受念住、心念住、法念住。佛教的基本修行方法，指从身体、感受、心、法四个方面，建立持续稳固的觉知，明了其身不净、苦、无常及无我的本质，从而断除烦恼，解脱痛苦。《长部·大念住经》甚至说，四念住是唯一之道，能净化众生，超越愁悲，止息苦忧，获得方法，证得涅槃。具体来说，身念住包括以下几个方面：如实观察自己的呼吸，包括入出息、长短息、全息、微息，在任何时候都了解它是哪样的；在行走、进食、睡眠、说话、坐下等任何身体动作时，都保持正知；观察身体藏污纳垢以摒除我执；思考身体由各种元素和有机物质构成；思考死后肉身败坏、分解的种种色相，以了解身体的坏灭，培养无执着心。受念住包括感知九种受念：乐受、苦受、不苦不乐受、有物染的乐受、无物染的乐受、有物染的苦受、无物染的苦受、有物染的不苦不乐受、无物染的不苦不乐受。佛教认为悲苦喜乐都是由接触而觉受到的感受，事物迁流不息，苦多于乐，即使有快乐，也不究竟，不长久，会因变化而消逝，故受为苦。心念住须观察十六种心：心有贪、心离贪、心有瞋、心离瞋、心有痴、心离痴、心昏昧、心散乱、心广大、心不广大、心有上、心无上、心得定、心无定、心解脱、心未解脱。心念念念生灭，如猿猴般更无常住，故为无常。释迦牟尼教导比丘对自己的每一个心念都保持明觉，对自己的心有无情欲、烦恼、颠倒、散乱、庄严、超越、贯注等情况，一一明了，清净无著，自然无惑。法念住分五盖、五取蕴、六内外处、七觉支和四谛。比丘应当克服修习禅定的五种障碍，即欲贪、瞋恚、睡眠、掉举(心绪散乱)、疑。应当观察世间一切物质的色、受、想、行、识，包括它们的缘起与消灭。对眼、耳、鼻、舌、身、意以及色、声、香、味、触、法，了解他们如何结合，如何断离。对七种觉悟因素，努力修习。最后比丘应以四谛观法，即如实了解这是苦，这是苦的生起，这是苦的灭寂，这是灭苦之道。

2. 四正勤

四正勤，又称"四正断"。努力实践诸法，称为正勤。四正勤，即四种正确的修行努力，包括未生恶令不生(防止生恶)、已生恶令灭(已经生恶，应当努力断除)、未生善令生(未生善应当努力使之生)、已生善令增长(已经生善，应当坚持到底，圆满成就)。比丘发愿，修习观照，应当精进不懈，保持本心，防止一切邪恶不善法(如障盖、劣法)的生起；如果已经生起，应当立刻舍弃、断除邪恶不善法。与之对应，比丘发愿，修习观照，应当精进不懈，保持本心，努力生发一切妙善胜法。如果没有生起，应当努力生发；如果已经生起，应当常存常保，不失不忘，不断观想，发扬光大，以达到圆满成就之域。

3. 四如意

四如意，即四如意足，亦称"四神足"。如意足指神通赖以产生的基础。四如意足，即四种可以获得神通的禅定，分别是：欲如意足，由想达到神通的意欲之力发起的禅定；念如意足，由心念之力发起的禅定；精进如意足，由不断止恶进善力发起的禅定；慧如意足，由思维佛法之力发起的禅定。佛教认为，修习这些禅定，可以具备神通变化、如意自在的能力。

4. 五根

五根，指修行佛教所依靠的五种内在条件，即信、勤、念、定、慧。据《杂阿含经》卷二十六等，信根指对佛法僧三宝的信仰根本坚固，勤根指奋勇努力抛弃恶法、获得善法(即四正勤)，念根指对做过说过的事情保持良好的记忆(如四念住)，定根指调伏心念、使之贯注，达到四禅的地步，慧根指明了、体认四谛的缘起与寂灭。五根圆满即可成就阿罗汉，脱离一切烦恼束缚。

5. 五力

五力，指由五根增长所产生的五种推动修行、达到解脱的力量。据《杂阿含经》卷二十六等，信力可破一切邪信，勤力可断除诸恶，念力可修得正念，禅定之力可以断除情欲烦恼，慧力可以成就智慧，达到解脱。

6. 七觉支

七觉支，又称"七菩提分"，指七种觉悟因素。即念、择法、精进、喜、轻安、定、舍七觉支。据《杂阿含经》卷二十六等文献，念觉支指正念相续、忆念佛法不忘，择法觉支即依照智慧、抉择分辨真实之法，精进觉支指修行正法勤勇不息，喜觉支指由悟善法而心生喜悦，轻安觉支指身心轻快安然，定觉支指入禅定而心不散乱，舍觉支指离舍所著、舍心解脱。不同的觉支可以用于不同的场合。比丘修习觉支，可以脱离有漏势力。

7. 八正道

八正道，又称"八圣道""八支正道"，指八种通向涅槃解脱的途径。包括：正见、正思、正语、正业、正命、正进、正念、正定。正见是关于四谛的正确认识。正思表示出离、无嗔和不起害心。正语指净善的语言，也就是不妄语、不慢语、不恶语、不谤语、不绮语、不暴语，远离一切戏论。正业是合乎佛教的行动，包括戒杀生、戒偷盗，不能非施而取，不作一切恶行。正命指合理的经济，或正当的谋生手段。正进即积极的精神，包括四正勤等。正念是对真理的信仰，包括四念住等。正定指在正见知道下修习进入无漏清净的禅定。

释迦牟尼对上述方法自知自觉，躬自作证。按佛陀的教导，比丘如果对佛法深具信仰，以四谛观察世界，等到有了正思和慧解之后，便会遵守戒律，修习善法。他贯注自己的精神，增进念住能力，然后继续修定，就能在修习中得到法喜和身心的轻安。等到禅定圆满，就能到达离舍一切的程度。在那里，他的智慧可以发挥充分的潜力，他就能够获得彻底的觉悟，到达解脱的妙境。

二、僧团与戒律

释迦牟尼成道后，在鹿野苑初转法轮，度化憍陈如、阿说示、跋提、十力迦叶、摩诃男拘利五比丘。比丘，是梵文的音译，原意乞士，又译破恶、净命，指年满二十岁出家受具足戒的男子。五比丘是释迦牟尼的第一批弟子，也是最早的僧团组织。此后，释迦牟尼又度化婆罗门长者之子耶舍及其四友、五十童子，迦叶三兄弟及其弟子一千人，释迦族众人，舍利弗、目犍连及其弟子二百五十人，等等。据经典的说法，平时常随听闻佛法的有一千二百五十人，其余弟子更是众多。

释迦牟尼和他的弟子离开世俗世界，成为当时的游行沙门，过着清净梵行生活。根据经典的记述，僧人的生活大多简朴而规律，早上起床后，坐下来静思，快到中午时，外出乞食，吃过午饭后再静思，傍晚才开始传教。这是早期佛教徒生活的情景。正是这样的情景形成了佛教的一些戒律，以及形成了释迦牟尼僧团宗教的性质。而随着僧团人数的增加以及安居制度的建立，僧团的生活方式发生改变。安居，又称夏安居或雨安居。印度有三个月雨季，在此期间，修行者不便外出，且为防止踩杀地面虫类及草树新芽考虑，往往定居于一处，坐禅修学，接受供养。信众为僧众提供园林、石窟等修行场所，僧人先是暂住，后渐渐固定。如祇树给孤独园、竹林精舍等是释迦牟尼常住的著名精舍，实际已经成为佛教教学、修行、弘法的大本营。

关于佛教戒律，早期僧伽成立时，并没有制定团体的一定规则。后来僧团的组织情况变得复杂，不得不随着问题的发生，随时制戒。首先是僧团的准入问题。释迦牟尼因人数众多授权弟子可自主为想要出家的人授具足戒。后来发现有部分动机不纯的人加入僧团，过失增多，因此有必要作出一定的限制，以避免与世俗社会或法律的冲突。例如，摩揭陀国的士兵为了躲避战争而逃离队伍，加入僧团。按照世俗的法律，叛逃是严重的罪行。频婆娑罗王向释迦牟尼抗议。因此释迦牟尼制戒，凡是为朝廷供职者，不得接受入团。后来佛教又规定拒绝患癞、肺病等五种病者或肢体残疾者、奴隶、盗贼、负债人、杀人犯等加入僧团。又应净饭王要求，规定父母不准许的，也不能接纳。

对于出家或者在家弟子来说，戒律作为规范身口意的规定，能够激发为法的真诚，使学者逐渐入律，同时防止三业的过失，使自己的行动合乎佛法的要求。戒有五戒、十戒、具足戒三级。五戒即不杀、不偷盗、不邪淫、不妄语、不饮酒类。这是出家、在家弟子共同持有的戒。十戒是沙弥（不满二十岁的出家男子）持的戒，除五戒外，还有不著华鬘好香涂身、不歌舞观听、不坐高广大床、不非时食（过午不食）、不蓄金银宝物等。又据巴利文《律藏》，沙弥十学处（十戒）为黄门、贼住者、杀母者、杀父者、杀阿罗汉者、污染比丘尼者、破和合僧者、出佛身血者、二根者不得授具足戒，已受具足戒者，应当摈除。

具足戒是比丘、比丘尼受持的戒律。这些戒律与十戒相比，戒品具足，因此称为具足戒。据巴利文《比丘波罗提木叉》，比丘戒本包括四波罗夷法、十三僧残法、二不定法、三十舍堕法、九十二堕法、四悔过法、七十五众学法、七灭净法等二百二十七条戒律。（1）四波罗夷法，即行淫、偷盗、杀人、妄称自己为上人。这是戒律中的根本罪，犯此类戒者要被逐出僧团。（2）僧残意为犯此类戒者还有残余的法命。十三僧残法，包括故意出精、故意触摸妇女、粗语、充当媒人、毁谤其他比丘，等等。犯者受重罚，要另外居住，接受六夜摩那埵灭罪法，在僧团前忏悔才能恢复僧众的资格。（3）二不定法，指独自与妇女一起坐在隐蔽处的行为，包括屏处不定戒和露处不定戒。（4）三十舍堕法，指贪求衣钵卧具财物的行为，包括过分乞衣、杂野蚕绵作卧具、畜金银、买卖、回僧物人己等。犯戒者要当众忏悔，没收衣钵卧具财物。（5）九十二单堕法，指九十二种生活中的小戒，包括说谎、谩骂、离间、讥嫌、砍伐草木、饮食过多（受食过三钵）、非时食、独与女坐、饮酒，等等。（6）四提舍尼（悔过）法，即比丘从非亲的比丘尼手中接受食物、比丘挑食受食、未受邀请而自取食物、居住在危险的地方而不事先向前来送食的施主说明。（7）七十五众学法，指有关服装、饮食、威仪等日常行为的戒律，包括三衣要整齐、进屋坐下要保持安静、不能摇晃身体、吃饭不能挑食、羹食要适量、不能嫉妒他人钵中的食物、不能遗落饭食、不能嚼饭作声、不能舐唇食、不能为手持武器的人说法、不能站着对坐着的人说法等。（8）七灭净法，指七种止灭僧团内部诤议的方法，包括现前止净、忆念止净、不痴止净、自言止净、多人罪相止净、觅罪相止净、如草覆地止净。

比丘尼的情况有很大不同。早期僧团没有僧尼，一般认为，释迦牟尼晚年才有女弟子。当时释迦牟尼在吠舍离，由于姨母摩诃波阇波提和阿难的再三请求，释迦牟尼才勉强同意此事。此前，印度还未有过女性出家的制度。因为在当时的社会观念看来，女性处于卑下的地位，人生的很多邪念都来自女性。显然，释迦牟尼曾担心比丘尼团体会给佛教招致诽谤，从而使佛法流产。因此在戒律方面，比丘尼戒相对于比丘戒，更多，也更严格。据巴利文《比丘尼犍度》，佛为比丘尼预制八敬法，摩诃波阇波提从阿难处受八敬法，以此为具足戒，成为比丘尼第一人。八敬法确立了比丘众对比丘尼众的领导地位，如八敬法规定，虽百岁比丘尼应礼新受戒比丘、不得举比丘过、从僧受具戒、有过从僧忏等。巴利文《比丘尼波罗提木叉》提到，比丘尼戒有三百十一条。这与比丘戒相比，多了八十四条。比丘尼有八波罗夷法，除不净戒、不与取戒、人身戒、上人法戒与比丘共戒，增加了摩触（男子）戒、覆藏比丘尼重罪戒、随顺被举比丘违谏戒、八事成重戒。

早期佛教还有定期说戒的制度。据巴利文《律藏·大品·布萨犍度》记载，僧众每半月一次集会说戒。在一定区域内的比丘必须约定于某处全体出席，否则被视为不合法。比丘集会说戒，只有比丘能够参加，其他人不得与会。如果比丘生病，可以委托他人表明自己行为的清净，同时向僧众表示，集会所决定的事情均无条件同意。在集会上，比丘如果违反戒律，应在僧伽、众人或一人前发露、忏悔。比丘于僧伽中未受请者不得说法，未选不得问律，未得许可不应责罪比丘。

三、涅槃与结集

佛教经典不是一个人的创造，也不是一个时代的产物。释迦牟尼的教法原本没有文字记录，现存佛教经典中哪些由释迦牟尼口述、属于他本人的思想，目前很难考源。释迦牟尼生平的教诫，在很长一段时间里，都是以弟子口耳相传、背诵记忆传播。把这些为数众多的以佛陀名义流传的言论汇集起来，经过僧众共同讨论、审定，最终形成大家一致认可的经典。这就是佛教经典的结集。

释迦牟尼涅槃后，摩诃迦叶成为第一代付法藏者（教团首领）。据巴利文《律藏·小品·五百犍度》等文献，佛陀入灭时，迦叶正率五百比丘赶往拘尸那城途中。他听闻佛陀般涅槃已七日，感到"诸行无常，如何得常"。时有老年出家者名须跋陀不满教化，认为从此可以摆脱佛陀管束，任我所为。迦叶听后，心中不悦，思考以后结集法藏，据教治犯。在当时的佛教僧团中，除释迦牟尼外，舍利弗、目犍连等僧团的重要领导者均已入灭，佛教的弘法事业遭遇挫折。因此，在释迦牟尼去世后不久，为了让佛陀言教久住世间，同时增加教团凝聚力，防止释迦教法为邪曲假说所窜乱，僧伽推选释迦牟尼亲传弟子五百阿罗汉纂集佛陀生前的言论。在摩揭陀国阿阇世王的供养、护持下，五百阿罗汉在王舍城郊外的七叶窟住雨安居并举行会集。

佛教的第一次结集，又称五百结集，由摩诃迦叶主持，方式是会诵，即指定一人背诵佛说，大家审定，公认是佛说的就把它固定下来。阿难在释迦牟尼生前亲为侍者，博闻强记，对于所有法藏普能受持，但阿难在离欲众中独居学地，烦恼未除，没有成就阿罗汉。与会长老以五事（不问世尊何者为小小戒、踏世尊雨浴衣而缝、令女人泪水玷污佛陀舍利、不为众生请佛住世一劫、为女人求请出家）呵责阿难，使其调服。阿难对当时的情况作了解释，并表示忏悔。

在第一次结集中，五百阿罗汉公推阿难诵出诸经（修多罗），优婆离诵出戒律（毘奈耶）。迦叶依次询问说法或制戒的因缘、地点、人物、内容，等等，阿难、优婆离随问而答之。在场的阿罗汉听到法藏、戒律，与自己的智慧、记忆相印证，"如法者随喜，非法者临时当知"。随后，迦叶再逐个询问五百比丘，是否如阿难或优婆离所说，以汇集五百比丘的审定意见。通过审定的经、律，再进行分门别类的整理、编次。

关于第一次结集经律所使用的语言，目前所知甚少。据巴利文《律藏·小品·小事犍度》众记载，曾有两个出身婆罗门的比丘，因诸比丘名、姓、生、族不同，使用的语言各异，请求将释迦牟尼的语言转为当时印度的雅语（梵语）。释迦牟尼呵斥他们，并告诫对众比丘不得将佛语转为雅语，比丘可以用自己的语言学习佛语。《四分律》还记载："佛言，听随国俗言音所解诵习佛经。"早期佛教徒国籍、种姓各各不同，且在传教过程中使用当地的语言，因此五百结集中记忆诵出的经律的原始语言，难以确知。

大约在佛灭百年间，按各部派的一致意见，经藏被编成阿含（意译法归）或经集，律藏也已经成型。阿含经类按篇幅长短和教义实践，一般分为长阿含、中阿含、杂阿含、增一阿含四阿含，如果加上杂藏就成为五阿含。阿含在部派时期有不同的说法，四阿含为各部派所共同承认，大部分部派都承认杂藏，说一切有部则不承认杂藏。关于阿含经的分类，大众部的《摩诃僧祇律》曾说："尊者阿难诵如是等一切法藏，文句长者集为长阿含。文句中者集为中阿含。文句杂者集为杂阿含，所谓根杂、力杂、觉杂、道杂，如是比等名为杂。一增、二增、三增乃至百增，随其数类相从，集为增一阿含。杂藏者，所谓辟支佛、阿罗汉自说本行因缘，如是等诸偈诵，是名杂藏。"此外，据吕澂的研究："长阿含多是对外的，如《沙门果经》即是对六师外道的驳斥；其次，便于深入学习的，则编入中阿含；指示止观（禅定）道理的，编为杂阿含；为了广为宣传，则编成增一阿含。""从后世传下来的看，阿含有不同的说法，律也不一样，可见是与师承有关系。"[1]

现存的阿含经类，北传佛教的汉译经藏有《长阿含经》《中阿含经》《杂阿含经》《增一阿含经》四部。其中据学者研究，《长阿含经》翻译的底本属法藏部系统，《中阿含经》《杂阿含经》属说一切有部系统，《增一阿含经》属大众部系统。南传佛教的巴利文经藏有《长部》《中部》《相应部》《增支部》《小部》五部，主要属于上座部系统。其中前四部与北传四阿含大体相当，但经文数量、排列、内容都有差异。二者的对应关系大致如下：

---

① 吕澂：《印度佛学源流略讲》，上海人民出版社 1979 年版，第 16-17 页。

北传佛教(汉文)	南传佛教(巴利文)
《长阿含经》22 卷 30 经，后秦佛陀耶舍共竺念佛译	《长部》3 品 34 经
《中阿含经》60 卷 222 经，东晋僧伽提婆译	《中部》15 品 152 经
《杂阿含经》50 卷 1359 经，南朝宋求那跋陀罗译	《相应部》5 品 56 相应 2889 经
《增一阿含经》51 卷 472 经，东晋僧伽提婆译	《增支部》11 集 171 品 2203 经
	《小部》15 经

第二节　部派佛教时期

释迦牟尼涅槃后的几个世纪里，印度社会和佛教内部都发生很大变化。公元前 362 年，摩诃坡德摩·难陀通过政变夺得摩揭陀国王位，成立难陀王朝。印度北部除西北地区被波斯帝国占领，基本被难陀王朝统一。公元前 326 年，马其顿国王亚历山大(前 356—前 323 年)率领希腊军队入侵印度，遭到印度西北部国家的抵抗。亚历山大死后，希腊军队撤出印度。公元前 324 年，旃陀罗笈多(又称月护王)推翻了摩揭陀国的难陀王室，建立了孔雀王朝，到他的孙子阿育王(约前 269—前 236 年在位)，基本统一了全国。这时，孔雀王朝的版图，北起喜马拉雅山麓，南至迈索尔，东达阿萨姆西界，西抵兴都库什山，这是古代印度历史上空前统一、幅员辽阔的大帝国。阿育王晚年大力支持佛教，佛教一度成为国教，不仅在印度全境得到空前的传播，而且开始走出本土，向外发展。然而，孔雀王朝在阿育王去世之后盛极而衰，摩揭陀国的力量退回它原有的地区，印度恢复到列国时代的那种分裂状态。公元前 185 年前后，孔雀王朝被普士亚米多罗所灭，普士亚米多罗建立了巽伽王朝(约前 185 年—前 75 年)。普士亚米多罗信奉婆罗门教，因此开展毁佛运动，僧侣逃往西北或南方，由此形成佛教的南传和北传两大系统。公元前 75 年，巽伽王朝为甘婆王朝取代，不久甘婆王朝又为案达罗所灭。大约与此同时，印度西北部一直受到外族入侵。从公元前 2 世纪初开始，大夏希腊人、塞人和安息人先后侵入印度；希腊人对佛教持积极的态度，塞人崇拜太阳和火，安息人信奉袄教(琐罗亚斯德教)。直到公元 1 世纪，贵霜王朝(月氏人)统一了北印度，佛教才有了更新的变化。

一、佛教的分裂

部派佛教是原始佛教分裂而成的各教团派别的总称，时间从公元前 4 世纪中叶到公元

1 世纪左右。佛灭百年后，僧团内部因性格、见解、师承、地域等原因，开始形成不同的教团。这时佛教开始出现分化。由于口头传播以及分散传播，文化叙述差异会造成对传播教义的差异。当差异不断扩大时，问题就出现了。到公元前 4 世纪，佛教内部的分歧加剧，形成了上座部和大众部；到公元前 3 世纪以后，又从这两个部派分裂出更多的部派，形成十八部或二十部派。

佛教史上的第一次分裂，是由戒律上的分歧而引起的。据巴利文《律藏·七百犍度》《大王统史》《岛王统史》等文献记载，佛灭百年后，印度东部吠舍离（Vaiśālī）跋耆族比丘提出十条关于戒律的新主张（佛教史上称为"十事"），遭到西方比丘的反对。这十条意见是：

(1) 角盐净，可用角器蓄盐以备供日后食用；

(2) 二指净，日影偏过正午二指仍可进食；

(3) 他聚落净，饭后到其他聚落还可进食；

(4) 住净，同住一界域内的比丘，可分别举行布萨（诵戒忏悔）仪式；

(5) 赞同净，僧团中一部分比丘，可先作出决定，然后征求其他人同意；

(6) 所习净，按照惯例行事，不算违律；

(7) 不搅摇净，允许喝未搅动的牛乳；

(8) 饮阇楼疑净，可以喝未经发酵的棕榈酒；

(9) 无缘坐具净，可坐任意大小的坐具；

(10) 金银净，可以接受金银财物。

当时佛教西方系的长老耶舍迦兰陀子游化到东方的吠舍离城，看到吠舍离的比丘在布萨日，以水注满铜钵，对过往的优婆塞说：诸友，僧伽需要资具，请给僧伽一迦利沙槃（古印度的货币单位）、半迦利沙槃、四分迦利沙槃、一摩沙迦。优婆塞有的施了钱，有的讥嘲沙门受蓄金钱的行为。长老耶舍立即制止这些比丘，并对诸比丘和优婆塞说，按照戒律，比丘虽有任何事，不得领受、索取金银；金银于沙门释子为不净，沙门释子不受金银，沙门释子不取金银，沙门释子弃摩尼黄金，远离金银。跋耆族比丘见耶舍不肯受纳金钱，便说他骂詈、诽谤有信心及净心的优婆塞，使之生不信，并为他行下意羯磨。耶舍诵出往日佛说，坚称自己不过是将法、非法、律、非律分清而已。耶舍坚守佛陀教法得到俗众的赞许，但跋耆族比丘对此非常恼怒，甚至为他行举罪羯磨而集会。耶舍意识到问题严重，于是回到西方，集合了一批佛教大德（如三浮陀、离婆多等长老及波利邑、阿盘提等地的阿难弟子）来到东方和东方教徒进行辩解。跋耆族比丘试图向长老离婆多行贿，遭到离婆多严词拒绝。跋耆族比丘也在东方召集了一些僧众。东西方七百上座（长老）比丘在吠舍离的波利迦园集会，双方各推举四名长老进行论辩。依《七百犍度》，这八位长老是：一切去、沙兰、不阇宗、婆沙蓝、离婆多、三浮陀、耶舍迦乾陀子、修摩那，又增入阿夷头比丘。论辩的过程是离婆多问律于一切去,一切去分别答十事是否如法(所谓净)、何处受禁、犯何罪。其结果是七百上座比丘共同判定十事为邪法邪律而离师教(违背释迦牟尼所制律制),从而统一了对经律的认识(尤其是律藏)。这是佛教史上的第二次结集,也称七百人结集或吠舍离结集。据《岛史》记载,第二次结集后,被上座放逐的跋耆族比丘心有不满,另外组织了一次结集,称大结集。这次集会人数众多,属于大众比丘集会。一万比丘同样采用会诵的方式订正经律。一般认为,佛教自此发生根本分裂,并由此形成上座部和大众部两系。此后,两部复分裂成十八派,称为枝末分裂。

佛教分裂为大众部和上座部以后,分歧仍然存在于两系内部。佛灭二百年(公元前3世纪)后,两部又发生分裂。据《异部宗轮论》记载,部派佛教计二十部,其中由大众部分出九部:(1)大众部,又称摩诃僧祇部,为根本大众部,以大天为开祖,主张过去、未来法无有实体,只有现在法是真实的存在。(2)一说部,又称鞞婆诃罗或执一语言部,主张世法、出世法皆无实体,但有假名。(3)说出世部,认为世间法但有假名,出世间则皆真实。(4)鸡胤部,主张过去、未来法无有实体,认为经、律皆佛陀方便之教,故此部专研三藏中的阿毗达摩藏即论藏。(5)多闻部,又称灰山住部或高拘梨诃部,以所闻超过大众部,故称多闻。(6)说假部,又称施设论部,主张世法、出世法中都有真有假。佛灭后二百年末,有一外道皈依佛教,在大众部中出家受具,居制多山,因重论大天五事,又由大众部分出三支,即(7)制多山部,仍居制多山。(8)西山住部,迁居制多山之西。(9)北山住部,迁居制多山之北。

上座部分出十一部。根本二部分裂后,上座部迁至喜马拉雅山一带,佛灭后三百年间,分出(1)说一切有部,又称说因部,认为三世实有、法体恒有,主张一切法都存在。(2)雪山部,即原来的上座本部,主要弘扬佛所说的经藏,因迁居雪山,故有此称。此后,从说一切有部分出(3)犊子部,又称可住弟子部、幡雌子部,以舍利弗阿毗达摩为根本论书,主张有补特伽罗。又从犊子部分出四部,即(4)法上部,又称达摩郁多梨部、法胜部,法上乃部主名。(5)贤胄部,又称贤乘部,传说部主为贤阿罗汉后裔。(6)正量部,又称一切所贵部、三弥底部,主张已说得以刊定甚深法义而了无邪谬。(7)密林山住部,又称六城部,部主住密林山,故有此称。同时,说一切有部分出(8)化地部,立九无为说,主张佛与二乘,皆同一道,同一解脱,化地为部主名。又由化地部分出(9)法藏部,又称法护部,主张佛陀教法有经、律、阿毗达摩、明咒、菩萨本行事五藏,法藏为部主名。佛灭后三百年末,说一切有部再分出一支(10)饮光部,又称迦叶遗部、善岁部,饮光为部主姓。佛灭后四百年初,说一切有部复分出(11)经量部,又称说转部,唯以经藏为正量,不依律及对法,凡所援据,以经为证。

南传佛教史料《大史》《岛史》等则记部派佛教十八部。其中,由大众部先分出鸡胤部、一说部,又从鸡胤部分出说假部、多闻部,再从大众部分出制多山部。大众部系统计六部。上座部分出化地部、犊子部，犊子部分出法上部、贤胄部、六城部、正量部，化地部分出说一切有部、法藏部，又从说一切有部分出饮光部、说转部、经量部。上座部系统共十二部。

二、理论的差异

原始佛教注重解决人生问题，而对与实践无关系的论说不太重视。部派佛教往前走了一步，对世间万物的有、无、假、实等问题都提出新的主张。部派佛教时代，各派分头立论，相互论辩。在教理上，讨论的问题有佛陀论、色法论、禅定论、解脱论、补特伽罗论等。《成实论》将其概括为十个主题："所谓二世有、二世无（过去、未来是否实在），一切有、一切无（一切现象是否实有），中阴有、中阴无（人死后到再投生有无过渡状态），四谛次第得、一时得（现观渐得还是顿得），（阿罗汉）有退、无退，（随眠）使与心相应、心不相应，心性本净、性本不净，已受报业或有或无，佛在僧数、不在僧数，有人、无人（有无人我）。"整理、介绍这些问题的佛教文献，南传有《论事》，北传有《异部宗轮论》《大毗婆沙论》《俱舍论》《成实论》，等等。这里择要介绍上座系与大众系在理论上的理论分歧。

1. 无神与有神

今天的佛教神化如来佛，但原始佛教认为释迦牟尼是人不是神。四阿含虽然对释迦牟尼的记述已有不少神话传说的色彩，但总体来看，阿含经教中的佛陀形象是一个伟大的觉悟者。在当时看来，释迦牟尼是大沙门，大比丘，大解脱者。他的说教是终极真理，他本人则是真理的发现者和修行的导师。在《增一阿含经》中，释迦牟尼曾说："佛世尊皆出人间，非由天耳得也。"意思是佛是人间的正觉者，不在天上。释迦牟尼在去世之前，告诫弟子们要依法不依人，比丘不该以他为标准，而应该以佛法为标准。

上座部延续早期佛教关于释迦牟尼的看法，倾向于把释迦牟尼看作历史中的人物。在上座部和由它产生的说一切有部那里，释迦牟尼被称为圣人，但释迦牟尼并非生来就是超凡入圣的，释迦牟尼生于世间，乃是通过严格的修行而达到解脱。《大毗婆沙论》说，佛和普通人一样，都由前世业因而有此世，佛的生身既然是无明爱果，那么当然不是无漏的，同样会有烦恼（有漏）。释迦牟尼的肉身是有限的，寿命有边际。释迦牟尼的超凡之处，不在他的肉身，而在于他能通过修行、持戒，不被利害、毁誉、乐苦等世间八法所玷染。此外，他们认为释迦牟尼说的话也不全都是圣道，八圣道是正法，但"世尊亦有不如义言，佛所说经非皆了义，佛自说有不了义经"。（了义指直接揭示涅槃道理，非了义指没有直接揭示涅槃道理。）

大众部把释迦牟尼逐渐神化，把他当作一个神，而不是普通的一个人。大众部认为，诸佛世尊，皆是出世；一切如来，清净无漏；诸如来语，都转法轮(句句是真理)。佛以一音演说，无不如义。佛无睡梦，智慧恒转，在刹那间心了一切法，时刻对法有如实之知，乃至涅槃。大众部还提出"法身佛"的概念。他们强调，佛的肉身虽然灭度，但法身一直存在于世界中，而且是超越时间、超越空间的永恒存在。如来色身，无边无际；如来威力，无边无际；诸佛寿命，无边无际。不同时代，佛为人们展现的形象，是他们不同身份的化身。佛以不同的形象出现在不同的地点，以不同的人物帮助人们普度众生，但这都是他的假身份。此外，佛陀的长相也异于常人，有所谓"三十二大人相""八十种微妙好"，等等。总之，佛祖是一个神，永生永世不会消失。大众系的佛陀论为以后的大乘佛教所直接继承。今天中国人看到的影视作品中，如来佛祖神通广大的形象，都与大众部的这一论调有关。

此外，上座部认为阿罗汉是佛教修行的最高果位，佛陀是第一个阿罗汉。阿罗汉通过持续的修行，断除一切烦恼，到达解脱妙境，实现"我生已尽，梵行已立，所作已办，不受后有"的修行成就。以大天为代表的大众部对此提出异议。他们认为阿罗汉还有五种局限(余所诱、无知、犹豫、他令入、道因声故起)，在智慧和断烦恼方面并非究竟，没有达到圆满无漏的程度。大众部一方面压低阿罗汉的声誉，一方面提升菩萨的地位。菩萨，即菩提萨埵的略称，意译觉有情，意思是追求觉悟之道的人。大众部认为，一切菩萨不起欲想恚想害想，且饶益有情，愿生恶趣，随意能往。菩萨以一刹那现观边智，遍知四谛诸相差别。菩萨所修之行，称作菩萨行。

2. 实有与假有

原始佛教认为人由五蕴和合而成，并对五蕴作了分析。随着佛教理论的发展，僧侣对宇宙人生的认识已经不满足于早期佛教的简单论证。因此，部派佛教对世界万物的有、无、假、实等问题进行了极为细致的探讨。实有、假有指的是他们怎么看世界的问题，这是教理争议的核心问题之一。原始佛教认为人生是痛苦的，是无限循环的，永生永世都是苦的，除非跳出这个循环。但是他们认为世界仍然是实存的。原始佛教没有否定自然界的真实性，认为只有跳出了这种循环，才能到达真实的彼岸，彼岸是真实的。

大众部内部虽然有各种分歧，但都倾向于认为世界是虚无的，假有的，不实的。如说出世部认为，世间万物都是颠倒不实的，因此世间万物都只是假名而已，出世法并非颠倒，佛法和果位都是实际存有。一说部甚至提出，世法、出世法都是不真实的，二者都无实体，但有假名。有的还联系"三世"(过去、现在、未来)有无问题进行论证。如根本大众部承认无为法没有生灭变化、不依因缘而改变，超越时空，永恒存在，但有为法有生灭变化。过去的已灭，没有实体；未来的未生，没有实体；只有现在的一刹那才是真实的存在，因此说"过去未来，非实有体"。

上座部各派大致倾向说"有"，但主张各异。如犊子部认为诸法不完全是刹那生灭，有些法是暂住的。经量部认为一切色法均属假有，而且不承认三世实有。说一切有部则以"说一切有"而得名。有部主张一切法都存在，也就是说都属于"有"。说一切有部以五位七十五法分别诸法的种类，主张一切法皆有其自性。五位指色法、心法、心所有法、心不相应行法、无为法。前四类是有生灭变化的有为法，无为法则超越时空、无生灭变化。具体来说，色法包括四大（地、水、火、风）和四大所造色（眼、耳、鼻、舌、身、意、色、声、香、味、触、无表色），心法即六识，心所有法指心的微细功能，心不相应行法指与色法、心法不相应的活动（如生、住、异、灭等概念，是分段构成的，也叫做行，与心一道，但与心不相应），无为法有择灭无为（涅槃）、非择灭无为、虚空无为。说一切有部把世界的一切事物和现象都归纳到上述五事当中，认为事物的本质属性是永恒的存在（法体），不受时间的限制，过去、未来与现在相同，都是实有，因此说"三世实有，法体恒有"。

3. 有我与无我

佛教"诸法无我"的观点，最初是针对婆罗门教的梵天创世说所提出的。按照婆罗门教的观点，梵天创造世间万物，常住不变，与万物的实体同一不异。释迦牟尼则认为，世间万物由因缘和合而成，没有一个常住不变的实体，人由五蕴构成，居于变动之中，没有一个永恒不变的"我"的存在。然而，"诸法无我"与"业报轮回"的宗教教义是有矛盾的。因为既然"诸法无我"，那么构成业报和轮回的主体又是谁呢？对此，释迦牟尼在解释十二因缘时，提出了"识"，但对这一问题没有作出详细的解释（有时甚至刻意回避身与命是一是异，相即相离的问题）。为了调和这一矛盾，各派提出了各自的解决方案。其中最特殊的是犊子部的主张。

犊子部的主要论点是提出补特伽罗有。补特伽罗，又作数取趣，指业报的承担者或轮回的主体，实际上是指灵魂，也即变相的"我"。佛教主张无我说，因此不承认有生死主体的补特伽罗。但犊子部提出补特伽罗实有，而且可以证实。犊子部的理论，是将"我"与五蕴联系起来谈的。佛教各派都承认人是五蕴的和合，但犊子部的特殊主张是："补特伽罗非即蕴离蕴，依蕴、处、界，假施设名。"（《异部宗轮论》）意思是补特伽罗和五蕴不是一回事（不可以说成补特伽罗即是五蕴），但也不是两回事（不可以说成补特伽罗离开五蕴），补特伽罗与五蕴和构成人身与环境的十二处、十八界存在一种不即不离的关系，因此不妨暂时叫它做"非即蕴离蕴补特伽罗"。犊子部的说法很巧妙，目的在掩饰对"我"的坦率承认，因为补特伽罗实际就是轮回的主体，"诸法若离补特伽罗，无从前世转至后世；依补特伽罗，可说有转移"。犊子部公开承认有"我"，遭到各部派的攻击。说一切有部在理论上坚决批驳有我的说法，认为补特伽罗只是一种假名，并不真实，但有部所承认的有"同随得"，其作用与"我"并没有本质差别。经量部针对说一切有部"假名补特伽罗"，提出"胜义（真实）补特伽罗"的概念，这已经和犊子部同调。它所说的"一味蕴"，后来被发展成为"阿赖耶识"。化地部立有色、心功能的"穷生死蕴""齐首补特伽罗"，南传上座部立"有分识"，大众部立"根本识"等，实际都属于"我"的异说。①

4. 心性本净与性本不净

心性本净、性本不净是佛教修行、解脱的理论根据问题。早期佛教将生死流转的过程分为十二个环节（十二因缘），认为人是由于前世无明造业才转生此世的，因此人一出生就有烦恼，就有贪嗔痴的本性。大众系提出："心性本净，客尘随烦恼之所染，说为不净。"意思是，心性原本是清净的，只是受到客尘烦恼污染才不洁净。因此需要修道，将污染清除，断除烦恼，使本净的心性显现出来，这就是解脱。《异部宗轮论》把大众系的大众部、一说部、说出世部、鸡胤部视为"本宗同义者"，意思是他们在心性问题上都主张这一说法。上座系的化地部也持此观点。说一切有部反对心性本净说，认为"此不应理"。他们认为心性是杂染的，随眠和缠都是烦恼，并无现行、习气的分别。染心不能得到解脱，但心也有离染向净的一面。说一切有部将心分为杂染心和离染心，认为只有去掉杂染心，实现离染心，才能得到解脱。

三、整理与外传

王舍城结集（五百结集）和吠舍离结集（七百结集）是印度佛教史上最重要的两次结集，这两次结集确定了佛教经、律、论三藏的基本形态。一般认为，在阿育王时代，佛教在华氏城举行了第三次结集；在迦腻色迦王时代，于迦湿弥罗举行了第四次结集。

阿育王（约前269—前236年在位）是摩揭陀国孔雀王朝第三代国王，即位不久就向外扩张。当时孔雀王朝统一了北印度，战争的矛头指向南方的羯陵伽国。在阿育王灌顶的第九年，摩揭陀国发动了对羯陵伽国的战争，遭到羯陵伽的殊死抵抗。战争异常惨烈。据阿育王石刻铭文记载，仅羯陵伽就有十万人死于疆场，十五万人被俘，还有更多的人亡于战祸。羯陵伽战争给阿育王带来很大的触动，使他怀疑武力征服的效果，并意识到宗教在维持统治上的作用。阿育王意识到："达磨（法）的征服乃真正之征服""依法胜，是最胜"。阿育王认为，通过"达磨"赢得的胜利，才是最高的胜利；以这种方式取得的胜利，到处都

---

① 　世亲《大乘成业论》："即依此识（阿赖耶识），赤铜鍱部（南传上座部）经中建立有分识名，大众部经名根本识，化地部说穷生死蕴。"

能营造出一种称心如意的氛围，无论是胜利者还是失败者，都会对此觉得满意。于是战后不久，阿育王开始实施"达磨"治国的方针，并供养一切宗教师。阿育王大力支持佛教的发展，在印度境内广建精舍、佛塔，普遍施舍、供养。据云，阿育王将佛陀舍利分为八万四千份，分送各地，敕令诸国起塔供养。阿育王本人也皈依佛教，归附僧伽，并用政治权力参与整顿僧伽。在阿育王即位二十年后，他由国师引导，参访了蓝毗尼（释迦牟尼出生地）等佛教圣地，并立柱刻石。此后，阿育王又巡访了释迦牟尼的故乡和成道、入灭处以及初转法轮的鹿野苑。南传文献记载，由于阿育王大力供养佛教僧团，许多外道也混杂其中，以至鸡园寺的比丘七年没有举行布萨。为了消弭僧团的混乱，阿育王请目犍连子帝须为上座，整顿佛教，剔除外道。当时召集了一千比丘，在华氏城举行第三次结集。这次结集对阿含经加以重新会诵整理。目犍连子帝须自撰《论事》，对当时存在的种种异说加以驳斥。

与此同时，佛教也在向外传播。阿育王对佛教的支持，促进了佛教在印度全境的传播，也为佛教走向世界打开了通道。据阿育王石刻记载，阿育王为宣扬其达磨治国的德政，曾使"希腊王安条克所住之处（今小亚细亚西岸），及北部的托勒米（埃及）、安提柯（马其顿）、马伽斯（今利比亚北部）以及亚历山大（今希腊北部）四王所住之处，南部的朱拉王国、潘地亚王国（印度南端）和锡兰（今斯里兰卡），皆得法胜"。华氏城结集后，目犍连子帝须又排遣十几位大德分成九路，到恒河流域以外的地区和印度境外传播佛教。其中，末阐提到罽宾（今克什米尔）和犍陀罗（今巴基斯坦东北部），摩诃勒弃多到臾那世界（今印度西北），末士摩到雪山边国（今尼泊尔），须那和郁多罗到金地（今缅甸或马来半岛），摩哂陀到师子洲（今斯里兰卡）。这样，到阿育王后期，佛教不但已遍及印度全境，而且影响可能已经西达地中海东部沿岸国家，北到克什米尔、白沙瓦，南到斯里兰卡，进入东南亚。佛教由此分为两条对外传播路线：以斯里兰卡为基地并向东南亚传播的，称为南传佛教；以克什米尔、白沙瓦为中心，继续向大月氏、康居、大夏、安息、于阗、龟兹传播的，称为北传佛教。[①]

此外，据《大唐西域记》卷三记载，在部派佛教不断分裂的过程中，大月支贵霜王朝的迦腻色迦王接受了有部大师胁尊者的建议，在迦湿弥罗又举行了一次结集，通常称为第四次结集。这次结集对佛教学说作了系统化的整理工作。当时佛教异说纷出，致使佛教徒每感困惑。因此在迦湿弥罗由世友主持，五百比丘造论，先作《邬波第铄论》十万颂，解释素咀缆（经）藏；次造《毗奈耶毗婆沙论》十万颂，解释毗奈耶（律）藏；后作十万颂，解释阿毗达磨（论）藏；凡三十万颂、九百六十万言。其后，迦腻色迦王以赤铜为牒，镂写论文，

---

① 杜继文主编：《佛教史》，人民出版社 2006 年版，第 44 页。

用石函封好，建塔藏于其中。迦腻色迦王和阿育王一样，鼓励佛教向外发展。在他的支持下，2世纪下半叶，西域一批译经师陆续来到中国，开始翻译大、小乘经典。中国最早翻译大乘经典的支娄迦谶，就来自月支国。

第三节　大乘佛教时期(上)——中观与瑜伽

公元1世纪左右，印度出现了大乘佛教的思潮。部派佛教兴起后，各个部派对解脱道都提出了与以往不同的解释，其中蕴含着新的思想因素。这些思想因素积累到一定程度，配合大乘经典的出现，通过大乘信仰者的推动，最终引发了一个大乘佛教的运动，从而与部派佛教区别开来。这就是大乘佛教的兴起。大乘佛教兴起之后，部派佛教仍然存在且继续发展。

印度大乘佛教主要有两个宗派，一个是龙树、提婆开创的中观学派，一个是无著、世亲建立的瑜伽行派。具体展开则可以分为三个阶段：

1. 初期大乘佛教

初期大乘佛教是公元1世纪—3世纪的大乘佛教。在这一时期，初期大乘经典传出，《般若经》类的空观思想得到广泛传播。在此过程中，龙树、提婆系统阐扬般若思想，建立大乘第一个宗派中观学派。

2. 中期大乘佛教

中期大乘佛教即公元3世纪—7世纪的大乘佛教。这一时期出现了如来藏经典、瑜伽行派经典，无著、世亲建立大乘佛教的第二个宗派瑜伽行派。瑜伽行派宣扬唯识理论，稍后兴起的晚期中观派与之论辩，带来了大乘佛教的兴盛。但由于论理过于艰深，难以为一般群众所理解和接受，大乘佛教遂逐渐衰落。

3. 晚期大乘佛教

晚期大乘佛教是指公元7世纪—13世纪的大乘佛教。这是印度佛教的最后一个阶段。在这一时期，佛教与印度教结合产生了密教。密教，即秘密教。密教宣称自己是佛陀最秘密、最深奥的教义，非等觉菩萨不能窥知。在修行方法上，密教以咒术、仪轨、本尊信仰崇拜为特征，主张身、语、意三密相应行。密教后期由神秘主义走向肉欲主义，言行堕落，在接近印度教的过程中为印度教所取代，印度本土佛教遂告终结。

一、从小乘到大乘

所谓乘，就是车乘。大乘的意思是能装很多人的大车(运送众生到达涅槃)，小乘的意思是只能装自己的小车。大乘又叫菩萨乘，主张要将每一个众生从生死此岸运载至彼岸觉悟成佛，因此贬低主张自我修行解脱(独善其身)的声闻和独觉是小乘。在判教的过程中，他们认为早期佛教只是佛陀对浅根下愚者权便说法，并不究竟。持原始佛教和部派佛教观点的僧侣坚决反对这一说法，他们不承认自己是小乘，而认为自己恪守的佛陀教法是正宗，他们批评大乘佛教的教义是杜撰的，并非释迦牟尼所说，斥其为外道、魔说，又将大乘佛教的信奉者摈出僧团。两派遂发生分裂。

应当指出，大小乘佛教不是截然对立的，部派佛教中的许多理论都对大乘佛教的兴起和发展有重要的影响。例如，大众部系统关于世界空有的理论，对大乘空宗(般若中观学派)有很大的影响，它带有浓厚宗教色彩的佛陀观则为大部分大乘佛教派别所继承，心性本净说更为大乘佛教"一切众生，悉有佛性""悉能成佛"的主张奠定了理论基础。上座部系统说一切有部对于世界万物，特别是对于心理现象(心所)的分析，经量部的一味蕴和转世说，也为以后大乘有宗(瑜伽行派)所继承。此外，法藏部重视本生，正量部关于业力、六道、五类法的说法，均为大乘所吸收。因此，大乘佛学对部派佛学有继承的关系。

但是，大小乘的区别又是真实存在的。大乘佛教大幅更新了佛教的早期理论，它是在批判继承此前佛教教义的基础上取得了新的发展，因此在整个面貌上与早期佛教教义形成鲜明的对比。一般地说，小乘佛教主张自度(个人解脱)，大乘佛教主张兼度(自我解脱之后还要帮助他人解脱)。具体来说，大小乘的差别主要有以下几个方面：

1. 在对佛陀的看法上，原始佛教认为释迦牟尼是觉者，是导师，是一个历史中真实存在的人物。部派佛教的大众系开始把释迦牟尼神化，将他视为神，并由佛陀扩展为三佛、七佛，等等。大乘佛教更为强调佛的愿力、神通，同时提出十方三世无量诸佛的概念。后汉支娄迦谶翻译的《兜沙经》说："示现我曹十方诸有刹土、现我等诸不可计佛所说。"十方世界每一方都是无边无量的，每一方都有无数无量的佛。

与之相关，大乘佛教发展了佛身理论。部派时期，上座系的说一切有部认为释迦牟尼是由菩萨身悉达多转变而来，色身并非完全无漏，寿量有限，且入灭后不再存在。大众部认为释迦牟尼全无漏性，寿量无限，佛体恒在。大乘佛教认为，佛有三身，即法身、化身、报身。法身真实圆满、寂静永恒，充塞于世间万物之中，构成万物的本质。色身是法身的幻化，会随众生所想不同而变化，它是佛陀接引教化而随顺示现的化身，如《阿含经》中出现的三世诸佛迦叶佛、释迦牟尼佛、弥勒佛等。报身是佛自受用的色身，享受无上妙法乐，不对众生显现。大乘佛教的三身说把本体论哲学与偶像崇拜紧密地结合起来，将佛推到了神格化的救世主或者彼岸世界的统治者的地位。

2. 从追求的理想看，小乘佛教以成就阿罗汉为最高目标，其理想境界是无余涅槃；大乘佛教以行菩萨道、成佛为目的，其理想的境界是无住涅槃。无余涅槃是一种"灰身灭智"的状态，一切归于灭无，不再进入轮回。大乘佛教所提倡的是无住涅槃，却是不住世间、不出世间，生死涅槃不二，成佛后还要度脱一切众生。在大乘佛教看来，成佛不是一件简单的事情，但也并非小乘佛教所认为的众生不可能成佛。大乘佛教提升了菩萨的地位，把菩萨作为成佛的准备。

菩萨，即菩提萨埵的略称，意译觉有情，指以智上求无上菩提，以悲下化众生，修诸波罗蜜行，于未来成就佛果的修行者。菩萨的概念在部派佛教那里就已出现，《大毗婆沙论》说，凡发心成佛者，都可以称作菩萨。大乘佛教是在一切众生皆可成佛、成佛普度一切众生的意义上使用"菩萨"这个词的。大乘佛教给菩萨的定义是："具足自利、利他大愿，求菩提，利有情。"(《佛地经论》)菩萨是觉悟的有情者，他的目标是追求菩提以及他人和所有人的解脱，甚至发大誓愿进入轮回救度一切众生。《度世品经》等说，诸当来劫，一一世界中，只要有一人尚未度脱生死，就要为他们勤奋修持，这就是菩萨行。菩萨行的最后目标是成佛。佛经说释迦牟尼成佛以前就是菩萨，他经历了三界五道无数劫，终于在此世成佛。佛教中的"本生""本业""本起"等经典，讲述的就是这类菩萨行的故事。

3. 从修行的方式来看，小乘佛教主要以观四谛、十二因缘的解脱道为法门，大乘佛教以六度四摄的菩萨行为法门。穿过生死海，将众生由此岸送到涅槃彼岸，称为度。所谓六度，即六波罗蜜多，包括布施、持戒、安忍、精进、静虑、般若波罗蜜多。

(1)布施，有三种：财布施，指施舍自己的财物给他人，使其安乐；无畏布施，意思是入世间救苦救难，无惧为护持众生而牺牲生命；法布施，指为众生演说佛法。布施是实施慈悲精神的主要方面，这同时也是最容易着手的波罗蜜多。

(2)持戒，又称戒度，包括律仪戒，即遵守佛制的戒律，灭一切恶，这是大小乘所共有的；摄善法戒，奉行一切善事，如果有能力而不为，也是犯戒；饶益有情戒，广修一切善法以利益众生，这是大乘佛教所独有的，显示大乘自度度他的特质。

(3)安忍，又称忍辱，为坚定的信仰者和弘道者必有的品质。安忍有三种：耐怨害忍，指能忍外来的一切众生的怨害；安受苦忍，能忍自心的一切饥渴寒热等苦；谛察法忍，于诸法实相安住不动。

(4)精进，指勇猛修行诸善法，包括勤勇精进，即时时勉励自己；加行精进，即勤修；无怯懦无退转无喜足精进，不怕难、不终止、不懈怠。

(5)静虑，即禅定。禅定是引发智慧的基础，静虑波罗蜜多有三种：安住静虑，意思是清静安住乐法；引发静虑，指引发六神通；成所作事静虑，指以定力功德饶益众生。

(6)般若，意为智慧，般若波罗蜜多分为三种：生空无分别慧(人空)、法空无分别慧(法空)、俱空无分别慧(人法皆空)。这是其他五波罗蜜多的根本，被称为诸佛之母。

四摄，又称四摄法，指菩萨摄受众生，引其入道的四种方法，包括布施摄(根据众生不同的需要布施不同的东西)、爱语摄(以良善的语言劝导大众)、利行摄(做有益众生的事)、同事摄(与众生同甘共苦)。

此外，关于菩萨修行的阶位，大乘佛教还有十地的说法。地，即住处、生成之意，菩萨达到某个等级，并于其位持法、育法、生果。十地依次是欢喜地、离垢地、发光地、焰慧地、极难胜地、现前地、远行地、不动地、善慧地、法云地。

(1)欢喜地，又作极喜地。成就布施波罗蜜。指菩萨修满初阿僧祇劫之行，见道进入初地，破除见惑，证得人法二空的道理，断了烦恼、所知二障，生大欢喜。

(2)离垢地，又作无垢地。成就戒度波罗蜜。垢即过恶，远离一切过恶所以叫离垢。菩萨到第二地，心性清净，在行动中远离烦恼污染，严持戒律，圆成戒度。

(3)发光地，又作明地、有光地。成就忍辱波罗蜜。殊胜的禅定能够发出智慧之光。菩萨成就稀有的禅定，断除修惑，生起慧光，所以叫发光地。

(4)焰慧地，又作焰地。成就精进波罗蜜。菩萨在禅定中发出智慧之火，如火烧薪，慧焰增盛，在修行中精进努力，焚灭一切烦恼。

(5)难胜地。成就禅定波罗蜜。使有分别的世俗智慧和无分别的真谛智慧相互会合，极难做到。菩萨修行到第五地，断除修惑，令真俗相应，照破一切情见。

(6)现前地，又作现在地、目见地。成就般若波罗蜜。菩萨明了十二因缘的道理，令无分别智现前，对于缘起的道理了了分明，因此叫现前地。

(7)远行地，又作深行地、深入地。成就方便波罗蜜。菩萨从初地到七地，观察一切诸法无相，到这里已修成第二阿僧祇劫之行，但是对于无相还要加功用行，这是最后的阶段，所以叫远行地。

(8)不动地。成就愿波罗蜜。菩萨在第八地，无分别智任运相续，观察诸法空相到了甚深微妙的地步，无功用行任道发起，一切内境外境现前，做到如如不动。

(9)善慧地，又作妙善地。成就力波罗蜜。菩萨经过八地后成就善慧，得到最胜的无碍智慧，具足十力，对于一切处了知度不可度而能说法，凡所照了，悉是真如。

(10)法云地。成就般若波罗蜜。法云是比喻，意为法身如虚空，智慧如大云。菩萨在十地，断除修惑，成就大智慧，具足无边功德，如同大云覆盖虚空，普降法雨，使众生得到滋润，而本寂不动。

法云地是十地中的最后一个阶次，法云地之后，菩萨即将进入佛的行列。十地之上，还有等觉、妙觉。所谓等觉，就是等同于佛果，但是觉行还未圆，这是成佛的预备阶段。到了妙觉，菩萨完成一切大愿，圆证菩提，成就佛果。

4. 从世间与出世间的关系看，小乘佛教偏向隐遁禁欲，大乘佛教提倡走入现实世界。大乘佛教的缘起是针对一切法的普遍安立，它是在一切法的意义上，将众生作为一切法的一类而摄在其中。因此，大乘佛教的包容范围很广。大乘佛教区别于小乘佛教的一个显著特点是大乘佛教力图走入世俗生活，它要求深入众生，救苦度众。小乘佛教是以出家声闻为主体的出世的佛教。小乘佛教主张必须离家修行，严格遵守戒律，才能断尽烦恼，获得解脱。大乘佛教并不排除在家者，初期大乘佛教有诸多在家菩萨。例如，《维摩诘所说经》中的维摩诘就是在家修行的居士。维摩诘有超越沙门的"般若正智"，所说佛理甚至高于许多出家的大菩萨，其神通甚至能够调动诸佛。但维摩诘以"欲度人故，以善方便居毗耶离，资财无量摄诸贫民，奉戒清净摄诸毁禁，以忍调行摄诸恚怒，以大精进摄诸懈怠，一心禅寂摄诸乱意，以决定慧摄诸无智""若至博弈戏处，辄以度人""游诸四衢，饶益众生"。大乘佛教认为，无论在家者还是出家者，只要具足自度度他的殊胜的菩萨精神，践行菩萨道的理想，就是菩萨。此外，从学说的风格看，小乘佛教倾向于固守原始教义，认为佛说都是实在的、根本不变的。大乘佛教把权宜、善巧方便提到很高的地位。大乘佛教对经典的阐释较为灵活，对于佛法的理解偏向融通，在弘法的过程中适应世俗，对于佛说有很大的发挥。大乘佛教也吸收、调和了其他学说的观念，具有很强的适应性。

二、大乘经典的问世

一般认为，大乘佛教思潮中最早出现的经典是《般若经》类。这类经典不是在一个时期、一个地点完成的。早期般若思想在印度南部发端，其后由南向西，再向北流布开来，最终在北印度形成了小品般若经。这样一个过程，也是大乘佛教兴起的过程。从佛经汉译史看，最早传出的般若经可能有《道行般若经》（后汉支娄迦谶译，又称《小品般若经》）、《放光般若经》（晋无叉罗、竺叔兰等译，又称《大品般若经》）、《金刚般若波罗蜜经》（又称《金刚经》，通行的是后秦鸠摩罗什的译本）等。《般若经》后来发展得很庞大，唐代玄奘曾搜集此类经典，编成《大般若经》，有六百卷。般若经的主要内容，是说对佛法不可执著，法无自性，即所谓"法空"思想。这是对部派佛教思想的继承和发展。部派时期，上座系的说一切有部主张一切有，认为一切法都有自性，都是实在的。大众系则偏向说空，这是空宗的前导。般若经等空诸一切，认为人、法两空，皆不可执著。般若经主张"性空假有"。这就是说，一切法和一切现象都没有自性（无自性就是空），但"空"不等于没有，法虽然自性空，但是现象仍是假有的。《金刚经》说："一切有为法，如梦幻泡影，如露亦如电，应作如是观。"世俗世界的一切现象，都如同"梦""幻""泡""影""露""电"，都是速朽的，一切都是假有。此前部派佛教也曾讲到性空，但他们的性空走向极端，把幻有也否定掉，龙树因而批评他们为"恶趣空"。般若经还提出，佛法也不是实有，释迦牟尼说法不过是为了接引众生、帮助人们明白道理而施设的假名而已，因此《金刚经》明确提出："佛说般若波罗蜜，即非般若波罗蜜，是名般若波罗蜜。"又说："如来说第一波罗蜜，即非第一波罗蜜，是名第一波罗蜜""一切法者，即非一切法，是故名一切法。"般若不可以用名相取，只有把握实相，明白实相非相，才能把握真理。

《般若经》类出现后，各地又出现了其他经典，后来不断发展壮大，有的由小品发展为大品，有的由一部发展为多部，如《宝积经》《华严经》等。宝积是积集法宝的意思，大乘佛教的深妙之法称为宝，聚集无量法门称为积。最初的宝积经应该是《小品宝积》(即后汉支娄迦谶译《佛说遗日摩尼宝经》，后译《迦叶问正法经》等)，《小品宝积》在般若空观的基础上，提出了中道思想，并称中道为"根本正观""中道正观"。所谓中道，即离去两端，不着一边。《小品宝积》主张以般若观察一切，同时舍弃空观、实有，认为实有固然不是正观，空观也为害不浅，只有中道才是根本正观。《宝积经》带有丛书性质，唐代菩提流志等纂辑、翻译的《大宝积经》有一百二十卷，涉及范围更为广泛。

和《宝积》类经典同时出现的，还有《华严》类经典。后汉支娄迦谶翻译的《兜沙经》(相当于《华严经·如来名号品》)是其中较早的一部。其中提出了十方三世无量诸佛的概念。小乘佛教认为佛的出世有先后，现在世界只有一个佛(即释迦牟尼佛)，现在世界不可能同时存在两个佛。《华严经》打破这一限制，提出了"十方成佛"的理想。《华严经》认为宇宙十方世界有无边无量国土，可以有无边无量的佛，而且一切有情都有成佛的可能。众生如果发菩提心，无量诸佛将为他授记，于未来世皆得成佛。这就使得成佛成为一种可能。同时，《华严经》指出，成佛不是容易的事，必须经过十住、十行、十回向、十地等修行阶次。晋竺法护翻译的《渐备一切智德经》，是《华严经·十地品》的单行译本，唐代译为《十地经》。十地经中除了十地法门，还明确提出了"三界所有，惟是一心""十二有支，皆依一心"的思想。这意味着直到此经的出现，佛教才对宇宙、人生的本质问题作出了明确的唯心的回答。所谓"三界所有，惟是一心"，是说三界所有的一切，都是心所变现的，除了心之外，不再有其他任何事物。"十二有支，皆依一心"是指人生不过是十二因缘的变化发展，既然从无明道老死都要依于心，当然就是"一切唯心"了。这种观点对大乘佛教的唯心论有极大的影响。

《华严经》之后的大乘经，还有《法华》和《维摩》两类。这两类经都是发挥般若思想，用中道正观的方法，观察诸法实相。《法华经》现存最早的译本是西晋竺法护翻译的《正法华经》，鸠摩罗什所译《妙法莲华经》则是后来的通行本。《法华经》说，诸佛世尊以一大事因缘出现于世。所谓大事因缘，是指佛陀以种种因缘、譬喻说法，以无数方便引导众生，欲令众生证悟诸法实相的佛智慧。《维摩诘经》最早由三国吴支谦翻译，后来鸠摩罗什的译本最为通行。维摩诘是吠舍离的长者，借佛陀排遣文殊师利问病之机，弘扬大乘佛法的深妙佛理。《维摩诘经》提出"不二法门"的口号，把世间和出世间统一起来，如在色空观上主张"色即是空，非色灭空，色性质自空"，在佛国论上主张"众生之类是菩萨佛土"，在涅槃论上提出生死涅槃不二，等等。

此外，早期大乘经典还有净土类经典，如后汉支娄迦谶翻译的《阿閦佛国经》、曹魏康僧铠翻译的《无量寿经》、鸠摩罗什翻译的《阿弥陀佛经》。阿閦佛即不动如来，其国土在东方；无量寿又名阿弥陀佛，其土在西方。净土经强调只要专心想念此佛，念佛名号，就能往生极乐世界。又有三昧经典，如《般舟三昧经》《首楞严三昧经》。

中期大乘经典主要有如来藏系经典和阿赖耶识系经典。所谓如来藏，是指一切众生都含有成佛的清净本体、都有佛性。阿赖耶识，又译阿梨耶识，意译藏识、种子识，在《楞伽经》中为继眼识、耳识、鼻识、舌识、身识、意识、末那识之后的第八识。它是一切法赖以存在和变化的根本依据，是变现森罗万象的根本识体。如来藏系经典最有代表性的是《大般涅槃经》和《胜鬘经》，阿赖耶识系经典以《解深密经》《楞伽经》为重要。

《大般涅槃经》（北凉昙无谶译）是关于佛陀涅槃的经典，不是一时所出，前后两分的理论也有差异。该经前分提出了"法身是常""一切众生悉有佛性"的理论，认为佛性是常，只是为烦恼遮蔽，只有经过修行，去除烦恼，才能使佛性显现，成就法身。一切众生皆有佛性，有佛性者皆得成佛，但一阐提（善根断尽之人）罪恶缠绕，不可成佛。然而等到后分传出，经中的说法发生改变："我常宣说一切众生悉有佛性，乃至一阐提等，亦有佛性。一阐提等，无有善法，佛性亦善，以未来有故。"

《胜鬘经》有两个发明，一是创造了在家的女性菩萨，二是创造并论述了"如来藏"思想。《胜鬘经》认为，众生皆有如来之藏，只是因为客尘烦恼，不能思议如来境界。如来藏常住不变，"有如来藏故说生死""生死者依如来藏"，因此说"如来藏是依、是持、是建立"。这就是所谓的"如来藏缘起"。

《解深密经》是最早传出的瑜伽行派经典之一，主要阐发了"一切种子心识""所缘唯识所现""三性三无性说"等理论。《楞伽经》，又称《入楞伽经》，"楞伽"（梵文 Laṅkā）的意思是斯里兰卡，因此经文的名称是说：这是世尊进入斯里兰卡讲课的讲义。《楞伽经》从大慧菩萨一百零八问发端，详细论述了五法、三自性、八识、二无我、四种禅、二谛、五种姓、六波罗蜜、涅槃、断肉等理论，传入中国后，对唯识宗和禅宗的发展有极为重要的影响。此外，中期大乘经典还有《大集经》《金光明经》等。

三、中观学派

龙树，旧称那伽阿周陀那，又译龙胜、龙猛。公元二三世纪南印度人，大乘佛教中观学派的创始人。

关于龙树生平事迹的材料，主要见于鸠摩罗什翻译的《龙树菩萨传》、玄奘《大唐西域记》等文献。一般认为龙树出身于婆罗门种姓。据《龙树菩萨传》，龙树自幼天聪奇悟，博闻强记，通达婆罗门圣典四吠陀。到了弱冠，龙树的名字已在诸国中传扬。龙树遍学世间技艺，天文、地理、图纬、秘谶，以及诸多道术，无不悉综，但这些知识并不能使龙树感到快乐。龙树与契友三人商议骋情极欲以自娱。他们习得隐身术，出入王宫，侵凌宫中美人。后来东窗事发，三人被国王的武士"挥刀空斩"砍死，只有龙树敛身屏气躲过一劫。在生死时刻，龙树"始悟欲为苦本，众祸之根，败德危身，皆由此起"，于是立誓出家受戒。龙树出家后，三个月内诵尽小乘三藏。于是入雪山，得大乘经典。龙树诵受爱乐，虽有悟解，但未得通利，于是周游诸国，更求其他经典。途中遇到外道挑唆，心声邪慢。大龙菩萨见龙树将入歧途，惜而愍之，即接之入海，开宫殿中的七宝华函，授意诸方等深奥经典。龙树受读九十日，通解甚多，其心深入，无生二忍（无众生我、无法我之忍）具足，大龙菩萨于是将他送回南天竺。此后龙树大力弘扬大乘佛法，摧破外道，"令摩诃衍教大行于天竺"。龙树与婆罗门比咒术获胜，又自命"一切智人"，以魔术示天与阿修罗战，令南天竺王归化佛法，万余婆罗门接受佛戒。后因小乘法师嫉忿，遂选择闲室入灭。而据《大唐西域记》，龙树入灭另有原因。《大唐西域记》载龙树度化憍萨罗国引正王，引正王为龙树建造伽蓝（法显、玄奘曾见此伽蓝）。龙树善闲药术飡饵养生，寿年百岁，志貌不衰。引正王得到龙树的妙药，寿亦百岁。引正王有稚子，问母亲自己何时能够继承王位。母亲说："现在看来是遥遥无期了，但龙树菩萨慈悲深厚，周给群有，身命若遗。如果向他乞头，你的愿望或许能够达成。"王子果然向龙树乞头。龙树说："我求佛圣果，我学佛能舍，是身如响，是身如泡，流转四生，去来六趣，宿契弘誓，不违物欲。"于是自刎而终。

龙树一生著述丰硕，有"千部论主"之誉。汉译二十余种，但其中也有一些伪书。其中《中论》《六十颂如理论》《七十空性论》《回诤论》《广破论》《宝鬘论颂》一般视为龙树作品，《十二门论》《大智度论》（又称《智论》《大论》，为论释《大品般若经》之作）、《十住毗婆沙论》（《华严经·十地品》的释论）、《菩提资粮论》等尚有争议。《中论》是龙树最重要的作品。

《中论》对"中观"下一定义，道破全书要义："众因缘生法，我说即是空，亦为是假名，亦是中道义。"（《观四谛品》）"众因缘生法"是说缘起，缘起是佛教的基本原理。部派时期，说一切有部主张一切有，认为凡是从因缘而生的法都是实有的。《中论》的这一偈颂针对这一观点进行反拨。《中论》认为，一切事物和现象都是由因缘和合而产生的，没有常住不变、独立存在的实体，因而一切事物都没有自性。应当认识到诸法性空，但这样认识空还不够，还应该明白诸法是一种假名。因为毕竟世人给它们以各种名字，假施设为有，这也不容忽视。对于缘起法，不仅要看到无自性（空），还要看到假有，只有这样才是合乎中道的。

《中论》系统发挥般若空观的思想，阐述了"八不中道"和"实相涅槃"的理论。所谓八不中道，即论首所说的："不生亦不灭，不常亦不断，不一亦不异，不来亦不出。能说是因缘，善灭诸戏论。我稽首礼佛，诸说中第一。"这里，生灭、常断、一异、来出是佛教内外的八种偏见，龙树统称为戏论。龙树认为，在缘起上单纯执著生灭、常断、一异、来出，都是不正确的。释迦牟尼所说的缘起超出戏论，息诸戏论，也可以说是寂灭状态。当时说一切有部执著于有，大乘初期的方广道人执著于无，后者虽然纠正了"有"的极端，却又陷入"空"的极端。真正的缘起，是离于二边，对有无都不执着。如果执着，就等于戏论了。而把一切戏论都去掉，显示一切法的本来面目，就是实相。所谓"实相涅槃"，意思是以认识诸法实相为涅槃的内容。《中论·观涅槃品》说："分别推求诸法，有亦无，无亦无，有无亦无，非有非无亦无，是名诸法实相。"小乘佛教的涅槃是要把苦灭尽，到了灰身灭智的状态。《中论》所谓涅槃，则是指实相的完全显现。世间万物生死轮转，涅槃超生死轮转，一切诸法的实相也就是与涅槃相对的世间万物的实相，也就是空。《中论》认为，世间与涅槃并不矛盾，只要认识到世间一切现象是毕竟空，把这一实相显示出来，也就到了涅槃。

龙树之后，他的弟子提婆继续发扬大乘思想。提婆，唐译圣天，斯里兰卡人。据说他是王子，后来出家学习婆罗门学说。提婆原本想找龙树辩论，但一接触龙树，就为其折服，拜其为师。提婆去过犍陀罗等第，又在中印度、北印度与外道辩论。提婆的学说着重破斥外道，《百论》各品都以"破"字当头，提婆后来遭到杀害。提婆的著作有《四百论》《百论》《百字论》等。在破斥方面，龙树的主张是破邪显正，提婆则是破而不立，常常从论题的两面来推导，结果得出都不能成立的结论。他的学说主要是"二谛真假义"。所谓二谛，即世谛和真谛。《广百论》说："诸世间可说，皆是假非真，离世俗名言，乃是真非假。"意思是，以语言了解的法都是假有，离开语言了解的法才是真有。这就是说，一方面人们要用世谛来解释真谛，否则真谛不可说，就不能使人了解，另一方面既然是为了使人而说的，那不过是一种假设而已。只有离开假有，离开世谛而进入真谛，才是真有。提婆之后，他的弟子罗睺罗跋陀罗还有《赞般若寄》《法华略颂》等作品。

中观派以龙树为始祖，经提婆、罗睺罗跋陀罗、青目等人发扬，六世纪以后分为以佛护、清辨为代表的一支，和以清辨、观誓为代表的一支，迄印度大乘佛教末期，一直发挥着重要的作用。在中国，中观学说由后秦鸠摩罗什系统翻译介绍，为隋唐佛教宗派的建立（如三论、天台、华严及禅宗等）奠定了理论基础。

四、瑜伽行派

瑜伽行派由无著、世亲兄弟创立，约晚于中观派创始人龙树两百年（公元四五世纪）。

"瑜伽"，意译相应，指集中心念，观悟佛教真理的修行方法。瑜伽行派尊弥勒为始祖，主张万法唯识，识有境无，因此称为大乘有宗。

大乘佛教在龙树、提婆之后有很大的发展，当时正是印度贵霜王朝和笈多王朝统治时期，佛教陆续出现了《大般涅槃经》《胜鬘经》《解深密经》等经典。笈多王朝是印度第二个统一的王朝，到超日王(380—415年在位)时代，进入极盛期。超日王实行宽容的宗教政策，大乘佛教在各地得到发展。超日王命太子从世亲受戒，王妃也随世亲出家。等到新日王即位后，母子同请世亲住阿踰陀国。大约从帝日王开始，大乘佛教进入兴盛期。那烂陀寺成为大乘佛教鼎盛期的佛学中心，世亲等师相继住寺，培养了陈那、难陀等大乘瑜伽行派学者。

据真谛《婆薮盘豆法师传》等文献记载，无著、世亲是北天竺富娄沙富罗国人，出身于国师婆罗门家庭，出家后从宾头卢学习小乘空观理论，又在中印度阿踰陀国改宗大乘(传由弥勒指点)，弘扬《瑜伽师地论》《金刚般若波罗蜜经论》《辨中边论》《大乘庄严经论》《分别瑜伽论》等。世亲曾去迦湿弥罗国精研有部教理四年，后回布路沙城，作《俱舍论》，批评有部和大乘教义，"谓摩诃衍非佛所说"。直到后来到阿踰陀国，听无著诵《十地经》才改信大乘，弘扬唯识论，推动了大乘盛期的到来。无著和世亲的著作很多，两家所传署名弥勒的有《瑜伽师地论》等五论。无著的著作有《显扬圣教论》《顺中论》《金刚经论》《大乘阿毗达磨集论》《摄大乘论》等，世亲的著作有《俱舍论》《大乘庄严经论释》《辩中边论释》《金刚经论释》《摄大乘论释》《成业论》《二十唯识论》《三十唯识论》等。

瑜伽行派以《瑜伽师地论》为根本，此论传为弥勒著作，由无著记录成文。《瑜伽师地论》主要论述了瑜伽师的境行果以及阿赖耶识、三性等问题。此论分为五个部分，重点是本地分十七地中的《菩萨地》。《菩萨地》的要点，一是阐明了菩萨种姓、菩提心等思想，二是提出了自己独特的真理观(所谓真实义)，三是系统建立了大乘佛教的菩萨戒。关于真实，《菩萨地·真实义品》指出，真实有四种：第一种是世间极成(意为共许)真实，即一般公认的常识性知识；第二种是道理极成真实，指通过论证而建立的某种主张；第三种是烦恼障净智所行真实，即去掉烦恼，使心地干净，用智慧去了解真实义；第四种是所知障净智所行真实，即去掉理性、思维的障蔽，用真正的智慧见到最后的真理(这是针对恶趣空而发的)。

无著、世亲的学说主要有"分别自性缘起""三性说"和"唯识论"等。分别自性缘起，指依止阿赖耶识，诸法生起。(《摄大乘论》)这就是认为阿赖耶识是一切法的总依，它能发起一切法；世间万有都是阿赖耶识的变现。无著认为有两种缘起，一种是分别自性缘起，一种是分别爱非爱缘起(即十二支缘起)，前者才是根本缘起。一般所说十二支缘起是显性的，分别自性缘起则是隐性的。无始以来，杂染品类诸法熏习了众多种子藏在阿赖耶识当中，它们依缘变现，生起种种不同性质的现行，构成万象森罗的世界。所谓种子，就是名言、概念。名言种子的自性不同，一切法就因之有区别。

在《大乘百法明门论》中，世亲以百法统摄一切法相。百法可分为五类(五法)，即心、心所、色、不相应行、无为法。其中心法统摄八识，即眼、耳、鼻、舌、身、意、末那、阿赖耶识，称为心王，各有主体，能统摄各类心所。心所即心所有法，分为六类(遍行、别境、善、烦恼、随烦恼、不定)五十一法。又色法十一种，心不相应行法二十四种，无为法六种。百法就构成了瑜伽行派简明的法相体系。

那么怎么认识诸法实相呢？无著、世亲认为，要认识诸法实相，就要仔细分析三性。三性是由名言区别带来的，即遍计所执性、依他所起性、圆成实性。遍计所执性，就是用名言、概念表示而执为实有的认识，这样的认识是虚妄不在的分别。依他(识)所起性，就是认识到遍计所执性不是凭空而来，而是有所依据，即依各种因缘(实际是指阿赖耶识种子)而生起。圆成实性，就是去掉依他起性上的遍计所执，得到关于诸法实相的真实、完整的认识。

唯识论是无著、世亲学说的核心。《唯识二十论》开宗明义："安立大乘，三界唯识。"其要点则为："内识生时似外境现"。意思是，内识生起后有一种作用，能把识的一部分转变为心的对象，就会显现出像是在外的境界。但由于人们对"识所变"没有真实的认识，把它执为实有，其实外境并不存在。唯心无境，识有境无，这就是无著、世亲的唯识观。此外，瑜伽行派还展开了因明的论证，一方面为唯识哲学作论证，一方面推动了逻辑学的发展。

无著、世亲以后，大乘佛教内部就分成瑜伽行派和中观两派。世亲之后，他的继承者有亲胜、火辨等人，难陀、安慧坚持世亲学说较多，被称作"唯识古学"。陈那注意用因明的方法发挥世亲学说，被称为"唯识今学"。中国南北朝时期菩提流支和真谛所传基本上属于唯识古学，唐代玄奘所传主要是唯识今学。七世纪以后，瑜伽行派的知名人物尚有法称、月官等人，后来就出现了吸收瑜伽行派思想的中观派，称为瑜伽中观派(创始人是寂护)。到公元十世纪，大乘佛教因过分的经院化已近衰微，此后只能依附密教，残存了两百年光景。

第四节　大乘佛教时期(下)——密教

印度佛教的最后一个阶段是密教时期，时间约从公元 7 世纪到公元 13 世纪。密教是佛教和印度教结合的产物，它同时也杂糅了印度本土的民间信仰，并以一种秘密宗教的形式存在着。

一、密教的兴起

空宗和有宗在论辩中把大乘佛学发挥到了极致，达到宗教理论思想的高峰。这意味着印度佛教思想的成熟，但同时也意味着印度佛教理论的创新难以为继。鼎盛期的大乘佛学玄理幽深，所设名相、概念特多，且逐渐走向经院化，这导致大乘佛理不易为普通民众所了解、信奉。原本注重方便权宜、以普度众生为要旨的大乘佛教，逐渐脱离它赖以生存的民众基础，而成为只有少数僧侣才能弄懂的冷僻的学问。因此到了六世纪，大乘佛教不可避免地开始衰微。而此时，印度婆罗门教开始复兴。本来，笈多王朝对佛教的支持就比不上此前的贵霜王朝。笈多王朝和许多南印度国家的统治者都信奉婆罗门教，在土地和钱财方面大量施舍。因此，贵霜王朝时因佛教勃兴而一度沉寂的婆罗门教，这时候就有了变革的外部基础。婆罗门教通过改变自身，逐渐转变成为印度教，在民众中重新获得认可，并得到笈多王朝和南印度其他国家统治者的支持。这样，在佛教内外交困的情况下，出现了印度教压过佛教的势头。到7世纪玄奘到达印度时，戒日王(606—647年在位)虽然崇敬佛教，但原本的佛教中心如迦毗罗卫城、王舍城、毗舍离等都已经衰落；在许多国家，印度教信徒的数量大大超过了佛教徒。

印度教，又称新婆罗门教，它是在原本婆罗门教的基础上，融合佛教、耆那教的思想内容以及其他民间信仰的发展而成的一种宗教。公元8世纪，商羯罗(约788—820)对印度教进行大幅改革，使得印度教发展更为兴盛。印度教崇拜梵天(创造之神)、毗湿奴(维持之神)、湿婆(又称大自在天，破坏之神)三个主神，认为每个主神都有无数化身，又将其他宗教的最高神统摄到三主神身上。印度教主张灵魂不灭和业报轮回，认为灵魂可以从一个身躯转生到另一个身躯；由于业的不同，转生的形态也不同，这就为种姓制度提供了合法性。此外，印度教有三大派别：毗湿奴派、湿婆派和性力派。毗湿奴派以毗湿奴为最高神，主张苦行、禁欲，认为坐禅和默念神名可以得到解脱；湿婆派以湿婆为最高神，主张瑜伽和苦行，修行方法包括坐禅、念咒、唱歌、跳舞、哄笑、涂灰和模仿牛叫，《大唐西域记》中称为"涂灰外道"；性力派崇拜湿婆之妻难近母、毗湿奴之妻吉祥天女、梵天之妻辩才天女和黑天之妻罗陀等性力女神，认为女神从男神处得到的性力是宇宙万物的根源。性力派又分左道和右道，左道采用秘密仪式，通过牺牲、轮座、瑜伽、咒术等方式修行，右道仪式公开，遵从吠陀的仪轨。

印度教全面复兴，在许多国家取代了原本佛教的位置。为了争取更多的信众，部分大乘佛教的学者开始改造大乘佛教的教义和修行的法门。他们吸收、整合外道(主要是印度教)的理论与方法，将神祇、咒语、法术、仪轨、俗信等此前不太重视甚至多数是释迦牟尼批判对象的事物大量引入佛教，从而使佛教印度教化，并最终形成了一个新的教派——

密教，即秘密佛教。

密教的一个显著特点是神秘主义。密教不仅宣称自己是大日如来自心证悟的最秘密、最深奥的教法，而且主张的修行方式如身密、语密、意密以及举行的宗教仪式等也都是秘密的。例如，密教强调心法相传，因此师徒传授并不公开进行，而是通过秘密灌顶等方式。灌顶，是以水灌于头顶，从而使受灌者地位获得一定晋升的仪式。密教灌顶，总称为秘密灌顶，是由上师(密教对高僧的尊称)用象征如来五种智慧的五瓶水灌于弟子头顶，表征他必定成佛。灌顶有结缘灌顶、学法灌顶、传法灌顶三种，其中传法灌顶最为重要，又分为印法灌顶、事业灌顶和以心灌顶。密教规定，凡遇传授密法，都必须经过秘密灌顶；对于未灌顶者，不能传授密法。

婆罗门教和印度教都是极重咒术的宗教。咒语和法术，原本是释迦牟尼严厉破斥的对象。佛经中反复提到，释迦牟尼持有戒律，拒绝靠傍生术的邪命自活，并以正命(合理的经济、正当的生活方式)作为八正道之一。《长阿含经·梵动经》(即《梵网经》)说："如余沙门、婆罗门食他信施，行遮道法，邪命自活，召唤鬼神，或复驱遣，种种禳祷，无数方道，恐热于人，能聚能散，能苦能乐，又能为人安胎出衣，亦能咒人使作驴马，亦能使人聋盲喑哑，现诸技术……或为人咒病，或诵恶咒，或诵善咒，或为医方、针灸、药石，疗治众病……或咒水火，或为鬼咒，或诵刹利咒，或诵象咒，或支节咒，或安宅符咒，或火烧、鼠啮能为解咒，或诵知死生书，或诵梦书，或相手面，或诵天文书，或诵一切音书……或说地动、彗星、月蚀、日蚀，或言星蚀，或言不蚀……沙门瞿昙无如是事。诸比丘，此是持戒小小因缘，彼寡闻凡夫以此叹佛。"但到了后来，随着大量婆罗门及外道皈依佛教，释迦牟尼开始允许弟子使用善咒治毒及虫病等，《四分律》说："若诵治腹内虫病咒、若诵治宿食不消咒、若学书、若诵世俗降伏外道咒、若诵治毒咒以护身故，无犯。"此外，《杂阿含经》卷九还记载了释迦牟尼教弟子不中蛇毒的"咒术章句"。到了部派佛教时期，《摩诃僧祇律》等一面仍禁止比丘邪命自活，一面又将善咒大量纳入佛教。在结集三藏时，大众部甚至集有"禁咒藏"。但此时的咒术仍然只是咒语，并不是一种修行方法，而且没有完整的体系。到了大乘佛教初期，《大般若经》主张对"一切陀罗尼门等无所得""(菩萨)不行咒术、医药、占卜诸邪命事"，但以陀罗尼作为总持方法(即在简短的语言中含有众多的意思)，已经较为普遍。《华严经》提到清净光明、具足义、觉悟实法、训释言词、无边文句无尽义无碍门、佛灌顶、不由他悟(自觉悟)、同辨、种种义身句身文身中训释、无边旋十种陀罗尼。《法华经》有《陀罗尼品》。龙树在《大智度论》中说，陀罗尼有四种，分别是闻持陀罗尼(过耳不忘)、分别陀罗尼(分别诸法善恶)、入音声陀罗尼(听闻一切声音不喜不嗔)、字入门陀罗尼(以四十二字体达诸法实相)。在《般若心经》中，咒还与般若波罗蜜多联系起来："故知般若波罗蜜多，是大神咒，是大明咒，是无上咒，是无等等咒，能除一切苦，真实不虚。故说般若波罗蜜多咒，即说咒曰：揭谛揭谛，波罗揭谛，波罗僧揭谛，菩提萨婆诃。"把陀罗尼提到很高的位置。后来，大乘佛教还出现了以陀罗尼为主的经典，如《无量门微密持经》《明护经》《孔雀明王经》等。

7世纪中叶，密教经典《大日经》《金刚顶经》相继传出。以《大日经》《金刚顶经》问世为标志，密教宣告成立。此前的陀罗尼法门被称为杂密，此后的密教则称纯密，即正式的密教。

《大日经》，全称《大毗卢遮那佛神变加持经》，唐中天竺善无畏共一行翻译。依照经名，《大日经》是讲述大毗卢遮那佛成佛，依神变加持众生的经典。经名中的"毗卢遮那"是"日"的意思，因此"大毗卢遮"的意思是"伟大的太阳的光辉"，意指如来遍照法界。《大日经》极端崇拜毗卢遮那佛，认为毗卢遮那佛是法身佛，是"一切智智"(即智能中的智能)，而其他佛只是化身佛，因此毗卢遮那佛就成为密教的教主。《大日经》总结了此前的陀罗尼法门，确立了一套以口诵真言(语密)、手结契印(身密)、心作观想(意密)三密为核心的密教修行体系。在修行的根本原则上，《大日经》提出"菩提心为因，悲为根本，方便为究竟"。所谓"菩提心为因"，是说平等清净的菩提心是成佛的内在根据，这是如来藏思想的继续。《大日经》认为，一切众生本有清静菩提心，如果能够"如实知自心"，直观自心实相，即是菩提。"悲为根本，方便为究竟"，是指妙慧慈悲，哀愍无边众生，为解救众生，兼综诸艺，随顺因缘，以种种善巧方便(如大悲胎藏曼荼罗)，度脱大众。普度众生，这是大乘佛教的特质。

《金刚顶经》，全称《金刚顶一切如来真实摄大乘现证大教王经》，唐不空译。金刚有坚固不坏义，比喻毗卢遮那佛的智德犹如金刚坚不可摧，犹如人的头顶最胜无上。《金刚顶级》突出"金刚"的地位，提出菩萨受佛灌顶而名金刚，其密法则为金刚界曼荼罗；又受瑜伽行派影响较大，提出"五智表五佛"等理论，同时瑜伽受到强调。《金刚顶经》主张以染害欲，所谓："奇哉自性净，随染欲自然，离欲清净故，以染而调服。"意思是自性清净心随染欲(两性关系)自然存在，要脱离染欲，就要以欲钩牵，使修行者在受乐中得到调伏，刹那成佛。这受印度教性力派影响很深。此外，《金刚顶经》还论述了密教的法门，如五相成身、金刚三摩地、四印、四法身、四念诵等。

二、密教的法门

阿含佛教的修行纲要有四谛、十二因缘、三十七道品等。大乘佛教提倡六度四摄。密教吸收印度教及其他宗教的方法，使得它的法门越来越多，但也越来越庞杂，除了灌顶、陀罗尼之外，还有曼荼罗、印契、护摩(火祀)、禅法、瑜伽、双修、供养、崇拜等。一般而言，以六大、四曼、三密之说为重要。

六大，又称六界，指周边一切法界、构成世间万物的六种基本元素。《中阿含经·度经》说："云何六法界？……谓地界、水、火、风、空、识界。"据《俱舍论》，地、水、火、风四大是构成一切物质现象的基本因素；空大是四大的窍隙；识大指有漏识，即众生的意识(六识)，这是有情生存的基本条件。前五种属于色法(物质)，后一种属于心法(精神)。密教吸收了这一理论，他们以六大缘起来构建法界观，并由此提出了"生佛平等""即身成佛"的理论。大乘瑜伽行派认为菩萨六度万行是一个渐修的过程，要经过三大阿僧祇劫才能成佛。密宗认为，不需经过累世修行，现世就可以成佛。因为六大是宇宙的本体，也是毗卢遮那佛的法身，而众生同样由六大构成，那么众生也就和佛没有本质的差别。一个人如果能够通过三密加持，与毗卢遮那佛相应，那么就可以即身成佛，由肉体凡胎，速证佛果。

四曼，即四曼荼罗，包括大曼荼罗、三昧耶曼荼罗、法曼荼罗、羯磨曼荼罗。曼荼罗(Mandala)，又作曼陀罗，意译坛场、轮圆具足、聚集等。指为防魔众侵袭，在修法处划一圆圈或建土坛，上面绘以相应的图像，并置各种法器。它象征着诸佛、菩萨在此集聚，又象征着大悲、大慧、大空等一切教理圆满。密教的一切修行都不能离开曼荼罗。四曼荼罗的具体图像是这样的：(一)大曼荼罗，又称尊形曼荼罗、大曼，是直接描绘诸佛、菩萨具足相好容貌的曼荼罗(包括彩塑、绘画等)。广义而言，由六大所构成的宇宙全体的形象都可以叫大曼荼罗。(二)三昧耶曼荼罗，又称平等曼荼罗，是描绘诸佛、菩萨所持之物的曼荼罗，包括刀、剑、轮宝、金刚、莲花、印契等。不同的三昧耶有不同的含义，代表诸尊的本誓。如文殊菩萨的象征是一本书或一把剑，代表般若深智与教法的锐捷。(三)法曼荼罗，又称达磨曼荼罗、种子曼荼罗，是表示诸佛、菩萨种子(本尊梵文名称的第一个字母)、真言、名号等的曼荼罗。如胎藏界大日如来的种字是"阿[a]"。(四)羯磨曼荼罗，又称作业轮圆具足、立体曼荼罗，是表现诸佛、菩萨威仪、事业的曼荼罗，如雕刻、铸像等。羯磨曼荼罗表示宇宙间一切事物的行动。按照《大日经》的说法，三种秘密身(字、印、形)各具足威仪事业，都可称为羯磨曼荼罗。而按描绘的部数，曼荼罗又可以分为三种：(一)都会曼荼罗，指各部诸尊聚在一起，如以大日如来为中心的多部曼荼罗；(二)部会曼荼罗，指部分诸尊，如佛部的佛顶曼荼罗，莲花部的十一面观音曼荼罗；(三)别尊曼荼罗，指以一位本尊为中心，如释迦曼荼罗、如意轮曼荼罗等。

金刚界与胎藏界并称密教的"真言两部"或"金胎二部"。胎藏部以《大日经》为根本经典，修习胎藏界密法；金刚顶部以《金刚顶经》为根本经典，修习金刚界密法。密教认为宇宙万象都是毗卢遮那佛的显现，表现其智德方面的称为金刚界；表现其理性(本有的觉悟，即真如佛性)方面的称为胎藏界。以图像表示金刚界、胎藏界内容的，就是金刚界曼荼罗和胎藏界曼荼罗。(一)金刚界曼荼罗以西为上、东为下，由五部九会组成。密教认为，金刚界是始觉上转的自利门，有法界体性智、大圆镜智、平等性智、妙观察智、成所作智五智，因此曼荼罗分为佛、金刚、宝、莲花、羯磨五部。中台摩羯会，又称成身会，是金刚界曼荼罗的总体。摩羯会有五大月轮，大日如来、阿閦如来、宝生如来、阿弥陀如来、不空成就如来五佛安坐其上。其余八会是三昧耶会、微细会、供养会、四印会、一印会、理趣会、降三世羯磨会、降三世三昧耶会。(二)大悲胎藏界曼荼罗以东为上、西为下，分为三部十三大院。密教认为，胎藏界是本觉下转的化他门，有大定、大智、大悲三德，故其曼荼罗分为佛、金刚、莲花三部。中台八叶院是胎藏界曼荼罗的总体，以大日如来、开敷华王佛、无量寿佛、天鼓雷音佛、宝幢佛五佛为主尊。其余三重诸院是：遍知院、观音院、金刚手院、持明院、释迦院、文殊院、除盖障院、地藏院、虚空藏院、苏悉地院、金刚部院。

三密，即三密相应，指众生通过修行，使自己的身业、口业、意业与如来的身密、口密、意密相应。(一)身密，即手结契印。密教认为，手印是佛、菩萨所显示的根本法门之一，是以佛身加持相应于行者，等同于如来法界身。密宗以十指结印，其中拇指表示空，食指表示风，中指表示火，无名指表示水，小指表示地。按密宗的说法，释迦牟尼诞生时，所结的手印是一手指天、一手指地；苦行坐禅时手结定印(双手仰放下腹前，右手置于左手上，两拇指指端相接)；成道时结降魔印(即触地印，右手覆于右膝，指头触地，以示降伏魔众)；说法时结说法印(拇指、中指相拄，余指自然疏散)；接引大众时结与愿印(手自然下伸，指端下垂，手掌向外)、施无畏印(右手曲肘朝前，舒五指，手掌向前)。这是释迦五印。此外手印极多，通常以十二合掌、四种拳为基本印。十二合掌分别是：(1)坚实合掌，即合掌，掌中坚相着，十指微离；(2)虚心合掌：十指齐等，指头相合，掌心微开；(3)未敷莲合掌：两手合掌，掌内空；(4)初割莲合掌：二地(小指)二空(拇指)并相着，余六指散开，即八叶印；(5)显露合掌，仰两掌相并而向上；(6)持水合掌，并两掌而仰，指头相着稍屈合，如掬水状，似饮食印；(7)归命合掌，十指头相叉，以右加左，如金刚合掌；(8)反叉合掌，以右手加左手，反掌以十指头相绞，以右手指加于左手指上；(9)反背互相着合掌，以右手仰左手上，以左手覆右手下，略似定印；(10)横拄指合掌，仰二手掌，令二中指头相接；(11)覆手向下合掌，覆两掌，以二中指相接；(12)覆手合掌，两手并覆，以二拇指相并相接，十指头向外。四种拳则为莲华拳(又名胎拳，作拳法，大指竖于外)、金刚拳(大指在掌中为拳)、外缚拳(叉合二手作拳，十指头出外)和内缚拳(十指相叉，指头屈向掌中)。

(二)语密，即口诵真言。真言，即真实无虚之言。密教认为，真言由诸佛、菩萨修持愿力而产生，汇集诸佛、菩萨的智慧，具有特殊的加持力量，能够成就一切义利。按照《大日经》的说法，真言分为三类，即佛部真言、莲花部真言、金刚部真言。此外，按修法的性质，真言又可以分为息灾(灭息病难灾障)、增益(助力修行)、召摄(诸佛加被、召摄顺缘)、降伏(调服心念、消灭魔众)四类。至于这四类真言的具体形式，《大日经》卷七说："真言之初以'唵'(皈依敬语)字，后加'莎诃'寂灭(即息灾)用。若真言初以'唵'字，后加'吽发'召摄用。初后'纳么'（即南无，皈依）增益用。初后'吽发'降伏用。'吽'字'发'字通三处，增其名号在中间。"这就是说用以息灾的真言，形式上以"唵"字起，以"莎诃"终；用以增益的真言，头尾都是"纳么"；用以召摄的真言，以"唵"字起头，以"吽发吒"结束；用以降伏的真言，以"吽"字开始，以"吽发吒"结束。至于咒语本身，如果不是本尊的梵名，就是种子真言。这里的"种子"是一种比喻。密教把梵文字母和所供诸尊与法门一一对应，这个梵文字母就称为"种子字"，简称"种子"或"种字"。《大日经》反复强调，大日如来的种子是"阿[a]"，阿字观是容易修行、疾速领悟的法门。除种字以外，语密还包括诵持陀罗尼等。陀罗尼中最常见的是观世音菩萨六字陀罗尼，即"唵、嘛、呢、叭、咪、吽"六字真言。六字真言的意思是"皈依莲华上的摩尼珠"。它原本是阿弥陀佛见到莲华手菩萨（观音化身之一）之后，赞叹其功德的语言。密教将其视为一切福德、智慧及诸行的根本。按照密教的说法，诵持、书写六字陀罗尼有殊胜功德，甚至能够关闭六道生死之门，即能不入六道轮回。

（三）意密，指内心观想本尊、种字等，心住三摩地。意密是三密中最重要的一环，身密和语密都要通过意密的观想才能发挥作用。观想，是以智慧观察特定对象，或通过观察特定对象获得智慧。密教认为通过对种字、月轮、本尊等持续的观想，集中意念贯注于此，修持上与之契合，刹那间会有某种神秘力量流入体内（入我），同时我体融入宇宙（我入），最后达到清净光明的境界。如《大日经》中强调"阿"字观，认为它有不生、定、有诸义；又主张"五轮成身观"，即观足至脐为大金刚轮（地大），脐至心为水轮（水大），胸为火轮（火大），头为风轮（风大），顶上为空轮（空大），依次观想为方、圆、三角、半月团形等五轮塔，使自身和毗卢遮那佛、法界万相结合，最终将自身观想成诸佛的曼荼罗，等同宇宙，人与佛融为一体。金刚界曼荼罗最主要的观法是"五相成身观"，其要点是"通达本心，修菩提心，成金刚心，证金刚身，佛身圆满"。意思是先观察自心，认识到自己本有的自性清净心；其次发起菩提心，观察自心如清净的圆满月轮，远离一切烦恼垢染；随后坚固、善住这一菩提心，显现本尊三昧耶形；再观察自身，了悟自己的身语意都是金刚界；最后，观察自己的身体同本尊相好具足，到达观行的极致，就能身成佛位。

三、佛教的消亡

公元 7 世纪以后，佛教在印度境内逐步退缩到摩揭陀等少数几个大国和主要寺院，其余的国家，几乎都为外道占据。在印度教强大的压力下，大乘佛教逐渐走上了密化的道路。7 世纪中叶，密教作为一个派别正式成立。

公元 8 世纪，密教迎来了它的黄金时期，并在一定范围内占据了印度所有的佛教领地。这时佛教的中心已经转移到东方孟加拉波罗王朝（8 世纪至 12 世纪）治下地区。波罗王朝的历代君主都信奉佛教。第四任君主达磨波罗在摩揭陀建造了规模宏大的飞行寺、超岩寺，使佛教又有一定的发展。当时善无畏(637—735)在那烂陀寺从达摩拘多学习密法，受到赏识，得到灌顶，号为三藏，后来进入中国，被礼为国师。金刚智(669—741)在那烂陀寺受具足戒，从寂静智学声明论，后向龙智学习《金刚顶经》，并与不空(705—774)一起来华传法。善无畏、金刚智、不空并称"开元三大士"，同为中国密宗创始人。吐蕃赤松德赞(755—797 年在位)邀请那烂陀寺的寂护及其弟子莲华戒入藏弘教，从此佛教传入西藏。

与此同时，密教也在分化。9 世纪以后，先后分化出金刚乘、易行乘，11 世纪出现时轮乘。金刚乘主张性欲瑜伽，因与印度教进一步结合而大为发展。易行乘简化仪轨，提倡迷信、低级趣味，以适应社会上部分落后愚昧群众的需要。时轮乘崇拜本初佛，主张用瑜伽控制"生命之风"，到 12 世纪末为止，一直在东印或中印存在着。晚期印度密教，一个总的倾向是由神秘主义走向肉欲主义。它在理论方面不能建树，专务琐屑玄谈，仅供少数寺院僧侣玩索，在实践方面迷信淫秽，因此在接近印度教的过程中，逐渐为印度教所取代。此时佛教已经奄奄一息，然而又有外族入侵。还在波罗王朝初期，伊斯兰教的摩诃末就开始侵占印度河流域，到 10 世纪后半叶，今天阿富汗境内的土耳其苏丹国伽色尼兴起，第三代国王苏丹马赫穆德当政，开始有计划地侵蚀印度的五河流域。在三十多年时间里(997—1030 年)，伽色尼连续发动了十七次针对印度的战争。伊斯兰教排斥异端，因此伊斯兰军队在战争中焚毁寺院，消灭异教徒(包括佛教、印度教等)。伊斯兰教的教义禁止偶像崇拜，于是佛像等物也被焚毁。大量平民和僧侣迫于压力，改宗伊斯兰教，或者逃往西藏、尼泊尔、南印度、爪哇、缅甸等地。佛教遭到毁灭性打击。12 世纪末，阿富汗廓尔地方的穆哈马德君主，在占领伽色尼、统一阿富汗之后，大举入侵印度，一直深入到恒河流域，消灭了继波罗王朝而起的斯那王朝。1193 年，印度佛学中心那烂陀寺遭到伊斯兰军队的严重破坏，大批僧侣逃往西藏避难。1203 年，印度仅存的超岩寺被焚毁，佛教在印度本土基本灭亡。此后，佛教的大教团已经不可能存在，僧侣星散各地，近乎绝踪。

12 世纪末到 13 世纪初，以那烂陀寺和超岩寺的毁灭为标志，绵延了 1700 年的印度佛教宣告终结。世界佛教的中心转移到了中国和斯里兰卡等地。

【课外博览】

1. 吕澂：《印度佛学源流略讲》，上海人民出版社 2018 年版。

2. 魏道儒主编：《世界佛教通史》(第二卷)，中国社会科学出版社 2015 年版。

3. 中华经典普及文库：《佛教十三经》，中华书局 2010 年版。

第四章
佛教入华及其早期传播

汉魏两晋是中国佛教发展的起始阶段。两汉之际，印度佛教刚刚传入，作为一种外来宗教，只能依附于黄老方术而传播和发展。三国时期，随着佛经不断被介绍和翻译，佛教义理开始为中国人所关注。特别是玄学兴起后，佛教从依附于玄学，到与玄学合流，并逐渐融合中国传统文化，形成独具特色的佛教体系。可以说，汉魏两晋时期为中国佛教的发展奠定了坚实的基础。

第一节 佛教入华的时间和路线

佛教早期在中国的传播是漫长且艰难的。荷兰汉学家许理和先生曾经以"佛教征服中国"为题，表示佛教在中国中古早期的传播与适应。当然，这里的"征服"并非"暴力征服"，而是指佛教对中国社会的适应，以及中国社会对佛教的接受①。这是逐渐适应的过程，并非一蹴而就。事实上，佛教最初入华时，未必受到世人的关注，其影响力和传播范围也有限。因此，历史文献中很难找到关于佛教入华的准确记载。正因为如此，历代护教文献和历史典籍中，关于佛教入华的记载各有不同，形成了丰富的传说。因此，要了解佛教入华的时间和方式，首先还得从佛教入华的相关传说开始。

一、关于佛教入华的传说

历代护教文献中，关于佛教入华的传说记载不一。这些传说或援引上古文献，或附益

---

① 详见［荷］许理和：《佛教征服中国》，李四龙、斐勇等译，江苏人民出版社 2017 年版，第 556 页。

自然异象，尽管可信度不高，却侧面反映了佛教进入中国的基本情况。特别是其中一些典型说法，甚至在佛教史上产生了重要影响。我们在此参考汤用彤先生《汉魏两晋南北朝佛教史》、任继愈先生《中国佛教史》等著作进行简单的梳理。

1. 先秦时代

历代佛教典籍中，佛教入华时间最早可追溯到三代以前。其论证依据主要源于《山海经·海内经》所载，"东海之内，北海之隅，有国曰朝鲜、天毒，其人水居，偎人爱人"①。虽然《海内经》并未直接点明"天毒""爱人"等词汇与佛教的关系。但是，后世佛教徒将其与"天竺""慈悲"等相比附，认为佛教三五之世已然流传于华。如两晋博古者郭璞注曰："天毒即天竺国，贵道德，有文书，金银钱贵，浮屠出此国中也，其人水居，偎人爱人。"刘宋宗炳《明佛论》中进一步论述："伯益述《山海》：'天毒之人，偎人而爱人。'郭璞传：'古谓天毒，即天竺，浮屠所兴。'偎爱之义，亦如来大慈之训矣，固亦闻于三五之世也。"②既然佛教在三代以前已经传入中国，那么，为何其他上古典籍并未涉及，周孔等先圣也未提及？对此，宗炳在《答何衡阳难释白黑论》中回应道："此之精者，随时抱道，佛事亦存。虽可有禀法性于伊、洛，餐真际于洙、泗。苟史佚以非治道而不书，卜商以背儒术而弗编。纵复或存于复壁之外典，复为秦王所烧，周、孔之无言，未必审也。"③宗炳指出，一方面由于时间过于远早，部分史籍已经遗失；另一方面在于儒士所编之典籍，主要在记录国家政绩相关事项，因此佛教被记录于典籍的概率较少，再加上焚书等事件更是使得三代前关于佛教的记载愈少。宗炳等人以《山海经》为依据，指出佛教在三五之世已经流传于华。事实上，印度佛教此时还未形成，佛陀亦未出世；再加上天竺的地理位置并非"东海之内，北海之隅"，因此，此观点本身并不可信。然而，后世佛教徒却多有类似论述，如道宣律师《广弘明集·归正篇》。

三五之世以后，周代亦有佛教传入的相关记载。如《穆天子别传》《汉法本内传》《周书异记》等古籍将佛的出生上推至周昭王时期。这种将佛的出生与周朝天文异象相比附的方法，间接点明了佛教与中原的关联，直至宋元佛教文献中仍然可见。另外，佛教徒还在《列子》中找到了关于先秦佛教的痕迹。如"周穆王时，西极之国有化人来。入水火，贯金石，反山川，移城邑，乘虚不坠，触实不硋。千变万化，不可穷极，既已变物之形，又且易人之虑"。④这里的"化人"来自"西极之国"，且与佛教初传入时所描述的具有神通的高僧相似。于是，后世佛教徒多将其视为佛教传入的证据。如梁代僧佑《弘明集后序》有：

---

① 袁珂校注：《山海经校注》，上海古籍出版社 1980 年版，第 441 页。

② 《弘明集》卷二，《大正藏》第 52 册，第 12 页。

③ 《弘明集》卷三，《大正藏》第 52 册，第 20 页。

④ 杨伯峻：《列子集释》，中华书局 1979 年版，第 90 页。

"观其灵迹，乃开士（菩萨）之化；大法萌兆，已见周初；感应之渐，非起汉世。"①唐代道宣亦有："此则佛化之初及也②。"这些都将《列子》中具有神通的西极化人视为早期入华的佛教僧人。同时，《列子》还为孔子与佛教提供了论据。如《列子》卷四所载："商太宰大骇曰：'然则孰者为圣？'孔子动容有间曰：'西方之人，有圣者焉，不治而不乱，不言而自信，不化而自行，荡荡乎民无能名焉。'"③根据《列子》的说法，孔子本人以及三王、五帝、三皇等虽博学善任，但都并非圣者，真正的圣者是"西方之人"。对此，唐代僧人道宣在《归正篇》中曾引之曰："据斯以言，孔子深知佛为大圣也。"④虽然佛教界多以《列子》为佛教入华之证据，但是《列子》其书，当前学术界基本认定为伪书，是魏晋时人所伪造的。这里关于西方圣人的描述，应当是魏晋玄佛交融的产物，是"信仰佛教的老庄学者对佛教进行的美化"⑤。

2. 秦汉时期

根据现有文献，基本确定佛陀的生活时代相当于中国的周王朝。那么，佛教是否有可能在秦始皇时期传入中国？对此，有学者认为并不能排除这种可能性。例如梁启超先生就曾指出，印度阿育王派遣的 256 名宣教师，在中印海陆交通似已开放的情况下，"或有至中国者，其事非不可能"⑥。在历代护教文献中，关于秦始皇与佛教的传说也屡屡见之，其中两则，在中国佛教发展史上产生了重要影响。其一是外国沙门释利防等携经入华的传说。此说可见于唐代僧人法琳的《对傅奕废佛僧事》，费长房的《历代三宝记》等古籍。其情节大致为：释利防等外国僧人携佛经见秦始皇，并被其囚禁。夜晚有金刚神破狱救出僧人，而始皇惊怖，稽首谢焉。其二是《史记·始皇本记》所载："又始蒙恬渡河，取高阙、陶山、北假中，筑亭障以逐戎人。徒谪实之初县。禁不得祠明星出西方。"有学者认为，这里的"不得"即为"佛陀"，于是，"禁不得祠明星出西方"，是禁止佛祠的意思⑦。对此，汤用彤先生在《汉魏两晋南北朝佛教史》一书中指出，这里的"禁不得祠明星出西方"是禁止秦人民间私祀，而与佛教无关。因此，他推论佛教在始皇时入华是不可信的。

汉朝关于佛教入华的传说，最典型的要数汉武帝刘彻时的相关记载。在佛教典籍中，汉武帝与佛教的故事常见有三种。

---

① 《弘明集》卷十四，《大正藏》第 52 册，第 95 页。
② 《广弘明集》卷二十五，《大正藏》第 52 册，第 285 页。
③ 杨伯峻：《列子集释》，第 120-121 页。
④ 《广弘明集》卷一，《大正藏》第 52 册，第 98 页。
⑤ 汤用彤：《汉魏两晋南北朝佛教史》，商务印书馆 2015 年版，第 54 页。
⑥ 梁启超：《佛学研究十八篇》，上海古籍出版社 2009 年版，第 20 页。
⑦ 详见汤用彤：《汉魏两晋南北朝佛教史》，商务印书馆 2015 年版，第 9 页。

一为东方朔劫火之说。"劫"是印度佛教的时间观念，"一劫"即世界从成立到毁灭的过程。在印度佛教看来，世界总是处于成、住、坏、空的循环中。当世界处于"坏劫"之末时，就会发生大火灾，烧尽三千世界。因此，"劫烧"是佛教的典型说法。宗炳《明佛论》中有"东方朔对汉武劫烧之说"①。东方朔言及"劫火"，若此说可信，则汉武帝时佛教不仅已经入华，而且其教义已经被接受和理解。但是，《高僧传·竺法兰传》论及此事时，其记载却有出入："又昔汉武穿昆明池，底得黑灰，问东方朔。朔曰：'不知，可问西域胡人。'后法兰既至，众追以问之。兰云：'世界终尽，劫火洞烧，此灰是也。'朔言有征，信者甚众。"②根据《高僧传》的记载，东方朔并不知劫灰。因此，此说的可信度不高。

二是张骞西域闻浮屠之教。《魏书·释老志》："及开西域，遣张骞使大夏还，传其旁有身毒国，一名天竺，始闻有浮屠之教。"③根据《魏书·释老志》的说法，张骞曾向汉武帝论及佛教。然而，《史记》《汉书》《后汉书》等都未论及张骞对佛教的关注。虽然张骞出使西域有机会接触到佛教，但是，他是否注意到佛教，并回国向汉武帝提及佛教，这还需要更多的文献材料论证。

三是休屠王金人说。《世说·文学》注载："《汉武故事》曰：'昆邪王杀休屠王，以其众来降。得其金人之神，置之甘泉宫。金人皆长丈余，其祭不用牛羊，唯烧香礼拜。上（汉武帝）使依其国俗事之。'此神全类于佛。岂当汉武之时，其经未行于中土，而但神明事之耶？"《魏书·释老志》也有类似的记载，并指出"此则佛道流通之渐也"。《世说》《魏书》等典籍都明确指出这里的金人即为佛像，汉武帝烧香礼拜佛像的记载，更是明确表明汉武帝时期佛教流传的情况。然而，汉武帝时代，印度还未形成佛像制作的传统，再加上匈奴人有祭天的习俗，他们祭天以金人为主。因此，当代学者亦多认为此说不可信。

佛教入华传说在历代护教文献中多有记载，其可信度虽然不高，也未必具有文献考古价值，但是却仍然值得我们重视。特别是在资料缺乏的历史背景下，它们在很大程度上表现出佛教的发展状况，有利于我们借此了解佛教的发展历史。以周朝佛教传说为例，佛教徒之所以将佛的出生与周王朝相附益，其原因大致为阻塞其时关于"有佛则虐政祚短"的流言。周王朝是中国历史上延续时间最长的朝代，前后相继近800年。因此，若周王朝时，佛教已经流行于中国，那么，关于佛教虐政祚短的流言亦可以不攻自破。

二、佛教入华的时间

如上文所述，佛教最初入华也许并未引起当时人的广泛关注，再加上相关传说的不断

---

① 《弘明集》卷二，《大正藏》第 52 册，第 12 页。
② 《高僧传》卷一，《大正藏》第 50 册，第 323 页。
③ （北齐）魏收撰：《魏书》，中华书局 1974 年版，第 3025 页。

附益夸饰，佛教最初传入内地的确切年代已难考究。然而，佛教作为一种宗教，零散传入并不能在思想文化史上产生意义，只有同时具备佛、法、僧三宝，才算作真正进入中原。因此，尽管佛教入华的最初情况难以确知，但是，根据现有资料，学界和教界都基本认同佛教是西汉末年至东汉初年传入中原的。

据考证，于史有征的关于佛教入华的最早记载为"伊存授经"。该事件发生于西汉哀帝元寿元年，即公元前 2 年。学术界一般以此为佛教入华的标志。"伊存授经"最初载于《魏略·西戎传》，虽然此书已佚，可幸相关记载通过《三国志·魏书·乌丸鲜卑东夷传》裴松之注得以保留下来。另外，《世说·文学篇注》《魏书·释老志》《隋志》《辩正论》《太平御览·四夷部》等典籍亦载有相关内容。《三国志》注所引《魏略·西戎传》："昔汉哀帝元寿元年，博士弟子景庐受大月氏王使伊存口授《浮屠经》曰复立者其人也。《浮屠》所载临蒲塞、桑门、伯闻、疏问、白疏闲、比丘、晨门，皆弟子号也。浮屠所载与中国老子经相出入，盖以为老子西出关，过西域之天竺，教胡。浮屠属弟子别号，合有二十九，不能详载，故略之如此。"①按照此文，大月氏使者伊存来华，向博士弟子景庐口授《浮屠经》。浮屠，即梵文 Buddha 之音译，后世译作"佛陀"。因此，《浮屠经》也即《佛陀经》《佛经》。"复立"一词，汤用彤先生认为应作"沙律"解；方广锠先生则认为"复立"即"复豆"，亦即"浮屠""佛陀"。结合上下文，本书以为方先生所解为佳。同时，方先生还进一步推论《浮屠经》是现在可以考知的第一部汉译佛经，它并非一部完整的佛经翻译，而应是某经的节译或诸经的撮要②。《浮屠经》自译出后，以多种抄本的形式流传于世。因此，尽管该经已佚，但是，它的存在与流传确当属实，这也从侧面证实了"伊存授经"的真实性。可以说，《浮屠经》的传入与汉译，标志着中国佛教的开端。因此，目前学术界多以"伊存授经"为佛教传入中原之起始。同时，值得引起注意的是，"伊存授经"所涉及的主人公——景庐和伊存都非佛教僧人，景庐是博士弟子(即汉代博士官所教授的学生)，伊存则是一位居士，因此，严格来说，"佛法僧"三宝并未齐备，故而佛教界对于佛教入华时间的认识又有不同。

佛教界一般认为，佛教传入中原应以"永平求法"为标志。该事件发生于东汉明帝永平年间，大致在公元 60 年至 70 年间。该事件在《理惑论》《四十二章经序》《老子化胡经》《后汉纪》《明佛论》《后汉书》《冥祥记》《出三藏记集》《高僧传》《真诰》《水经·穀水注》《洛阳伽蓝记》《魏书·释老志》《汉法本内传》以及王度《奏疏》等诸多典籍中都有记载③。其中，《四十二章经序》与《理惑论》的写作时间相差不远，内容也基本一致。据汤用彤先生考据，

①　(晋)陈寿撰，(宋)裴松之注：《三国志》，中华书局 1959 年版，第 859-860 页。

②　方广锠：《〈浮屠经〉考》，《法音》1998 年第 6 期。

③　汤用彤先生对这些不同版本的内容进行了比较分析，详见《汉魏两晋南北朝佛教史》，商务印书馆 2015 年版，第 15-20 页。

《四十二章经序》著于东汉，是关于"永平求法"的最早记载，《理惑论》所言应是在《经序》基础上的修改增益①。具体来说，《四十二章经序》曰："昔汉孝明皇帝，夜梦见神人，身体有金色，项有日光，飞在殿前，意中欣然，甚悦之。明日问群臣：'此为何神也?'有通人傅毅曰：'臣闻天竺，有得道者，号曰佛，轻举能飞，殆将其神也。'于是上悟，即遣使者张骞、羽林中郎将秦景、博士弟子王遵等十二人，至大月支国，写取佛经《四十二章》，在第十四石函中，登起立塔寺。于是道法流布，处处修立佛寺。远人伏化，愿为臣妾者，不可称数，国内清宁。含识之类，蒙恩受赖，于今不绝也。"②总括《四十二章经序》与《牟子理惑论》，"永平求法"的基本情节包括夜梦金人、遣使求法、修寺立塔三部分。但是，历史上关于"永平求法"的记载却极为多样，特别是东汉以后，其内容愈趋繁复。究其原因，主要是佛教徒为了在佛道之争中取得优势，而附益了诸多夸张与神异的内容。例如西晋末年道士王浮在《老子化胡经》中将老子化胡与永平求法相结合，添加了佛陀的悟道、涅槃等情节；南齐王琰《冥祥记》则着力于出使求法者带回外国僧人、释迦画像等情节；《汉法本内传》更是增添了佛道斗法的神怪内容……正是因为后世关于"永平求法"的记载充满夸张与神异，不少学者对此事的真实性持怀疑态度。对此，汤用彤先生有言："求法故事虽有可疑，然不能因此即斥《牟子》《经序》所传说毫无根据。至若果何所据，而加以附会，杂以误传，则书阙有间，非二千年后人所应妄度。凡治史者，就事推证，应有分际，不可作一往论断，以快心目。求法故事虽有可疑，而是否断定即全无其事则更当慎重。"③事实上，排除夸张与神异的内容，汉明帝遣使求法一事应当属实。一方面，东汉时候，佛教已在大月氏广为盛行，并且大月氏对中国佛教的发展起关键作用。如前所述《浮屠经》就是大月氏使者口授传入。因此，明帝遣使赴大月氏取经是很自然的。另一方面，自张骞凿空西域后，汉地与西域的交通一直没有中断，为明帝遣使求法提供了条件。因此，当代学界基本认同"永平求法"的传说并非空穴来风，而是有其根据的。同时，学界仍坚持"永平求法"并非佛教入华的起始时间。仅就传说本身分析，汉武帝夜梦金人，傅毅即知此为天竺得道者，号曰"佛"。据此即知，"永平求法"之前，佛教已经流传于东汉朝堂，并受到上层士大夫的关注。然而，后世佛教徒，甚至统治阶级都乐于将此视为佛教入华的起始，《后汉纪》《后汉书》等史书亦持此观点。对此，汤用彤先生指出大概是因为汉明帝为一代明君，以他夜梦金人遣使求法的传说为佛教的起始，可以为佛教的发展提供便利，"汉明为一代名君，当时远人伏化，国内清宁，若谓大法滥赏于兹，大可为僧迦增色也"④。

---

① 详见汤用彤：《汉魏两晋南北朝佛教史》，商务印书馆 2015 年版，第 21 页。
② 《出三藏记集》卷第六，《大正藏》第 55 册，第 42 页。
③ 汤用彤：《汉魏两晋南北朝佛教史》，商务印书馆 2015 年版，第 23 页。
④ 汤用彤：《汉魏两晋南北朝佛教史》，商务印书馆 2015 年版，第 26 页。

综上所述，虽然"伊存授经"与"永平求法"并不一定是佛教入华的最早时间，但是，两者都于史有征，并且对中国佛教的发展具有重要影响。因此，被视为佛教入华的标志。事实上，佛教入华并非一蹴而就，而是逐步传入并发展的，其时间大约西汉末年至东汉初期，即公元 1 世纪左右。

三、佛教入华的路线

目前，学界基本认同印度佛教传入中国存在三种不同路线。具体来说：一是陆上丝绸之路，即通过西域诸国向长安、洛阳等地区传播；二是海上丝绸之路，即经过南海传入江淮地区；三是川滇缅道，即经过缅甸、滇国而传入蜀地。鉴于现存资料有限，学界至今未能就佛教最早传入中国的路线形成一致观点。但是，毋庸置疑，在中国佛教发展史上，这三条路线显然都发挥着各自的作用。

1. 陆上丝绸之路

公元前 2 世纪，汉武帝曾先后两次派遣张骞出使西域。张骞的出使凿空了中西交通，打开了中国与中亚、西亚、南亚的陆路交通。张骞西行的路线就是后来所说的"丝绸之路"。自此以后，这条丝绸之路上的往来愈趋繁盛，成为中西交通的重要通道。对于此路线的具体情况，《汉书·西域传》有相关记载："自玉门、阳关出西域有两道。从鄯善傍南山北，波河西行至莎车，为南道；西逾葱岭则出大月氏、安息。自车师前王庭随北山，波河西行至疏勒，为北道；北道西逾葱岭则出大宛、康居、奄蔡焉。"[1]可以说，陆上丝绸之路是汉代东西交通的主要干道。其北道自敦煌出玉门关北上至高昌、焉耆、龟兹、疏勒，可至康居、大宛；南道则自敦煌向西行，经楼兰、鄯善、于阗、莎车、葱岭，至大月氏、大夏、安息。同时，南道自莎车向南行，可到达罽宾、印度。张骞凿空丝绸之路，不仅为商人贸易提供了条件，亦有助于文化的传播与交流。汤用彤先生在《汉魏两晋南北朝佛教史》一书中，通过对"伊存授经""永平求法"等佛教入华事件真实性的考证，指出佛教向中原的传播，首先由大月氏、康居、安息等国，通过陆路向东传播。甚至魏晋初期，在中国佛教发展初期起重要作用的译经僧人，如安息国的安世高、大月氏的支娄迦谶、竺法护等，亦大部分来自西域诸国，他们通过陆上丝绸之路进入中原，并极大地推进了佛教的传播和发展。汤用彤先生的观点得到大多数学者的认同，但是，由于考古成果的不断出现，一些学者也对此存在质疑，认为海上丝绸之路，甚至川滇缅道形成的时间更早。

---

① （汉）班固撰：《汉书》，中华书局 1964 年版，第 3872 页。

2. 海上丝绸之路

近代以来，考古学者在长江流域发现大量汉末魏晋时期与佛教相关的文物。有学者据此指出，海上丝绸之路应该早于陆上丝绸之路，是佛教最初传入中原的主要路线。《汉书·地理志》载有关于此道的详细情况："自日南障塞、徐闻、合浦，船行可五月，有都元国；又船行可四月，有邑卢没国；又船行可二十余日，有谌离国；步行可十余日，有夫甘都卢国。自夫甘都卢国，船行可二月余，有黄支国，民俗略与珠崖相类，其州广大户口多，多异物，自武帝以来皆献见。有译长属黄门，与应募者俱入海，市明珠、璧流离、奇石异物，赍黄金杂缯而往，所至国皆禀食为耦，蛮夷贾船，转送致之。亦利交易，剽杀人。又苦逢风波溺死，不者数年来还。大珠至围二寸以下。平帝元始中，王莽辅政，欲耀威德，厚遗黄支王，令遣使献生犀牛。自黄宗船可行八月，到皮宗；船行可二月，到日南、象林界云。黄支之南有已程不国，汉之译使自此还矣。"①根据上述引文，西汉平帝刘衎元始年间（即公元 1 年—公元 5 年），黄支国（南印度古国）到日南（今越南）的海路，也即印度到中国的海路已经开通。《后汉书·西域传》《后汉书·蛮夷列传》等亦多次记载中原与西域各国的海上交通情况。缘于此，当代学者多认为海上丝绸之路的开辟时间是西汉中晚期至东汉。海上丝绸之路连通了亚洲、欧洲、非洲，实现了地中海、印度洋和南海的通航，不仅极大地方便了商贾贸易，也同样带动了佛教的传播。东晋高僧法显西行求法返航时就是通过海路自印度洋，经过南海回国的；天竺僧人求那跋陀罗、真谛等人亦通过海路来华。

3. 川滇缅道

川滇缅道，是经缅甸、到达滇国，再进入蜀地以及中原内陆的陆上通道，连通了印度与中国西南地区的交通，也被称为"西南丝绸之路"。关于这条通道，《史记·西南夷列传》记载曰："及元狩元年，博望侯张骞使大夏来，言居大夏时见蜀布、邛竹杖，便问所从来。曰：'从东南身毒国，可数千里，得蜀贾人市。'或闻邛西可二千里有身毒国。骞因盛言大夏在汉西南，慕中国，患匈奴隔其道，诚通蜀，身毒国道便近，有利无害。于是天子乃令王然于、柏始昌、吕越人等，使间出西南夷，指求身毒国。至滇，滇王尝羌乃留，为求道四十余辈。岁余，皆闭昆明，莫能通身毒国。"②元狩元年即公元前 122 年。张骞出使大夏时，看见大夏当地有巴蜀出产的蜀布、邛竹杖等，经打听才知道这些东西是大夏商人从身毒国购买的。回国后，张骞向汉武帝报告了这件事，并建议从蜀地往西南开辟大夏与

---

① （汉）班固撰：《汉书》，中华书局 1964 年版，第 1671 页。
② （汉）司马迁撰：《史记》，中华书局 1963 年版，第 2995-2996 页。

中原的陆上通道。此道若开通，可以避开匈奴人的侵扰，有利无害。汉武帝听从了张骞的建议，派遣王然于等人出使西南夷，并继续探索西南方向通往身毒国的陆上通道。虽然此行最终以失败告终，但是，汉武帝时，身毒国出现巴蜀地方特产，亦可以表明此时民间或有陆上通道可以通行。其具体路线，有学者考证，应是由川西北上，进入青海湖地区，西行过柴达木盆地，穿越西域南山，继续西行，逾葱岭，至西北印度①。如果此道确在汉初即以形成，那么，随着商贸交换，佛教亦可能通过其传入中国西南地区。近代以来，四川彭山出土的彭山陶座雕像，什邡佛塔画像砖等文物都表明除了丝绸之路，佛教还通过南路传入中原。虽然汉武帝并未凿空此道，但是，自东汉设立永昌郡以后，川滇缅通道正式成为官道，极大地促进了印度、缅甸与中原的贸易交流，而佛教亦得以通过此陆上通道而向中国西南传播。

总而言之，关于佛教最早传入中国的道路虽然还存在争议，但是，不可否认，佛教入华的通道是多样的，通过陆上丝绸之路、海上丝绸之路以及西南丝绸之路，佛教得以传入中国内陆，并最终形成中国三大传统文化之一。

第二节　汉魏：佛教初传

汉魏三国是佛教传入中国的初期。此时黄老方术、仙道迷信等盛行，佛教为了迎合当时的社会风气，不得不依附于黄老，因而，佛教一度被视为神仙祠祀的一种，佛教僧人也被视为具有神通的“道人”。甚至到三国末期，佛教义理已经有较为系统的介绍，大乘、小乘佛教经文都有较为典型的译籍，但是，佛教仍然被视为灵异之术。虽然如此，汉魏三国时期，外来译经僧广泛而系统地介绍并翻译佛典，为佛教的发展起到重要的开拓作用。

一、东汉佛教

佛教入华初期的发展是艰难、缓慢且曲折的。虽然我们认为西汉末期至东汉早期，佛教已经传入中原地区。但是，佛教在中原的发展一直未产生较大影响。对此，《高僧传·摄摩腾传》曾有相关记载：“但大法初传，未有归信，故蕴其深解，无所宣述。”②据《高僧传》记载，摄摩腾是随着汉明帝永平求法而进入中原的，尽管学界至今仍对摄摩腾其人真实性存有质疑，但是，这段记载对我们关注佛教传入初期的发展状况是有意义的。佛教义

---

① 详见吴焯：《张骞指求的身毒国应该是哪些路线》，《南亚研究》1998 年第 1 期。
② 《高僧传》卷一，《大正藏》第 50 册，第 322 页。

理深奥难懂，再加上两种不同文化之间的隔阂，因此，佛教传入早期少有信徒，以致摄摩腾传法"无所宣述"，最后遗憾离世。这种情况，直至东汉末年才真正有所改变。因此，本书所指东汉佛教的发展，主要以东汉末期，即桓灵二帝时期为主要时段。

1. 东汉佛教的发展

东汉末年，政治腐败，宦官、外戚专政擅权，他们横征暴敛，贪聚无厌。百姓衣食无着，农民暴动时有发生。可以说，社会动荡不安为佛教的发展提供了有利条件。同时，在思想文化方面，儒家经学的独尊地位发生动摇，亦促进了佛教教义的传播。具体来说，东汉佛教的发展主要表现在以下几个方面：

（1）依附黄老

秦汉以来，中国大一统王朝建立并逐渐稳定。统一帝国的建立使得统治者迫切希望长生久治，因此，他们大力提倡神学与迷信。神学与迷信一方面可以为君权统治建立合法性，另一方面有利于对百姓的精神控制。于是，秦汉时期，尤其是东汉以后，神学极其盛行。从儒家的谶纬神学，到道家的黄老方术，神学已经融入统治秩序与日常生活。佛教作为外来宗教，在汉代被视为道家黄老方术的一种，得到当时社会的关注与接受。

汉代佛教依附于黄老方术，主要表现形式是"祭祀"，学说背景为鬼神报应。佛教传入中国初期，汉人对佛教的理解未深，加上佛教神明不灭，阿罗汉飞行变化等主张，更使得浮屠成为与黄老类似的神鬼崇拜。东汉明帝时，楚王刘英学为浮屠斋戒祭祀一事，即反映了佛教传入中原初期的发展情况。据《后汉书·楚王英传》载："英少时好游侠，交通宾客，晚节更喜黄老，学为浮屠斋戒祭祀。八年，诏令天下死罪皆入缣赎。英遣郎中令奉黄缣白纨三十匹诣国相曰：'托在蕃辅，过恶累积，欢喜大恩，奉送缣帛，以赎愆罪。'国相以闻。诏报曰：'楚王诵黄老之微言，尚浮屠之仁祠，絜斋三月，与神为誓，何嫌何疑，当有悔吝？其还赎，以助伊蒲塞桑门之盛馔。'因以班示诸国中傅。英后遂大交通方士，作金龟玉鹤，刻文字以为符瑞。"[1]根据上述记载，可以看出，汉代王室将浮屠与黄老并提，视佛教为黄老方术的一种。楚王刘英"晚节更喜黄老，学为浮屠斋戒祭祀"；明帝诏书曰："楚王诵黄老之微言，尚浮屠之仁祠"，这些记载都将浮屠与黄老并提，视佛教为祭祀的一种。无独有偶，在楚王英奉佛一百年之后，又有关于桓帝浮屠老子并祀的记载："楚王英始信其术，中国因此颇有奉其道者。后桓帝好神，数祀浮图、老子，百姓稍有奉者，后遂转盛。"[2]汉桓帝极端信奉黄老，希望通过祭祀黄老求得祥瑞、延长寿命，他不仅在宫中亲祠老子，还在老子故乡建老子庙并多次派人前往祭祀。同时，他与楚王英一样，将黄老与

---

[1] （南朝宋）范晔撰：《后汉书》，中华书局 1965 年版，第 1428-1429 页。

[2] （南朝宋）范晔撰：《后汉书》，中华书局 1965 年版，第 2922 页。

浮屠并祀。对此《后汉书·桓帝纪》载："前史称桓帝好音乐，善琴笙。饰芳林而考濯龙之宫，设华盖以祠浮屠、老子。"《后汉书·襄楷传》襄楷上桓帝奏议亦载："又闻宫中立黄老、浮屠之祠。"从楚王英、桓帝等祭祀浮屠的行为，可以看出，佛教在汉代被视为一种"道术"，是黄老之术的一种，其意义主要在于求得长生久治。

另一方面，佛教依附于黄老方术，还表现为对时人乐尚异术方技的附会。汉代僧人多习异术方技，如《神僧传》所载安息僧人安世高，"幼以孝行见称，加又志业聪敏，克意好学，外国典籍及七曜五行医方异术，乃至鸟兽之声，无不综达。尝行见群燕，忽谓伴曰：'燕云应有送食者。'顷之，果有致焉。众咸奇之，故隽异之声，早被西域"。①《出三藏记集·安世高传》亦载：安世高"七曜五行之象，风角云物之占，推步盈缩，悉穷其变。兼洞晓医术，妙善针脉，睹色知病，投药必济。乃至鸟兽鸣呼，闻声知心。于是俊异之名，被于西域，远近邻国，咸敬而伟之"。② 安世高是汉代最具代表性的译经僧，但是，其传播教义仍需要借助异术方技，以获得更大的影响力和号召力。甚至到三国、魏晋时期，这种借助异术方技传播佛教经义的方式还有明显的影响力。

（2）翻译佛经

东汉年间，中原地区的僧人基本是来自印度和西域的外国僧人，他们所从事的佛教活动以佛经翻译为主。对此，梁僧佑在《出三藏记集》中有过总结："泊章、和以降，经出盖缺，良由梵文虽至，缘运或殊，有译乃传，无译则隐，苟非其人，道不虚行也。迄及桓、灵，经来稍广，安清、朔佛之俦，支谶、严调之属，飞译转梵，万里一契，离文合义，炳焕相接矣。"③东汉初期，传入中原的佛经较少，即便有佛经传入也未经翻译，因此佛教经义并未得到广泛的传播。目前可考的东汉早期存在的汉译佛经仅有上文提到的《四十二章经》和《浮屠经》。正因为佛经的缺乏，时人对佛教的理解还不深刻，多将其比附于黄老道教。直到东汉末年，这种情况才发生变化。汉桓帝、灵帝时期，来自印度、西域的外国僧人不断进入中原，他们带来大量的佛经并亲自从事佛经翻译活动，至此，佛教才真正在中原地区发展起来。

东汉译经僧人，主要以外国僧人为主，其中以安世高、支娄迦谶、竺朔佛、严佛调等僧人最具代表性。他们翻译了大量的佛经，包含大小乘佛教教义。根据《出三藏记集》记载，东汉末年，桓帝、灵帝、献帝在位的四十余年时间里，中原地区流传汉译佛典54部、74卷；据《开元释教录》统计，"从明帝永平十年丁卯至献帝延康元年庚子，凡一十一帝，一百五十四年，缁素一十二人，所出经、律并新旧集失译诸经，总二百九十二部，三百九

---

① 《神僧传》卷一，《大正藏》第50册，第948页。
② 《出三藏记集》卷十三，《大正藏》第55册，第95页。
③ 《出三藏记集》卷二，《大正藏》第55册，第5页。

十五卷"。① 虽然各经录统计数据不同，但是，仍然可见，东汉后期僧人译经活动蔚然成风，大力促进了佛教的传播和发展。

早期佛经翻译，一般包括两道甚至三道工序。或由外僧口译，汉僧笔受。如《高僧传》记载安玄与严佛调共译《法镜经》时所述："玄口译梵文，佛调笔受。"②严佛调是中土第一位出家僧人，他擅长胡语，巧于传译，且能以佛理著书，因此汤用彤先生称其为"中华译经助手之最早者""中土第一位出家的僧人"③；或先口诵，再经传译，最后笔受。如《出三藏记集》所记翻译《般舟三昧经》的情形，"朔又以灵帝光和二年于洛阳译出《般舟三昧经》，时谶纬传言，河南洛阳孟福、张莲笔受"④。可知，此经的翻译先后经历三道工序，即先由竺朔佛"口授"，再由支谶"传译"，最后由孟福、张莲"笔受"。因为语言文化的隔阂，早期佛经翻译程序较为复杂，且口译与笔受的分离，使得佛经在翻译过程中难免出现失误。同时，佛经中的一些梵语词汇在汉语中没有对等的翻译，因此，只能生造意译。对此，僧佑《出三藏记集》中载："天竺国自称书为天书，语为天语，音训诡蹇，与汉殊异，先后传译，多致谬滥。"⑤可见，将"天书""天语"的梵文佛经译为汉文，对早期佛经翻译者来说，是一件极其艰难的任务。因此，对东汉时期的译经僧人来说，忠实反映佛经原文是其译经的主要目标。与此相应，他们的译经风格总体注重直译，"弃文存质"，不多加修饰。

（3）笮融祠奉佛建寺

笮融是东汉佛教史上有名的佛教信徒。他一方面笃信佛教，兴修佛寺，组织多种佛教活动；另一方面，他又屡屡失信，多有恶行。《三国志·吴志·刘繇传》对笮融的生平记载如下："笮融者，丹阳人。初聚众数百，往依徐州牧陶谦。谦使督广陵、彭城运漕，遂放纵擅杀，坐断三郡委输以自入。乃大起浮图祠，以铜为人，黄金涂身，衣以锦采，垂铜九重，下为重楼阁道，可容三千余人，悉课读佛经，令界内及旁郡人有好佛者听受道，复其他役以招致之，由此远近前后至者五千余人户。每浴佛，多设酒饭，布席于路，经数十里，民人来观，及就食且万人，费以巨亿计。"⑥上述引文对笮融奉佛事件有较为清晰的记载。兴修佛寺，组织讲经集会，布施数十里等，可以说，笮融的奉佛行为极度奢华，且已经有了与黄老方术相区别的自觉。但是笮融本人却并不遵守佛教戒律，杀人饮酒，抢劫欺瞒等，以致最终战败逃亡，被山民杀死。正因为笮融是一个极端矛盾的佛教信徒，因此，

---

① 《开元释教录》卷一，《大正藏》第 55 册，第 477 页。
② 《高僧传》卷一，《大正藏》第 50 册，第 324 页。
③ 汤用彤：《汉魏两晋南北朝佛教史》，商务印书馆 2015 年版，第 54 页。
④ 《出三藏记集》卷十三，《大正藏》第 55 册，第 95 页。
⑤ 《出三藏记集》卷十三，《大正藏》第 55 册，第 95 页。
⑥ （晋）陈寿撰：《三国志》，中华书局 1964 年版，第 1185 页。

多有反佛者借此攻击佛教。对此，《正诬论》反驳道："正曰：此难不待绳约而自缚也。夫佛教率以慈仁，不杀忠信，不衒廉贞，不盗为首。老子云：兵者不祥之器，迩者凶。融阻兵安忍，结附寇逆，犯杀一也。受人使命，取不报主，犯欺二也。断割官物，以自利入，犯盗三也。佛经云不以酒为惠施，而融纵之，犯酒四也。诸戒尽犯，则动之死地矣。譬犹吏人解印脱冠，而横道肆暴，五尺之童，皆能制之矣。笮氏不得其死，适足助明为恶之获殃耳。"①文章细数笮融所犯杀戒、欺戒、盗戒等，并强调笮融侍佛不忠，屡屡犯戒，因此才未得善终。

笮融大兴佛寺是正史中最早的兴建佛寺的记录，同时，首次记载了当时民间信仰佛教的情形，因此，对研究汉代佛教发展情况具有重要意义。

2. 东汉主要译经僧

尽管汉初已有《四十二章经》《浮屠经》等汉译佛典，但是，汉代大规模的翻译佛典还是在东汉后期。此时的译经僧主要有安世高、竺朔佛、支娄迦谶、支曜、安玄、康居、严浮调、康孟详、竺大力、昙果等，其中，安世高、支娄迦谶是东汉最具代表性的译经僧人。

（1）安世高

安世高，名清，又称为安侯。原为安息国太子。安息国王逝世后，他"让国与叔，出家修道"。汉桓帝初年入华传法。安世高是汉代译经僧中的代表，所译经文"为群译之首"②。至于安世高所译经文的数量，各文献记载不同。《高僧传》载："其先后所出经、论，凡三十九部"；《出三藏记集》载："右三十四部，凡四十卷，汉桓帝时，安息国沙门安世高所译出。其《四谛》《口解》《十四意》《九十八结》，安公云'似世高撰也'"；隋代费长房《历代三宝记》载，安世高所出佛经一百七十六部，一百九十七卷；唐代智升在《开元释教录》中载安世高译经九十五部，一百一十五卷。目前，学界一般以《出三藏记集》所录释道安著录为标准。其中，《安般守意经》与《阴持入经》是其译经代表作。

安世高擅长"禅数之学"，即"阿毗昙学"和"禅学"，他翻译的佛典主要是印度小乘佛教经典。僧佑《安世高传》赞其"博综经藏，尤精阿毗昙学，讽持禅经，略尽其妙"③；道安《阴持入经序》亦称："其所敷宣，专务禅观，醇玄道数，深矣远矣，是经其所出也。"④

所谓"阿毗昙学"即"数法"，指借助数字对佛教教义进行分类的方法，如佛教所谓的"四圣谛""五取蕴""十二因缘"等。《阴持入经》是安世高弘扬"阿毗昙学"的重要经典。其

---

① 《弘明集》卷第一，《大正藏》第 52 册，第 8 页。
② 《出三藏记集》卷十三，《大正藏》第 55 册，第 95 页。
③ 《出三藏记集》卷十三，《大正藏》第 55 册，第 95 页。
④ 《出三藏记集》卷六，《大正藏》第 55 册，第 44 页。

中，"阴"指色、受、想、行、识"五阴"；"入"指"十二处"，即眼、耳、鼻、舌、身、意"六根"以及色、香、味、触、法"六境"；"持"指"十八界"，即在"十二处"基础上再加上眼识界、耳识界、鼻识界、舌识界、身识界、意识界等"六识"。该经通过建立"五阴""十二处""十八界"等佛教"三科"，宣传"无我"思想，以破除"我执"，实现解脱。

所谓"禅学"即"禅定"，指通过数息使心专一的禅法。《安般守意经》是安世高弘扬"禅学"的重要经典。其中，"安般"指呼吸，"守意"指专心于禅，"安般守意"即寄禅心于呼吸之间。安世高之禅法，一方面契合了汉代人崇尚吐纳呼吸之术的心理，另一方面，将佛教教义与数息法门相综合，因此风行于当时。韩林、皮业、陈慧等东汉著名的行禅者都师从安世高，甚至后世高僧道安、慧远等都深受其影响。

（2）支娄迦谶

支娄迦谶，又称为支谶，月支人。桓灵二帝之际游方至洛阳，并于灵帝光和、中平年间在洛阳翻译佛典。他所出大乘般若学经典在中国佛教史上意义重大，因此，有学者称他为"汉地最早传译大乘经典的一代译师，也是汉地最先传译大乘般若性空思想的著名高僧，还是汉地传译文殊般若信仰的先驱"①。关于支娄迦谶的生平，《出三藏记集·支谶传》有简略记载："支谶本月支国人也。操行淳深，性度开敏，禀持法戒，以精勤著称。讽诵群经，志存宣法，汉桓帝末，游于洛阳。以灵帝光和、中平之间，传译胡文，出《般若道行品》《首楞严》《般舟三昧》等三经。又有《阿阇世王》《宝积》等十部经，以岁久无录，安公校练古今，精寻文体，云：'似谶所出'。凡此诸经，皆审得本旨，了不加饰，可谓善宣法要，弘道之士也。后不知所终。"②可以看出，支谶译经风格与安世高类似，均以直译为主，不重文饰。

在支谶的译经活动中，天竺僧人竺朔佛是其重要的合作者。竺朔佛于汉桓帝末年来华，其译经场所亦在洛阳，多与支谶合作翻译梵文佛典。《道行般若经》是两人合作汉译的重要经典之一。关于此经的翻译，《出三藏记集》或载其为竺朔佛所译，共一卷；或载其为竺朔佛口授、支谶传译、孟元士笔受。据汤用彤先生考证，十卷本《道行般若经》确为竺朔佛口授、支谶传译。《道行般若经》是最早翻译到中国的大乘般若经，自支谶传译后，出现多种同本异译的译本，如三国高僧支谦所译的《大明度无极经》、东晋高僧鸠摩罗什所译的《小品般若波罗蜜经》、唐代玄奘所译的《大般若经》等。可以说，支谶等人翻译《道行般若经》为大乘佛法的传播和发展起到重要的开拓作用。

同时，支谶与竺朔佛还合作翻译了佛典《般舟三昧经》。《般舟三昧经》将大乘佛教"诸法性空"的理论应用到修行实践中，以修行"般舟三昧"为主要内容，是汉末西晋较为流行

---

① 赖永海主编：《中国佛教通史》第一卷，江苏人民出版社 2010 年版，第 178 页。

② 《出三藏记集》卷十三，《大正藏》第 55 册，第 95 页。

的大乘禅法。

二、三国佛教

三国时期，中国佛教较汉代有了进一步发展，译经、撰述有了明显变化，转读、梵呗等佛教艺术逐渐兴起，大乘佛教般若学逐渐繁盛。具体来说，魏国、吴国的佛教发展较为典型，形成了洛阳、建业两个佛教重镇。蜀国佛教的发展情况，因为缺乏相关文字记载，无法详细追溯。但是近年来，考古资料的陆续出现，亦说明佛教在蜀国有相当程度的发展。囿于资料限制，我们在此主要以魏国、吴国为主，管窥三国时期中国佛教的发展状况。

1. 魏国佛教

东汉末年，黄老方术、神仙祭祀等盛行于世。据载，自城阳景王刘章因有功于汉，其封国为他立祠，青州诸郡争相效仿，仅济南一地就建有六百余祠。淫祀不绝，奢侈日盛，民坐贫穷。神仙巫术的发展，已经影响到正常的生活秩序，甚至形成威胁统治集团的造反力量。有鉴于此，曹魏政权明令禁止黄老方术、神仙祭祀等"淫祀"活动。《三国志》注引《魏书》记载曰："太祖到，皆毁坏祠屋，止绝官吏不得祠祀。及至秉政，遂除奸邪鬼神之事，世之淫祀由此遂绝。"①魏文帝曹丕亦禁止祠祀，其有诏曰："先王制礼，所以昭孝事祖，大则郊社，其次宗庙，三辰五行，名山大川，非此族也，不在祀典。叔世衰乱，崇信巫史，至乃宫殿之内，户牖之间，无不沃酹，甚矣其惑也。自今，其敢设非祀之祭，巫祝之言，皆以执左道论，著于令典。"②可见，曹魏政权明令禁止祠祀之事，佛教最早被视为黄老方术的一种，亦可能同被禁止。但是，就现有史籍资料，并未见曹魏有明显的排佛禁佛的行为。相反，关于曹魏政权还有一些助佛传说。如《魏书·释老志》所记载的魏明帝迁移佛寺一事："魏明帝曾欲坏宫西佛图。外国沙门乃金盘盛水，置于殿前，以佛舍利投之于水，乃有五色光起，于是帝叹曰：'自非灵异，安得尔乎？'遂徙于道东，为作周阁百间。佛图故处，凿为濛汜池，种芙蓉于中。"③根据上述记载可知，魏明帝时皇宫附近有佛塔，明帝本欲拆毁。外国僧人以神异视之。明帝乃觉其灵异，于是，迁佛塔于道东，并在原旧址上凿濛汜池。这则记载表明，魏明帝并未禁止佛教，并允许皇宫周围建立佛寺佛塔。同时，据传，陈思王曹植是佛教梵呗的创始者，他曾游览鱼山，听到空中有诵经之声，"清

---

① （晋）陈寿撰，（南朝宋）裴松之注：《三国志》，第4页。
② （晋）陈寿撰，（南朝宋）裴松之注：《三国志》，第84页。
③ （北齐）魏收撰：《魏书》，中华书局2018年版，第3029页。

扬哀婉，其声动心"，于是，摹仿其声节，删治《瑞应本起经》，创作而成佛教首曲梵呗——鱼山梵呗。曹植始创梵呗一事并未见正史记载，因而不能尽信。但是，这些传说表明了曹魏政权对佛教的态度是颇为宽容的，为北方佛教的发展提供了空间。

正是曹魏政权对佛教的宽容态度，使得魏国佛教能延续汉代，得到进一步发展。外国僧人不断入华，在魏国都城洛阳从事译经活动，洛阳于是成为三国时期佛教重镇之一。印度僧人昙诃迦罗、康居僧人康僧铠、安息僧人昙帝等均于此时进入洛阳弘教，并翻译了大量佛典。其中，昙诃迦罗对曹魏地区佛教的发展尤为重要，他翻译佛教戒律，规范了北方僧人的受戒仪式。《高僧传·昙柯迦罗传》有相关记载："以魏嘉平中，来至洛阳。于时魏境虽有佛法，而道风讹替，亦有众僧，未禀归戒，正以剪落殊俗耳。设复斋忏，事法祠祀。迦罗既至，大行佛法。时有诸僧共请迦罗译出戒律，迦罗以律部曲制，文言繁广，佛教未昌，必不承用，乃译出《僧祇戒心》，止备朝夕。更请梵僧立羯磨法受戒，中夏戒律，始自于此。"①对佛教戒律的迫切需求，表明佛教开始在魏地产生影响。昙诃迦罗入华并及时翻译《僧祇戒心》，为中国佛教戒律的形成以及佛教制度的建立起到极大的推动作用。

2. 吴国佛教

东吴政权自孙权起，经孙亮、孙休、孙皓四世而亡。相较于曹魏，东吴佛教的发展与朝廷王室的关系更为密切，译经活动也初具规模。在支谦、康僧会等人的影响下，吴国佛教获得了极大发展，为南北朝时期南方佛教的兴盛奠定了基础。

支谦，字恭明，又名越。其父本为月支人，汉灵帝时来华定居。支谦出生于河南，因汉末北方战乱不断，而南下奔吴。《出三藏记集·支谦传》称其"十岁学书，同时学者皆伏其聪敏。十三学胡书，备通六国语……博览经籍，莫不究练，世间艺术，多所综习。"②孙权听说他的博闻多识，故拜为博士，并命他辅导太子。之后，太子逝世，支谦遂隐居于穹窿山，并圆寂山中。支谦未受具足戒，为优婆塞。在佛学修养方面，支谦承继支谶之学，极大地促进了大乘佛教的发展。汤用彤先生评价他为："《方等》深经之行于中土，始于谶，而谦实继之。"③《方等》即通称说诸法实相深理之诸大乘经；深经亦为大乘经典的总称。也就是说，大乘佛教经典的流传和盛行，始于支谶的开拓，而支谦的承继之功亦不可忽视。据《出三藏记集·支谦传》记载："（支谦）从黄武元年至建兴中，所出《维摩诘》《大般泥洹》《法句》《瑞应本起》等二十七经，曲得圣义，辞旨文雅。又依《无量寿》《中本起经》，制赞菩萨连句梵呗三契，注《了本生死经》，皆行于世。"④支谦在佛经翻译，以及佛

---

① 《高僧传》卷一，《大正藏》第 50 册，第 324 页。
② 《出三藏记集》卷第十三，《大正藏》第 55 册，第 97 页。
③ 汤用彤：《汉魏两晋南北朝佛教史》，商务印书馆 2015 年版，第 105 页。
④ 《出三藏记集》卷第十三，《大正藏》第 55 册，第 97 页。

教梵呗艺术等方面均有重要贡献，为南方佛教的普及和流传奠定了基础。特别是他对佛典翻译标准的思考，对中国佛教的发展有开创之功，下文还将就此进行详细论述。

康僧会，祖辈康居人。世居天竺国。其父因经商，移居于交阯。与支谦相似，康僧会生于汉地，自幼博览各种典籍，内外备通。《出三藏记集·康僧会传》称其"为人弘雅有识量，笃志好学，明练三藏，博览六典，天文图纬，多所贯涉，辩于枢机，颇属文翰"①。据此传记载，康僧会于赤乌十年(即公元248年)游至建邺。初至建邺时，他因容貌服饰与汉人不同而引起关注。为了弘扬佛教，争取孙吴政权的支持，康僧会烧香祈祷，于空瓶中得佛舍利。该舍利在铁锤铁砧的重击下丝毫无损。康僧会也因此受到孙权的礼敬。孙权为其建寺立塔，吴国始有佛寺，名为"建初寺"。到孙皓执政时，孙皓性格昏暴，欲焚烧塔庙，经康僧会的应机教化，他亦受五戒。虽然这些记载的真实性还有待考证，但是康僧会对江南佛教的发展是有重要意义的。他在佛学方面的贡献，《出三藏记集》载曰："会于建初寺译出经法，《阿难念弥经》《镜面王》《察微王》《梵皇王经》《道品》及《六度集》，并妙得经体，文义允正。又注《安般守意》《法境》《道树》三经，并制经序，辞趣雅赡，义旨微密，并见重后世。"②现有资料没有明确记载康僧会的师承，但是，从其译经注经及传记资料看，他当师承安世高小乘禅法一系，并曾从安世高弟子韩林、皮业、陈慧问学。

支谦和康僧会虽然并非汉人，但是他们从小生长于汉地，熟悉中原文化，因此，他们常常借中原文化来翻译和注释佛经，尤其是对《老》《庄》重要名词和概念的引用，与当时盛行的玄学思潮相结合，为佛教的发展起到极大的推动作用。

3. 三国时期佛典翻译之特征

三国时期佛教的发展上承汉代之佛道，下启两晋之佛玄。通过朱士行、支谦、康僧会等高僧和居士的努力，得到进一步发展。一方面，佛典的翻译更为准确、流畅，佛教戒律逐渐形成；另一方面，梵呗、转读等佛教艺术的兴起，为佛教的普及与传播奠定了基础。特别是佛典翻译方面。三国时期的佛典翻译较汉代有明显的变化，具体表现在以下两方面：

(1)佛教玄学化之滥觞

东汉末年，佛道不分，佛教作为黄老方术的一种，依附于黄老方术得以传播和发展；三国时期，佛教义理不断译出并更为深化，再加上曹魏政权明令禁止"淫祠"之事，佛教得以从神仙方术的附会中解脱出来，因其教理教义而受到世人关注，特别是其与《老》《庄》哲理的相合之处，与当时流行的"玄学"思潮相附会，于是，佛教玄学化开始形成。

---

① 《出三藏记集》卷第十三，《大正藏》第55册，第96页。
② 《出三藏记集》卷第十三，《大正藏》第55册，第97页。

《牟子理惑论》是将佛、道、儒统一的早期著作之一。关于《牟子理惑论》的著书时代，汤用彤等学者认为应成书于东汉末期；任继愈等学者认为应成书于三国吴初期；还有一些学者，如梁启超等认为其为伪书，成书东晋以后。本书认为《牟子理惑论》非伪书，其成书时间应于东吴初期①。《牟子理惑论》对佛教的理解多受《老》《庄》思想影响。如对"佛"的解释："佛者，谥号也。犹名三皇神、五帝圣也。佛乃道德之元祖，明神之宗绪。佛之言觉也。恍惚变化，分身散体，或存或亡，能小能大，能圆能方，能老能少，能隐能彰，蹈火不烧，履刃不伤，在污不染，在祸无殃，欲行则飞，坐则扬光，故号为佛也。"②这里关于"佛"的形容，在《老》《庄》思想中极为常见。如《庄子·大宗师》就有"古之真人……登高不栗，入水不濡，入火不热"；《庄子·秋水》亦有"至德者，火弗能热，水弗能溺，寒暑弗能害，禽兽弗能贼"；《老子·二十一章》有"道之为物，惟恍惟惚。恍兮惚兮，其中有象；恍兮惚兮，其中有物"。可见，牟子将佛陀与《老》《庄》思想中的"真人""至人"，乃至于"道"结合在一起，已经初见佛教玄学化的迹象。

支谦的译籍也多引用《老》《庄》，尤其是《老子》的重要概念。如其所译《大明度经》载："夫体道为菩萨，是空虚也。斯道为菩萨，亦空虚也。"更是直接将《老》《庄》之体道者等同于佛教之菩萨。

对此汤用彤先生在《汉魏两晋南北朝佛教史》中有较为精准的论述："支谦、康僧会系出西域，而生于中土，深受华化。译经尚文雅，遂尝掇拾中华名辞与理论，屬入译本。故其学均非纯粹西域之佛教也。又牟子采《老》《庄》之言，以明佛理。僧会《安般》《法镜》二序，亦颇袭《老》《庄》名词典故。而同时有《阴持入经注》，读之尤见西方、中夏思想之渐相牵合。嵇康、阮籍所用之理论，亦颇见于是书中。安世高、康僧会之学说主养生成神。支谶、支谦之学说主神与道合。前者与道教相近，上承汉代之佛教。而后者与玄学同流，两晋以还所流行之佛学，则上接二支。明乎此，则佛教在中国之玄学化始于此时，实无疑也。"③诚如汤先生所言，三国时期，已呈现出以《老》《庄》释佛典的时代趋势，"佛教在中国之玄学化始于此时"。

（2）关于佛典翻译的争论

三国时期佛典翻译与汉代相比，更加自主和自觉。如前所述，汉代的佛典翻译基本上是外僧传入哪些经典就翻译哪些经典；而三国时期，这种情况发生了改变。汉地僧人不再满足于被动接受佛典，而是根据本国的实际情况主动寻求相应佛典。如魏国僧人朱士行，他是中国佛教史上首位有史可征的西行求法僧，他不满汉地现有的般若经翻译，于是西行

---

① 相关论证详见任继愈：《中国佛教史》第一卷，中国社会科学出版社 1985 年版，第 206 页。
② 《弘明集》卷一，《大正藏》第 52 册，第 2 页。
③ 汤用彤：《汉魏两晋南北朝佛教史》，商务印书馆 2015 年版，第 113 页。

于阗，希望能获得原经经义。《出三藏记集》中记录有相关情况："朱士行，颍川人也。志业清粹……少怀远悟，脱落尘俗，出家以后，便以大法为己任。常谓入道资慧，故专务经典。初天竺佛朔，以汉灵帝时出《道行经》，译人口传，或不领辄抄撮而过，故意义首尾，颇有格碍。士行常于洛阳讲《小品》，往往不通。每叹此经大乘之要，而译理不尽，誓志捐身，远迎《大品》。遂以魏甘露五年发迹雍州，西涉流沙，既至于阗，果写得正品梵书胡本九十章，六十万余言，遣弟子不如檀，晋言法饶凡十人，送经胡本还洛阳。"①我们已知，竺朔佛、支娄迦谶等翻译的《道行般若经》对中国大乘佛教的发展以及般若经的传播起到重要的开拓作用。但是，早期佛典翻译存在诸多不足，译者有时将无法理解的部分省略，导致经文前后不畅，意义多有错讹。有感于此，朱士行远赴于阗求《般若经》，并派弟子将所抄写的《般若经》送回洛阳。朱士行虽未对佛典翻译进行学理性的论述，但是他用西行求经的行动表明了汉僧对佛典翻译准确性提出了更高的要求。

如果说朱士行关于佛典翻译标准的思考还未达到学理层面，那么，《法句经序》所记载的"文质之争"则是中国佛教史上有文字记载的最早的关于佛典翻译标准的讨论。《出三藏记集》收录此篇，但标注其作者"未详"。根据其行文习惯和语言风格，目前学界基本认同此序为支谦所著。其相关记载如下："始者维祇难出自天竺，以黄武三年来适武昌。仆从受此五百偈本，请其同道竺将炎为译。将炎虽善天竺语，未备晓汉，其所传言，或得胡语，或以义出音，近于质直。仆初嫌其辞不雅，维祇难曰：'佛言依其义不用饰，取其法不以严。其传经者，当令易晓，勿失厥义，是则为善。'座中咸曰：'老氏称美言不信，信言不美；仲尼亦云书不尽言，言不尽意。明圣人意深邃无极。今传胡义，实宜径达。'是以自竭，受译人口，因循本旨，不加文饰，译所不解，则阙不传。故有脱失，多不出者。"②自东汉以来，佛典汉译崇尚直译。对此，僧祐赞安世高："义理明晰，文字允正，辩而不华，质而不野"③；支愍度赞支谶曰："类多深玄，贵尚实中，不存文饰。"④"质而不野""贵尚实中"等，表明了当时译者的翻译标准。他们希望能忠实准确地翻译经文，对翻译中出现的不解之处宁缺不译。但是，这种译经方式增加了汉人理解佛经的难度。一方面，经文拘泥于原有格式，难免出现重复、颠倒；另一方面，胡语音译的大量使用，译文缺漏的频繁出现，使经文更加生涩。支谦正是看到佛经翻译中因"重质"而出现的失误，因此，他主张"重文"，通过对佛典经义进行"编译"以适应中国读者。但是，出于译经准确性的考虑，维祇难等人仍坚持"直译"。虽然这场争论，支谦并未获得胜利，但是，他始终坚持"重文"的翻译理念。经年后，他与竺将炎重译《法句经》，并将此理念付诸实际。支谦翻

---

① 《出三藏记集》卷第十三，《大正藏》第55册，第97页。
② 《出三藏记集》卷第七，《大正藏》第55册，第50页。
③ 《出三藏记集》卷十三，《大正藏》第55册，第95页。
④ 《出三藏记集》卷第七，《大正藏》第55册，第49页。

译的佛经行文流畅，文风优雅，适应当时的阅读习惯。支愍度《合首楞严经记》赞其："以季世尚文，时好简略，故其出经，颇从文丽。然其属辞析理，文而不越，约而义显，真可谓深入者也。"①当然，支谦删减重复经文、逐字汉译等翻译方式，难免使佛经原义产生歧义，因此也常常受到批评。如道安《摩诃钵罗若波罗蜜经抄序》中评价："又罗支越，斫凿之巧者也。巧则巧矣，惧窍成而混沌终矣"②；僧肇在《维摩诘经序》中亦说："恨支竺所出，理滞于文，常惧玄理，堕于译人"③等。尽管关于支谦翻译风格的评价褒贬不一，但是，支谦关于翻译标准的思考和实践，为后世佛典翻译提供了重要参考，对佛教中国化和大众化起到了重要的推动作用。

综上所述，汉魏三国时期是佛教发展的初期阶段，此时大、小乘佛教并行。尤其是小乘佛教，因其在呼吸吐纳、养身成神等方面契合于当时的社会风潮，因而更为流行。另一方面，大乘佛教经支娄迦谶、支亮、支谦等人的介绍，亦逐渐引起关注，特别是玄学兴起后，其"诸法性空"等理论与魏晋玄学更为契合，开启了两晋时期佛教玄学化的发展。

第三节　两晋：中国化的转折

两晋时期是佛教在中国生根发芽的关键时期。这一时期，佛教与玄学合流，在融合传统文化的基础上，形成了独具特色的佛教体系，为南北朝时期佛教的繁荣奠定了坚实的基础。

一、西晋佛教：佛学玄学化

晋武帝司马炎于公元266年建立西晋，经晋惠帝司马衷、晋怀帝司马炽、晋愍帝司马邺，西晋政权四世而亡，灭亡时间为公元316年。西晋司马氏统治期间，虽然短暂实现了统一，但是，这一时期，尤其是晋惠帝司马衷以后，西晋政治黑暗、战乱频繁、门阀士族骄奢淫逸、贪鄙恋钱，民不聊生、匪盗横行，社会风气极端败坏。对此，《晋书·愍帝纪》曾引干宝之言曰："加以朝寡纯德之人，乡乏不二之老，风俗淫僻，耻尚失所，学者以老庄为宗而黜六经，谈者以虚荡为辨而贱名检，行身者以放浊为通而狭节信，进仕者以苟得为贵而鄙居正，当官者以望空位高而笑勤恪。"④统治阶级矛盾重重、社会风气极端败坏，

---

① 《出三藏记集》卷第七，《大正藏》第55册，第49页。
② 《出三藏记集》卷第八，《大正藏》第55册，第52页。
③ 《出三藏记集》卷第八，《大正藏》第55册，第58页。
④ （唐）房玄龄等撰：《晋书》，中华书局1974年版，第135-136页。

儒家经学亦渐趋式微，于是，魏晋玄学更加流行，成为西晋社会的主要思想潮流。

魏晋玄学形成于曹魏正始年间，通过对《老子》《庄子》《周易》三部著作的注释和解读，围绕"本末有无"、名教与自然等核心问题的讨论，"儒道兼综"，逐渐成为魏晋时期的思想主流。魏晋玄学先后产生王弼"贵无说"、裴颜的"崇有论"、郭象的"独化论"等具有代表性的观点。其中，以向秀、郭象《庄子注》影响最大。郭象是魏晋玄学的集大成者，对前代玄学理论进行了彻底的革新和改革。他认为，宇宙万物之外并没有天然的主宰者或操控者，万物以自身为本体。具体来说，他反对把"无"作为宇宙本体，认为无不能生有，有亦不能化无。"无既无矣，则不能生有；有之未生，又不能为生。"（《庄子·齐物论注》）"非唯无不得化而为有也，有亦不得化而为无矣。"（《庄子·知北游注》）既然无不能生有，那么宇宙万物是如何出现的呢？郭象在其《庄子注》中指出，万物都是自生的，"外不资于道，内不由于己，掘然自得而独化也。"（《庄子·大宗师注》）也就是说，万物的存在和运动都是"独化"的，既不需要外在的力量，也不需要内在的根据。在此基础上，他进一步提出"物各有性、性各有分""名教即自然"，他指出仁义礼乐、尊卑等级等社会伦常都是"天理自然"，并非人为创造的。因此，顺应名教规范就是实现个体的自然本性，也就是"逍遥"。可以说，郭象通过将道学纳入儒家思想体系中，实现了名教与自然的统一和调和，在西晋的思想文化领域产生了重要影响。

玄学的兴起，极大地促进了中国佛教的发展。佛学，尤其是大乘般若学与玄学乐谈的"道""意""有""无"等概念十分相似。因此，一方面，玄学的兴起为佛教提供了一个绝好的攀援而上的机会，佛教极力依附于玄学，获得更大的发展空间；另一方面，佛学理论有助于从新的视角讨论玄学问题。正缘于此，西晋上层知识分子开始关注并接受佛教义理。对此，许理和先生指出公元 300 年是一个特别的转折点，"佛法渗入最上层士大夫中，实际上决定了中国佛教此后几十年的发展进程：它为佛教征服中国铺平了胜利之路"①。

1. 西晋时期的佛教发展情况

西晋佛教的发展较汉魏三国时期有明显变化。一方面，佛寺数量明显增长。据《辩正论》记载："右西晋二京，合寺一百八十所。译经一十三人七十三部。僧尼三千七百余人。"②佛寺的大量修造改变了印度佛教"不三宿桑下"的特征，相对稳定的寺院生活为佛教僧侣提供了更为纯粹的修行空间，也逐渐形成中国佛教独特的以"寺院"为核心的修行模式。另一方面，西晋时期佛教已经渗入社会各阶层，上至王公贵族、士大夫，下至平民百姓都有相关事佛奉佛的记载。相比汉魏三国时期的佛教祠祀活动，此时已经出现较大规模的读经、说

---

① （荷）许理和：《佛教征服中国》，李四龙、斐勇等译，江苏人民出版社 2017 年版，第 86 页。
② 《辩正论》卷三，《大正藏》第 52 册，第 502 页。

法、浴佛法会等佛教活动，并且出现信众持斋供养等佛教生活形式。具体来说：

（1）佛教与西晋王室

佛教与王室的关系较前代更为紧密。根据《辩正论》记载，"晋世祖武皇帝，龙颜奇伟，盛明革运，大弘佛事，广数伽蓝。晋惠帝，归心妙道，契意玄宗，仍于洛下造兴圣寺，供养百僧。晋愍帝，笃意冥感，远降神仪。仍于长安造通灵白马二寺。"①晋武帝、晋惠帝、晋愍帝都有弘扬佛教的行为。统治者对佛教的接受及弘扬，对佛教的发展与普及起到重要的作用。同时，西晋王公贵族也有相关记载。如河间王司马颙。司马颙是司马懿弟弟司马孚之孙，其与佛教相关的记载见《高僧传·帛远传》："晋惠之末，太宰河间王颙镇关中，虚心敬重，待以师友之敬。每至闲辰靖夜，辄谈讲道德。于时西府初建，后又甚盛，能言之士，咸服其远达。"②帛远是西晋高僧，他精通大乘佛教经典。司马颙视其为师友，"每至闲辰靖夜，辄谈讲道德"。据此可知，佛教已经开始在王公贵族以及上层知识分子中产生影响。道安《合放光光赞略解序》中记载了中山王迎接佛经之事，"并《放光》寻出，大行华京，息心居士翕然传焉。中山支和上遣人于苍垣断绢写之，持还中山。中山王及众僧城南四十里幢幡迎经。其行世如是"③。据考证，中山王应是司马懿弟弟司马恂的孙子司马耽或其弟司马缉。"城南四十里幢幡迎经"，如此隆重的仪式，可见大乘般若经在此时的盛行，以及中山王对佛教的信奉。

（2）佛教与西晋士大夫

在士大夫阶层，佛教也具有相当程度的影响。西晋奉佛士大夫以石崇、周嵩等人最为有名。石崇，字季伦，曾出任南中郎将、荆州刺史等，后为赵王司马伦所杀。他在历史上留下"盛名"，主要源于他与外戚王恺的"斗富"行为。据《晋书》载，石崇与王恺斗富，王恺以粮洗锅，石崇就以蜡为柴；王恺以紫丝步障四十里，石崇就以锦步障五十里；石崇以椒涂屋，王恺就用赤石脂涂屋。石崇的斗富行为极尽奢豪，而财富却通过掠夺商客财货而得来，且为人残暴嗜杀。但是，据载石崇崇信佛教，因此，有人将其侍佛与淫奢残暴联系起来以质疑佛教。《正诬论》回应此质疑说："石崇之为人，余所悉也。骄盈耽酒，放僭无度，多藏厚敛，不恤惸独。论才，则有一割之利；计德，则尽无取焉。虽托名事佛，而了无禁戒，即如世人貌清心秽，色厉内荏，口咏禹、汤，而行偶桀跖。自贻伊祸，又谁之咎乎？"④《正诬论》作者指出，石崇虽奉佛却不顾佛教戒律，他被诛的结局正是因为事佛不诚使然。

西晋士大夫事佛的典型还有周嵩。周嵩，字仲智，曾任丞相参军、新安太守、庐陵太

---

① 《辩正论》卷三，《大正藏》第 52 册，第 502 页。
② 《高僧传》卷一，《大正藏》第 50 册，第 327 页。
③ 《出三藏记集》卷七，《大正藏》第 55 册，第 48 页。
④ 《弘明集》卷一，《大正藏》第 52 册，第 8 页。

守、御史中丞等，后为王敦所害。据载，周嵩一家人均信奉佛教。《高僧传·安慧则传》载："后止洛阳大市寺，手自细书黄缣，写《大品经》一部，合为一卷。字如小豆，而分明可识，凡十余本。以一本与汝南周仲智妻胡母氏供养。胡母过江，赍经自随，后为灾火所延，仓卒不暇取经，悲泣懊恼。火息后，乃于灰中得之。首轴颜色，一无亏损。"可见周嵩夫妻俱事佛，且西晋已经出现民间供养佛经的行为。

（3）佛学玄学化

西晋佛教最显著的特征为佛学玄学化。一方面，受玄学影响，大乘般若经籍不断被译出。如竺叔兰的《放光般若经》、竺法护的《光赞般若经》、卫士度的《摩诃般若波罗蜜道行经》等。般若经典因与魏晋玄学相关，因此，受到当时社会知识分子的关注，佛教义理也随之发展起来。另一方面，西晋译经僧多精通中原文化，他们对当时玄学问题的回应有时表现于他们译注的佛教经籍中。特别是此时的汉译佛经，其中常见"道""有""无"等概念就带有明显的玄学印迹。因此，一些佛教僧人也被视为玄学家，甚至是玄学领袖。如西晋高僧竺法护，他因德行高尚，被视为西晋玄学的领袖。孙绰《道贤论》中将他比作山涛："护公德居物宗，巨源位登论道。二公风德高远，足畏流辈矣。"

2. 西晋时期的佛典翻译

西晋时期，佛典翻译种类繁多，大小乘佛典均有译出。其中一些佛典还是中国佛教的重要经籍，在中国佛教发展史上有重要作用。关于这一时期翻译佛典的数量，《出三藏记集》著录为一百六七部（不包括失译经），《历代三宝记》载为四百五十一部，《开元释教录》删订为三百三十三部。西晋时期，重要的译经僧人有竺法护、竺叔兰、帛法祖、彊梁娄至、安法钦、法立、法炬等，其中竺法护、竺叔兰的译文最为流行。

（1）竺法护及其佛典翻译

竺法护，其祖为月支人，本姓支。8岁出家，师从外国僧人竺高座。他通晓多国语言，熟识中华典籍和佛教经籍。《出三藏记集》称其："外国异言，三十有六种，书亦如之，护皆遍学，贯综诂训，音义字体，无不备晓。"①据此传，竺法护早年随师西行游历西域诸国，带回大批胡本佛经；其后，在敦煌、洛阳、酒泉、长安等地译出佛典一百四十九部；晋武帝末年，他隐居深山，精勤行道，僧徒达千人；晋惠帝永安元年，竺法护与门徒避战东下，在渑池（今河南省内）患疾而卒。

竺法护是西晋翻译佛典数量最多的僧人，他的译籍代表了当时佛经翻译的最高水准，被称为"敦煌菩萨"。他翻译的佛典数量，道安《综理众经目录》著录为一百五十部；僧佑《出三藏记集》载为一百五十四部（其中，佚失六十四部）；费长房《历代三宝记》载为二百

---

① 《出三藏记集》卷十三，《大正藏》第55册，第97页。

一十部；智昇《开元释教录》考订为一百七十五部。尽管各经录所著竺法护译典数量不一，但是，其所出译典数量极为丰富却是事实。竺法护翻译的佛典涉及大、小乘佛教的各种经类，种类繁多，译文流畅，是中国佛教的重要经籍。僧佑在《出三藏记集》中称："经法所以广流中华者，护之力也。"①其中，竺法护所译的大乘佛教相关经籍对后世影响极大，如《光赞般若经》《正法华经》《弥勒成佛经》等，均为晋时流行的经籍。竺法护的译经助手，如聂承远、聂道真父子，竺法首，陈士伦，孙伯虎，虞世雅等，均为中华学士，精通中华经典，参与译文审校，为其译文增色不少。道安评论竺法护译文说："若审得此公手目，纲领必正。凡所译经，虽不辩妙婉显，而宏达欣畅；特善无生，依慧不文，朴则近本。"②可以说，竺法护译文相较于前代，已经在文与质的关系上更为协调，质朴而欣畅，宏达而近本。

（2）竺叔兰及其佛典翻译

竺叔兰，其祖为天竺人。出生于河南，"善胡汉语及书，亦兼诸文史"③。据《竺叔兰传》记载，竺叔兰生性轻躁，好饮酒游猎。曾醉酒入河南郡门大声呼唤，被拘送河南狱。河南府尹乐广因其机辩对答，释放了他。之后，竺叔兰无疾暴亡，三日后苏醒。自言期间见其祖父、二舅、牛头人等人，明善恶因果报应之事。于是，从此改节修道，专治经法。竺叔兰所译经籍有《放光般若经》《异维摩诘经》《首楞严经》等。其中，竺叔兰与于阗沙门无叉罗所译的《放光般若经》影响极大，是晋时流传最广的《大品般若经》译本。据《合放光光赞略解序》所载，自元康元年（公元 291 年）竺叔兰与无叉罗在陈留仓垣水南寺译出《放光般若经》之后，"（该经）大行华京，息心居士，翕然传焉。中山支和上遣人于仓垣，断绢写之，持还中山。中山王及众僧，城南四十里幢幡迎经。其行世如是"。自《放光般若经》译出后，抄写、读诵、宣讲此经成为当时的风尚，甚至鸠摩罗什据同本再译《摩诃般若经》以后，《放光船若经》仍被当时学者讲读。

综上所述，西晋佛教较前代有了明显的发展，佛教与玄学合流，为东晋佛教中国化的发展奠定了基础。

二、东晋佛教：走向兴盛

东晋以后，南北政权的对峙并没有阻止佛教的发展，反而促进佛教在大江南北的传播。在佛经翻译方面，释道安、鸠摩罗什、慧远等僧团的形成，为东晋的译经事业带来了

---

① 《出三藏记集》卷十三，《大正藏》第 55 册，第 97 页。
② 《高僧传》卷一，《大正藏》第 55 册，第 327 页。
③ 《出三藏记集》卷十三，《大正藏》第 55 册，第 98 页。

巨大的变化，译经数量和质量相较此前都有质的提升；在佛教义学方面，佛教与玄学合流，大乘般若学六家七宗掀起了汉地佛教义学讨论的高潮；在佛教制度建设方面，佛教僧团戒律不断完善，甚至出现了中国首个僧官管理机构……可以说，东晋迎来了佛教在中国发展的第一个高峰，为佛教中国化的发展奠定了重要基础。

1. 东晋时期北方的佛教

公元 316 年，匈奴人刘曜攻占长安，长安的失陷宣告着西晋在北方的统治结束。自此开始，北方长期处于少数民族政权的统治下。匈奴、鲜卑、羯、氐、羌等少数民族相继建立割据政权，史称五胡十六国。五胡十六国时期，北方政权更迭频繁，战争不断，人民生活颠沛流离，甚至高僧道安亦不得不带领僧团多次避战迁居。在这样的混乱分裂中，佛教所宣传的生死轮回、善恶报应等深受百姓欢迎，于是，佛教在北方获得广泛的传播和发展。

佛教在北方的发展主要得力于统治者的大力资助与扶持，尤其以后赵、前秦、后秦统治者崇佛最盛。因此，我们以这三个政权为例管窥北方佛教的面貌。

（1）后赵

公元 319 年，羯人石勒在襄国（今河北邢台）称王，建立后赵政权。公元 333 年，石勒驾崩。次年，其侄石虎篡位。石勒、石虎为人残暴，尤其石虎，是历史上有名的嗜杀暴君。据《晋书》记载，后赵石虎统治时期"穷骄极侈，劳役繁兴，畚锸相寻，干戈不息，刑政严酷，动见诛夷，慄慄遗黎，求哀无地……"[1]然而，与此相悖，石勒、石虎却都信奉佛教、护持佛教，甚至将佛教纳入国家意识形态。对此《中国佛教通史》中指出："东汉、三国和西晋时期相比，在佛教传播的背景方面，十六国时期发生的最大变化是佛教不再完全游离于国家意识形态之外，佛教首次超越了民间层面而被纳入政治领域。"[2]石勒、石虎性情暴虐却笃信奉佛，其奉佛的原因主要有两方面：

其一，为后赵政权寻找合理性。据《高僧传》记载，石虎曾下诏询问中书百姓是否可以奉佛。中书著作郎王度上奏说：佛出自西域，是外国的神，其功德不属于中国之民；因此，天子和华人都不应奉佛。对此，石虎下诏曰："佛是外国之神，非天子诸华所可宜奉。朕生自边壤，忝当期运，君临诸夏。至于飨祀，应兼从本俗。佛是戎神，正所应奉。夫制由上行，永世作则。苟事无亏，何拘前代。其夷赵百蛮，有舍其淫祀，乐事佛者，悉听为道。"[3]石虎强调自己出生边陲，虽然"君临诸夏"，但是祭祀等事应该兼从本来的习俗。既

---

① 《晋书》卷一百七。
② 赖永海主编：《中国佛教通史》，江苏人民出版社 2010 年版，第 386-387 页。
③ 《高僧传》卷九，《大正藏》第 50 册，第 385 页。

然佛是戎神，那么，正是羯人所应信奉的。因此，他下诏允许后赵百姓信佛出家。对少数民族政权来说，佛作为"戎神"，佛教思想亦可以为其政治教化服务，于是，北方少数民族政权大多护持佛教，儒佛并举，对百姓进行思想教化。

其二，佛教在后赵的发展离不开佛图澄的努力。佛图澄本是西域人，他"善诵神咒，能役使鬼物，以麻油杂胭脂涂掌，千里外事，皆彻见掌中，如对面焉，亦能令洁斋者见。又听听铃音以言事，无不劾验"。佛图澄听说二石暴虐嗜杀，连沙门也难免其害，因此，他决定留在后赵，以佛法感化二石。他借用方术、预言吉凶、参与谋划军政，取得二石的信任，同时，通过神异方术以及因果报应之说，劝诫他们嗜杀本性。可以说，佛图澄的努力确实起到一定的效果，"凡应被诛余残，蒙其益者，十有八九"①。

佛图澄通精通佛经义理，又旁通世俗外籍。他在后赵弘法期间，竺佛调、须菩提等西域僧人，不远万里来华向他习经。据《高僧传》称，佛图澄身边求学之人，常有数百，前后门徒将近万人。在所去过的州郡，共建立佛寺八百九十三所。佛图澄身边的弟子，如释道安、竺法雅、诸法和、竺法汰等，均是东晋有名的佛教高僧，为佛教中国化的发展起到很大的推动作用。

（2）前秦

公元 352 年，苻健称帝，定都长安，史称前秦。前秦是十六国时期最强大的国家，特别是苻坚统治期间，实现了北方的短暂统一，开创了"关陇清晏，百姓丰乐"的盛世局面。

苻坚是前秦奉佛最盛的统治者。公元 378 年，他派苻丕等进攻襄阳，次年襄阳攻陷，得道安、习凿齿等僧。公元 382 年，苻坚派吕光等西伐龟兹即焉耆诸国，其后两年，攻破龟兹国，得鸠摩罗什。可惜，因淝水之战失利，吕光自立政权后凉，并拘鸠摩罗什于凉十六年，直至后秦国主姚兴西伐后凉后，才终迎鸠摩罗什入长安。

迎道安入长安后，苻坚将其视为最高政治顾问，予以礼待。据《高僧传》记载，苻坚到东苑游玩，命道安升辇同车而行。仆射权翼谏曰："臣听说天子的驾乘，由侍中陪乘，道安是剃发之僧，怎可参厕。"苻坚听后勃然大怒说："安公的德行当为世所尊，即便以天下进行交换我都不愿意，乘辇之荣根本不足以彰显安公之德。"言毕，命仆射扶道安登辇。可见，苻坚对道安之礼敬。同时，道安的渊博学识也颇为苻坚所重，如《高僧传·道安传》所载："安外涉群书，善为文章。长安中，衣冠子弟为诗赋者，皆依附致誉。时蓝田县得一大鼎，容二十七斛。边有篆铭，人莫能识，乃以示安，安云：'此古篆书，云鲁襄公所铸。'乃写为隶文。又有人持一铜斛于市卖之，其形正圆，下向为斗，横梁昂者为升，低者为合。梁一头为籥，籥同黄钟，容半合，边有篆铭。坚以问安，安云：'此王莽自言出自舜，皇龙戊辰，改正即真，以同律量，布之四方，欲小大器钧，令天下取平焉。'其多闻广

---

① 《高僧传》卷九，《大正藏》第 50 册，第 383 页。

识如此。坚敕学士内外有疑，皆师于安。故京兆为之语曰：'学不师安，义不中难。'"①佛经翻译方面，在苻坚的资助和扶持下，道安得以组织中外僧人翻译佛经，译出佛经十部一百八十七卷，长安于是成为北方的重要译经中心。同时，道安僧团弟子众多，流布大江南北。尤其是僧叡等人，在道安圆寂后投入鸠摩罗什门下，成为鸠摩罗什译场的重要成员，为佛教的发展和传播做出贡献。

（3）后秦

公元384年，羌人姚苌拥兵自立，自称秦王，史称后秦。后秦经姚苌、姚兴、姚泓三世而亡，立国三十二年。后秦三帝都崇信佛教，尤其以姚兴最为典型。据《高僧传·僧□传》载："兴既崇信三宝，盛弘大化，建会设斋，烟盖重迭。使夫慕道舍俗者，十室其半。"②可见，佛教在后秦的发展极为迅速，从统治阶级到普通百姓大多崇信佛教。

姚兴的崇佛之举与后赵二石和前秦苻坚相比，不仅表现在对佛教僧人的礼敬等方面，更为重要的是，姚兴对佛教义学有浓厚的兴趣。首先，姚兴不仅热衷佛经翻译，并且亲自参与翻译。据《晋书·姚兴载记》载："兴与罗什及沙门僧□、僧迁、道树、僧叡、道坦、僧肇、昙顺等八百余人，更出《大品》，罗什持胡本，兴执旧经，以相考校，其新文异旧者皆会于理义。"同时，他还命令王公贵族参与译场工作。如释道标《舍利佛阿毗昙序》所载："十六年，经师渐闲秦语，令自宣major。皇储（即姚泓）亲管、理昧言意兼了，复所向尽，然后笔受。"释僧肇《维摩诘经序》中亦记载："以弘始八年岁次鹑火，命大将军常山公、左将军安城侯，与义学沙门千二百人，于长安大寺请罗什法师重译正本。"姚兴对佛经翻译的大力扶持与参与，有力推动后秦译经活动的发展，再加上鸠摩罗什僧团的努力，后秦翻译的佛经"达到佛教传入中国以来的最高水平"③。其次，姚兴还著有《通三世论》《通不住法住般若》《通圣人放大光明普照十方》《通一切诸法空》等研讨佛教义理的文章，论证佛教因果报应、三世轮回的理论。同时，姚兴还大兴佛寺、佛塔。据宋敏求《长安志》卷五载："姚兴起逍遥宫，殿庭左右有楼阁高百丈，相去四十尺，以麻绳大一围，两头各绁经楼上，会日令二人各楼内出，从绳上行过，以为佛神相遇。永贵里有波若台。姚兴集沙门五千余人，有大道者五十人，起造浮图于永贵里，立波若台。居中做须弥山，四面有崇岩峻壁，珍禽异兽，林草精奇，仙人佛像具有，人所未闻，皆以为稀奇。"④后秦政权对佛教的扶持以及鸠摩罗什等僧的弘法，使得后秦佛教发展迅速，僧尼人数众多，为此，姚兴还设立了专门管理僧尼的机构，由鸠摩罗什的弟子僧□任僧正。这是中国历史上首次设立的僧官管

①　《高僧传》卷五，《大正藏》第50册，第353页。
②　《高僧传》卷六，《大正藏》第50册，第363页。
③　杜斗城：《北凉译经论》，甘肃文化出版社1995年版，第263页。
④　（宋）宋敏求撰：《长安志》，三秦出版社2013年版，第225页。

理机构。

五胡十六国时期的北方政权大多护持佛教的发展，并且将佛教纳入国家意识形态。究其原因，一方面是为统治寻求合理性，"佛是戎神，正所应奉"；另一方面，佛教所宣传的因果报应、三世轮回等教义有助于国家统治；同时，佛教高僧的学识渊博，号召力强，亦为北方统治者所看重。因此，北方佛教获得迅速发展，尤其在佛经翻译方面形成大量成果，为佛教的进一步发展打下重要基础。

同时，北方佛教在道安、鸠摩罗什等的带领下，在佛经翻译方面取得巨大成就。以大乘佛教般若经典为例。佛教自东传中国以来，为了消除与中原文化的差异和隔阂，便于汉人理解和接受，译经僧向来乐于使用中原文化中固有的概念去比附佛学义理，因此，佛典译文中经常出现儒道等的重要概念。魏晋以来，这种方法得到进一步发展，竺法雅将其称为"格义"。《高僧传·竺法雅传》中载："时依雅门徒，并世典有功，未善佛理，雅乃与康法朗等，以经中事数，拟配外书，为生解之例，谓之格义。及毗浮、昙相等，亦辨格义，以训门徒。雅风采洒落，善于枢机。外典、佛经，递互讲说。与道安、法汰，每披释凑疑，共尽经要。"①所谓"格义"，就是援引中国文化固有概念去解释佛教相关概念。"格义"不完全等同于此前所说的"比附"，是一种较为灵活的理解方式，并不要求完全忠实于佛经本义，而是着重于从义理方面去融合两种不同的思想，只要在这两种思想中找到了某种同一性，就可以自由发挥，创立新解②。在"格义"影响下，佛教般若学内部产生了分化，大家对般若"性空本无"产生不同的解释，形成所谓的"六家七宗"。"六家"即本无、即色、识含、幻化、心无、缘会六家，"七宗"是在六家基础上，再将"本无"分为本无宗和本无异宗。"六家七宗"中，以道安本无宗为影响最大的一派。事实上，"六家七宗"以玄学解"空"，将玄学问题的讨论带入到佛教中，并未真正还原佛教本义。但是他们以及之后鸠摩罗什的毕竟空、僧肇的不真空论等对"空"的讨论，共同推进了中国佛教哲学思维的进一步发展。

2. 东晋时期北方高僧：道安与鸠摩罗什

东晋时期，活动于北方的僧人以道安和鸠摩罗什最为有名，在他们身边聚集了大批佛教僧众，形成规模庞大的僧团。

（1）道安

释道安，俗姓卫，常山县扶柳郡人（在今河北省）。道安是佛图澄最有名的弟子之一，他的活动轨迹主要在河北、山西、河南、陕西等地区，期间也曾南下襄阳十五年。道安的

---

① 《高僧传》卷四，《大正藏》第 50 册，第 347 页。
② 详见任继愈主编：《中国佛教史》第二卷，中国社会学出版社 1985 年版，第 220 页。

一生正值北方五胡十六国的频繁混战，经历了西晋的灭亡，以及前赵、后赵、魏、前燕、前秦等北方少数民族政权的相替更迭。正是在这样的时代环境下，道安大力弘扬佛教、组织翻译佛教经典、阐发佛教义理、规范僧团戒律等，成为当时著名的佛教领袖，为中国佛教的发展做出巨大贡献。

根据道安的活动轨迹，可以将他的一生分为四个阶段：

第一阶段：出家学法（约公元 312—348 年）。道安出生于儒学世家，早年父母双亡，由表兄孔氏抚养长大。十二岁出家为僧。因形貌丑陋而不受到师父重视，因此只能做一些种田打杂的活。但是，道安天资聪颖又勤奋刻苦，特别是他惊人的记忆力，令师父大为惊叹，授予他具足戒，并允许他自由外出参学。约公元 335 年，道安游学行至邺都（今河南省内），以佛图澄为师并专研佛学。

第二阶段：早期传法（约公元 349—365 年）。公元 348 年，佛图澄死后不久，后赵发生动乱，北方大乱。道安为避难逃隐濩泽（今山西阳城）。期间，道安与竺法济、支昙讲等注《阴持入经》；与支昙讲、竺僧辅等注《道地经》；并为《大十二门经》作注。以上经文均为安世高所译，可见道安早年佛学学问得益于安世高之禅学。其后，为躲避北方连年战乱，道安又辗转避难至河北飞龙山、太行恒山、邺都、牵口山、王屋女林山等地。在飞龙山，道安与旧友僧光相遇，他们共同研究佛教义理并就佛经注译之"格义"方法进行了讨论。《高僧传·释僧光传》中载："安曰：'先旧格义，于理多违。'光曰：'且当分析逍遥，何容是非先达。'安曰：'弘赞理教，宜令允惬，法鼓竞鸣，何先何后。'"[1]如前所述，自汉代佛教传入中国以来，佛经翻译就有使用中国传统概念进行解释的方式。至东晋，竺法雅将这种方法总结为"格义"，即以事数拟配外书，并逐条著以为例。尤其是两晋玄学盛行的时代环境下，引用外典拟配佛教经义的"格义"方式受到普遍接受和认同。道安在早期注经中也使用"格义"，但是，通过大量阅读，他意识到使用"格义"译注佛经的方式并不妥帖，"于理多违"，难免对佛教义理产生误读。而僧光则表示，"格义"之法是前辈所创，不可非议。僧光的看法应该代表了当时大多数僧人的意见。道安独开风气之先，反对格义，主张弘赞理教应以表达妥帖为主，准确弘扬佛经真义。自道安以后，经鸠摩罗什等僧人的弘扬，佛教大兴，不需借俗理比附佛教经义，格义之法也逐渐被废弃。

公元 365 年，道安率领徒众南往襄阳。据汤用彤先生统计，道安在北方迁徙近 17 年，期间移居九次[2]。颠沛流离的逃亡生活并没有影响道安弘法扬教的热诚，他仍然致力于佛法教理的研习，吸引了大批僧众，实际上已经成为南北方共同的佛教领袖。

第三阶段：襄阳弘法（约公元 365—379 年）。公元 365 年，道安到达襄阳，并在此居

---

① 　《高僧传》卷五，《大正藏》第 50 册，第 355 页。
② 　汤用彤：《汉魏两晋南北朝佛教史》，商务印书馆 2015 年版，第 163 页。

住十五年。道安在襄阳期间，整理佛经、译注般若佛典、制定僧团戒律等，做出了很大的贡献。具体来说，道安在襄阳时期的主要活动为：

其一，整理佛经。道安南下居襄阳期间，为了迎合当时南方的玄学风尚，他整理佛经的方向也主要以般若经典为主。如《摩诃钵罗若波罗蜜经抄序第一》中，道安所自述："昔在汉阴（即襄阳），十有五载，讲《放光经》岁常再遍。"①在襄阳，道安每年都会讲两遍《放光般若经》，足见其对此经的重视。因此，自他得到《放光般若经》与《光赞般若经》后，对两经进行比较，撰成《合放光光赞随略解》（今佚）。据《出三藏记集》的记载，道安关于般若经的著述有：《道行经集异注》一卷、《放光般若析疑难》一卷、《放光般若析疑略》二卷、《放光般若起尽解》一卷、《光赞般若析中解》一卷、《光赞抄解》一卷等。道安博学多识，广搜佛经，通过注释、析疑、合本等方式对当时汉译佛经进行整理，正如僧佑在《出三藏记集·道安传》中所赞："序致渊富，妙尽玄旨，条贯既序，文理会通，经义克明，自安始也。"②

同时，道安编纂了佛教经录《综理众经目录》（又称《安录》《道安录》）。该经录收集了自汉光和以来，迄晋宁康二年汉地出现的佛经。主要内容包括经论录、失译经录、凉土失译经录、关中失译经录、古异经录、疑经录、注经及杂志经录七个部分。道安编纂经录极为严谨，只收录他所亲见的经本，且"遇残出残，遇全出全"。同时，他根据经序、异文、译经风格等确定译经人，一改此前忽略译者姓名的译经惯例。虽然此经录早已佚失，所幸其大部分内容被收录于僧佑的《出三藏记集》。可以说，《综理众经目录》是中国佛教历史上第一次系统整理编纂的佛经目录，开创了中国佛教经录的先河。

其二，确立佛教戒律。随着道安僧团僧众的不断增加，规范佛教戒律成为当务之急。苦于当时佛教戒律还不完备，道安参照已有戒律制定了包括上经、上讲、布萨等在内的规范。《高僧传·道安传》载："安既德为物宗，学兼三藏，所制僧尼轨范，佛法宪章，条为三例：一曰行香定座上经上讲之法，二曰常日六时行道饮食唱时法；三曰布萨差使悔过等法。天下寺舍，遂则而从之。"③道安所制戒律为当时南北佛寺一致遵从，直至鸠摩罗什大量译出佛教律藏后，该戒律才逐渐被取代。

道安制定佛教戒律，并严格管理僧团，因此，尽管道安僧团徒众众多，但是却戒律严明，规范有序。据习凿齿致谢安书信所述："（道安僧团）师徒数百，斋讲不倦。无变化技术可以惑常人之耳目，无重威大势可以整群小之参差，而师徒肃肃，自相尊敬，洋洋济济，乃是吾由来所未见。其人理怀简衷，多所博涉，内外群书，略皆遍睹，阴阳算数，

① 《出三藏记集》卷八，《大正藏》第 55 册，第 52 页
② 《出三藏记集》卷十五，《大正藏》第 55 册，第 108 页
③ 《高僧传》卷五，《大正藏》第 50 册，第 353 页。

亦皆能通，佛经妙义，故所游刃，作义乃似法兰法道，恨足下不同日而见：其亦每言，思得一叙。"①可以说，道安僧团是中国佛教历史上最早规范管理的僧团之一，他对僧团的管理和组织为当时寺院僧团所效仿，为中国佛教进一步规范化、规模化发展作出了重要贡献。

南下襄阳途中，道安曾在新野分张徒众，并言道："今遭凶年，不依国主，则法事难立"②，该论断的提出被认为是"中国佛教史上的一件大事"③。印度佛教戒律主张僧人与国王、太子、大臣等要保持距离，不与通往。但是，道安结合五胡十六国战乱连绵的实际，为护持正法、弘法扬教，主张"法依国主"。道安的这一主张，为佛教的发展赢得了统治阶级和上层官僚士大夫的支持和资助，为佛教规模化的发展赢得了有利的支撑。

第四阶段：长安弘法（约公元 379—385 年）。公元 379 年，前秦将领苻丕攻陷襄阳，将道安、习凿齿等僧送至长安。道安到长安后，被安置在长安五重寺。前秦国君苻坚对道安十分敬重，称十万之师取襄阳唯得一人半，一人即道安，半人即习凿齿。道安在前秦深受苻坚信任，是其最高政治顾问。因此，当苻坚力排众议，执意南下灭晋时，前秦大臣均请求道安进谏。此后两年，道安法师圆寂于长安五重寺。

在前秦朝廷的大力资助下，道安组织中外学僧翻译佛经，并译出《摩诃钵罗若波罗蜜经抄》等大乘佛经；《阿毗昙毗婆沙》《婆须蜜》《僧伽罗刹所集经》等小乘经典，以及《十诵比丘戒本》《比丘尼大戒》《教授比丘尼二岁坛文》等戒律，共计 10 部 187 卷。其中，小乘一切有部典籍占大多数。

道安对中国佛教的发展起到重要的推动作用。他组织佛经翻译、撰著佛教著述，规范内地佛教僧团，两次分张徒众、广传教化等，极大地推进了佛教中国化的发展，被称为"东方圣人"，是中古佛教的重要领袖之一。

（2）鸠摩罗什

鸠摩罗什，祖籍天竺，出生于龟兹。关于鸠摩罗什的生卒时间，历史记载不一。目前学界主要以僧肇《什法师诔文》所述"癸丑之年，年七十，四月十三日，薨于大寺"为准。鸠摩罗什生于东晋康帝之世（约公元 343 年），卒于东晋义熙九年（公元 413 年）。鸠摩罗什是继佛图澄、道安之后在中国佛教史上占有重要地位的佛教僧人。他的译文代表着魏晋时代的最高水平，他所翻译的经籍至今仍广为流传。

鸠摩罗什 7 岁随母出家。因母是王妹，龟兹人给予丰厚供养，母子二人因此离开本国。9 岁时，到达罽宾，以法师盘陀达多为师，从受《杂藏》《中阿含经》《长阿含经》等；

---

① 《高僧传》卷五，《大正藏》第 50 册，第 352 页。
② 《高僧传》卷五，《大正藏》第 50 册，第 352 页。
③ 方广锠：《道安评传》，昆仑出版社 2004 年版，第 131 页。

12 岁时，随母回龟兹，路经月支北山，进入沙勒国。在沙勒国，鸠摩罗什先学小乘，诵《阿毗达摩》《发智论》等经典。同时，他广涉外学，据称他"阴阳星算莫不毕尽，妙达吉凶言若符契"。其后，师事须利耶苏摩，转而学大乘，并叹曰："吾昔学小乘，如人不识金，以铁石为妙。"在沙勒国停住一年后，鸠摩罗什随母回龟兹。并于 20 岁时，受戒于龟兹王宫。据《僧传》载，鸠摩罗什为其小乘师盘陀达多说大乘教义，论证因缘空假，经一月余日，其师乃信服大乘佛教，并礼什为师，言道："和尚是我大乘师，我是和尚小乘师。"鸠摩罗什住龟兹约 26 年，期间广习大乘经论，弘扬大乘义理，僧佑称其"道流西域，名被东国"①。

前秦苻坚听说鸠摩罗什之声名，遣骁骑将军吕光等西伐龟兹、乌耆诸国，并命其"若克龟兹，即驰驿送什"。公元 384 年，吕光攻破龟兹，得鸠摩罗什。公元 385 年，苻坚被杀。吕光旋即割据凉州，自立为凉王。吕光将鸠摩罗什扣留在凉州，但他本人并不相信佛教，只是将其视为可以占卜凶吉、预言祸福的军事顾问。因此，鸠摩罗什被迫在凉州停留十六年，却未能译出佛经、弘扬佛法，直到公元 401 年，鸠摩罗什才得以离开凉州。

公元 401 年，后秦国主姚兴派陇西公姚硕德西伐后凉王吕隆。吕隆战败，上表归降。同年十二月，鸠摩罗什被姚兴迎入长安，待以国师之礼。后秦主姚兴崇佛之心更甚苻坚。对此，《晋书》有载："兴如逍遥园，引诸沙门于澄玄堂，听鸠摩罗什演说佛经。罗什通辩夏言，寻览旧经，多有乖谬，不与胡本相应。兴与罗什及沙门僧䂮、僧迁、道树、僧睿、道坦、僧肇、昙顺等八百人更出《大品》。罗什持胡本，兴执旧经，以相考校。其新文异旧者，皆会于理义。续出诸经并绪论三百余卷。今之新经，皆罗什所译。兴既托意于佛道，公卿已下，莫不钦附沙门，自远而至者五千余人。起浮图于永贵里，立波若台于中宫。沙门坐禅者恒有千数，州郡化之，事佛者十室而九矣。"②姚兴崇佛不仅亲自前往逍遥园听讲佛经，参与佛经翻译，甚至还著有《通三世论》《通不住法住般若》《通圣人放大光明普照十方》等佛教著述。在姚兴的提倡和鼓励下，后秦举国上下崇信佛教，甚至达到"事佛者十室而九矣"的地步。正是在这样的时代环境下，鸠摩罗什在后秦组成了非常庞大的僧团，主要从事佛经翻译、佛法弘扬等活动。

据《高僧传·鸠摩罗什传》载，鸠摩罗什在长安译经三百余卷；《出三藏记集》卷二著录其译经数量为三十五部，二百九十四卷；卷十四则载为三百余卷；《开元释教录》载为七十四部，三百八十四卷。鸠摩罗什所翻译佛经不论数量还是质量，都是魏晋时期佛经翻译的佼佼者，代表着唐前中国汉译佛经的最高水平。他的译籍涉及的范围非常广泛，主要偏

① 以上见《高僧传》卷二，《大正藏》第 50 册，第 330-333 页。
② 《晋书》卷一百十八。

重大乘空宗的范围，其中多数成为中国佛教各宗派立宗的根本经典。如其所译《中论》《百论》《十二门论》为三论宗所宗；《法华经》为天台宗所宗；《阿弥陀经》为净土宗所宗等。他所译经文至今约 1600 年，仍然广为流传，被奉为"译界第一流宗匠"①。

鸠摩罗什的译经活动是一种集体合作，其译场逍遥园、长安大寺等，是中国历史上最早的由官府主办的译场。鸠摩罗什的译经团队规模庞大，分工精细，其助手协助承担证梵本、笔受、润文、证义、校勘等工作。僧叡《大品经序》中载有当时鸠摩罗什团队翻译经文的情况："法师手执胡本，口宣秦言，两释异音，交辩文旨。秦王躬览旧经，验其得失，谘其通途，坦其宗致。与诸宿旧义业沙门释慧恭、僧迁、宝度、慧精、法钦、道流、僧叡、道恢、道标、道恒、道悰等五百余人，详其义旨，审其文中，然后书之。以其年十二月十五日出尽。校正检括，明年四月二十三日乃迄。文虽粗定，以《释论》检之，犹多不尽。是以随出其论，随而正直。《释论》既迄，尔乃文定。"②鸠摩罗什译经时，随讲其义，他的译经助手也是听讲弟子。因此，他的译经团队规模庞大，如上所述译《大品般若经》时有五百余人。且译经过程严谨细致，经多次校正审定，"胡音失者，正之以天竺；秦言谬者，定之以字义。不可变者，即而书之。是以异名斌然，胡音殆半"。③鸠摩罗什本人通晓多种语言，熟悉中原文化，其助手多善文采，因此，其团队所译佛经内容详实、文字流畅，结束了此前译籍"滞文格义"的局面，开创了佛经翻译的新时代。

在鸠摩罗什以前，中国佛教对"般若性空"的理解多有不同，形成"六家七宗"的局面。直到鸠摩罗什准确翻译出《大智度论》等般若经典后，才还原了佛教般若思想的真义。鸠摩罗什指出，"空"不是"有"的反面，而是"非空非有"的"毕竟空"。在注《维摩诘经》"诸法究竟无所有是空义"一句时，他指出"本言空，欲以遣有，非有去而空存，若有去空存，非空之谓也。二法具尽，乃空义也"。④在这里，鸠摩罗什明确指出"有去而空存"并非"空"，只有不落一边的"中道"才是理解"空"的方法，"有无非中，于实为边也。言有而不有，言无而不无。虽诸边尘起，不能转之令异。故言诸边不动也"。⑤无论偏向"有"或"无"的任意一边，都不是真正的"空"。鸠摩罗什对"空"的理解纠正了中国佛教"格义"之法对"空"的误解，还原了般若空观的真义。

总之，鸠摩罗什对中国佛教的发展具有重要的作用，他系统介绍并翻译了大乘般若经典，厘清了大乘般若思想的真义，开创了佛经翻译的新纪元。

---

① 梁启超：《翻译文学与佛典》，《饮冰室合集》专集之五十九，中华书局 1989 年版，第 18 页。
② 《出三藏记集》卷八，《大正藏》第 55 册，第 53 页。
③ 《出三藏记集》卷八，《大正藏》第 55 册，第 53 页。
④ 《注维摩诘经》卷三，《大正藏》第 38 册，第 354 页。
⑤ 《注维摩诘经》卷二，《大正藏》第 38 册，第 347 页。

3. 东晋时期南方的佛教

东晋时期，北方五胡十六国政权更迭频繁，南方相对稳定，因此大批僧人南渡，在南方立寺弘教，佛教得以在南方迅速发展。据法琳《辨正论》记载，东晋合寺 1768 所，僧尼 2400 人，其中译经僧 27 人共译佛经 263 部。

（1）佛教与东晋政权

在东晋，王公贵族信奉佛教已经成为一种风尚。据统计，东晋 11 位皇帝中，元帝、明帝、成帝、哀帝、简文帝、孝武帝、安帝等 7 位都奉佛[1]。统治者信奉佛教，礼敬僧尼，建寺立庙，佛教开始成为建康皇宫生活的特色。据《高僧传》《比丘尼传》等记载，东晋僧尼与王公贵族、后宫妃嫔多有交往。以法潜为例，据《高僧传》载，法潜避战南渡后，受到晋元帝、晋明帝以及大臣王导、庾亮等人的礼敬，曾穿木屐入殿，被视为方外之士。及至元帝、明帝驾崩，王导等人逝世后，法潜隐迹剡山，避世求法。晋哀帝继位后，屡次遣使请法潜出山，法潜于是只得暂游宫阙，并在宫内讲《大品般若经》。法潜出入宫廷的行为，为沛国刘惔所诟病，嘲笑他："道士何以游朱门?"法潜回复说："你看这里是朱门，我见这里却是蓬户。"除法潜外，支遁、竺法汰等高僧亦为朝廷讲《道行般若》《放光般若》等经。

可以说，邀请高僧为王公贵族讲经已经是东晋常见的活动，其规模盛大，吸引听众众多，据《高僧传·竺法汰传》载："下都止瓦官寺，晋太宗简文皇帝深相敬重，请讲《放光经》。开题大会，帝亲临幸，王侯公卿，莫不毕集。汰形解过人，流名四远，开讲之日，黑白观听，士庶成群。及谘禀门徒，以次骈席，三吴负袠至者千数。"[2]竺法汰瓦官寺讲《放光经》，皇帝亲临，王侯公卿莫不毕集，听众达至上千人。此时佛教的发展情况可见一斑。东晋中后期，特别是孝武帝以来，佛教在皇宫的发展更甚，甚至出现佛教僧尼借机收受贿赂，干预国家政事的行为。如《比丘尼传·妙音尼传》就记有桓玄欲荐"弱才"殷仲堪为荆州刺史，而请妙音代为说服孝武帝一事的记载。该传称妙音"权倾一朝，威行内外"。由此可见，东晋后期僧尼干预朝政已经是普遍现象。东晋后期，佛教发展极盛，佛教戒律、寺院管理等还不完善，因此，出现奢侈腐化等现象，一些流民为了逃避徭役而入寺为僧，并非诚心修持。桓玄《与僚属沙汰僧众教》一文对此有详细论述："佛所贵无为，殷勤在于绝欲；而比者陵迟，遂失其道。京师竞其奢淫，荣观纷于朝市；天府以之倾匮，名器为之秽黩。避役钟于百里，逋逃盈于寺庙；乃至一县数千，猥成屯落。邑聚游食之群，境

---

① 《辨正论》卷三，《大正藏》第 52 册，第 502 页。
② 《高僧传》卷五，《大正藏》第 50 册，第 354 页。

积不羁之众。其所以伤治害政，尘淬佛教，固已彼此俱弊，实污风轨矣。"①可见，其时佛教内部人员秽杂、生活腐败、松懈懒散已经成为一种普遍的社会现象。因此，东晋末桓玄提出沙汰沙门的主张，获得高僧慧远的支持，并称"道世交兴，三宝复隆于兹矣"②。

（2）佛学与玄学

东晋南迁建康，在思想文化上仍继承西晋，大畅玄风。但是，自西晋向秀、郭象提出"名教即自然"后，玄学核心矛盾已经基本解决。玄学清谈多持旧说，甚少新意。此时，佛教高僧引起了士大夫知识分子的关注，他们精通佛理，又熟识玄学，他们为玄学注入新的风尚。以支遁释"逍遥"为例，据《世说新语·文学》载，自向郭以"适性"释"逍遥""诸名贤所可钻味，而不能拔理于郭、向之外"，直至东晋名僧支遁提出新解，取代向郭旧义，"支卓然标新理于二家之表，立异义于众贤之外，皆是诸名贤寻味之所不得，后遂用支理"。《世说新语·文学篇》中，刘孝标注引支遁"逍遥"义说："夫逍遥者，明至人之心也。庄生建言大道，而寄指鹏鷃。鹏以营生之路旷，故失适于体外；鷃以在近而笑远，有矜伐于心内。至人乘天正而高兴，游无穷于放浪。物物而不物于物，则遥然不我得；玄感不为，不疾而速，则逍然靡不适。此所以为逍遥也。若夫有欲当其所足，足于所足，快然有似天真，犹饥者一饱，渴者一盈，岂忘烝尝于糗粮，绝觞爵于醪醴哉！苟非至足，岂所以逍遥乎！"在支遁这里，大鹏和斥鷃都是不逍遥的。真正的逍遥是涅槃寂灭的精神境界。支遁引佛教般若学"色即是空"的原理解释"逍遥"，不同于向、郭的适性逍遥，为当时知识分子所崇尚。同时，东晋高僧，如竺法汰、帛尸梨蜜多罗、康僧渊、康法畅、竺道潜、支遁、竺法义、于法兰、于法开、于道邃、慧远等，这些僧人多擅长玄学，他们将玄学与佛教般若学说结合起来，形成独具特色的般若思想，摆脱了佛教依附玄学的发展状况。

总之，东晋时期，南方佛教发展兴盛，尤其是佛教般若学说的兴起，使南方佛教已经开始出现义学倾向，为南北朝时期南方佛教的进一步起到巨大的推动作用。东晋南方佛教高僧以慧远为主要代表，其佛学思想将在下文详细论述。

4. 东晋时期南方高僧：释慧远

慧远是东晋后期南方佛教界最有影响力的僧人。据《高僧传》载，慧远出生于晋成帝咸和九年（公元 334 年），卒于晋安帝义熙十二年（公元 416 年），时年 83 岁。

东晋永和十年（公元 354 年），慧远 21 岁，听说道安在太行恒山弘教，便与弟慧持前往道安处，拜道安为师。为学期间，他精思讽持，昼夜研习，"无生实相之玄，般若中道

---

① 《弘明集》卷十二，《大正藏》第 52 册，第 85 页。
② 《弘明集》卷十二，《大正藏》第 52 册，第 85 页。

之妙，即色空慧之秘，缘门寂观之要，无微不析，无幽不畅，志共理冥，言与道合"①。
24 岁时，便开始宣讲经论。当时有听众不解"实相"义，慧远便引《庄子》义为连类，使惑者豁然开朗。因此，道安特允许慧远阅讲《老》《庄》等外书。公元 378 年，前秦攻打襄阳，道安为朱序所拘，不得擅离，便分张徒众弘法扬教。慧远受命东下，本欲往罗浮山(今广东省内)，路经浔阳(今江西九江)，见庐山清静，便留居庐山。时江州刺史桓伊，为慧远在庐山建东林寺。自此，慧远在庐山居住三十余年，直至圆寂，终未出山。慧远所作经序、谈理文、弘教文等论序铭赞诗书共有十卷五十余篇，对中国佛教的发展产生深远影响。

概括地说，慧远在庐山主要进行了以下几个方面具有深远影响的探索：

（1）调和佛教与国家政治

东晋末年，战乱频仍，前有权臣弄权，后有孙恩卢循之乱、桓玄篡权，东晋司马氏统治岌岌可危。正是在这样的时代背景下，为了弘扬佛教，实现大乘理想，慧远并未隐居庐山与世隔绝，而是保持着与世俗，尤其是国家政治不即不离的关系。正是这种不即不离、不卑不亢的姿态，使得慧远赢得各界人士的尊重，也为佛教争取到独立的发展空间。无论面对政治问题，还是政治人士，慧远始终保持中立的姿态，不即不离，不卑不亢。公元 399 年，桓玄征伐荆州刺史殷仲堪。行军经过庐山时，桓玄邀请慧远出虎溪会面，慧远以疾病为由拒绝邀请。桓玄于是亲自进山拜会。期间，桓玄说起此行的目的是为了征伐殷仲堪。慧远当作没听到，并不回答。于是，桓玄再问有什么高见。慧远回答道："愿檀越安稳，使彼亦复无他。"檀越，即施主。也就是说，希望殷仲堪和桓玄都能安稳。慧远的回答是智慧的，表明了僧人面对政治问题的中立态度。面对政治人士，慧远亦然。自居庐山以来，他再未走出过。甚至晋安帝司马德宗从江陵返回京师，辅国将军何无忌劝慧远候迎，他亦称病未行。但是，慧远并未完全断绝与政治人士的交往，而是与东晋上层社会保持着密切联系。如何无忌、殷仲堪、王谧、谢灵运等均与之有交往。甚至北方前秦王苻坚，东晋"国寇"卢循等也与之有交往。可以说，慧远正是坚持这种不即不离的态度，才使庐山僧团在战乱纷争的东晋末年不断壮大，并为中国佛教的发展作出贡献。

（2）争取佛教及僧尼的独立

东晋末年，佛教的发展较为兴盛，佛教僧人的行为举止受到世人的普遍关注。因此，围绕沙门是否应该袒服、是否应该礼敬帝王等问题，引起统治者和士大夫阶层的关注。慧远针对这些问题形成一系列的文章、书信等，为促进佛教的规范发展和独立发展起到重要作用。在此，以礼敬帝王为例。公元 402 年，桓玄作《与八座论沙门敬王书》，指出僧人受

---

① 《出三藏记集》卷第十五，《大正藏》第 55 册，第 109 页。

王者"资生通运"之德，理当礼敬王者，"岂有受其德而遗其礼，沾其惠而废其敬哉？"①慧远作《答桓太尉书》以作回应。公元 403 年，桓玄篡位称帝，特许沙门不礼敬王者。其后一年，桓玄被杀。慧远著《沙门不敬王者论》，围绕沙门是否礼敬王者的问题进行全面系统论证。慧远指出佛教信徒分为在家信众和出家僧人两种类型。在家信众是顺化之民，他们生活于方内，思想情感并没有改变世俗习惯，因此，理应行奉上之礼、尊亲之敬、忠孝之义；而出家僧则不同，出家僧是方外之人，他们改变习俗，避世隐居，因此不应以世俗礼制要求他们。同时，出家僧人一旦摆脱轮回，走上三乘的道路，就是道洽六亲、泽流天下之事。因此，僧人于内虽然违背自然尊亲之礼，但是却不违其孝；于外虽然缺乏礼敬帝王之恭，但是却不失其敬。慧远的论述将在家信众与出家僧人作了明确区分，既维护了佛教的独立性又将佛教义理与儒家名教有机协调起来，对中国佛教的发展意义重大。

（3）形成中国化的佛教理论

慧远学问广博，兼综玄释且擅长儒学。他结合印度佛教教义和中国传统思想，创造性地形成神不灭论、报应论等佛学思想，极大地促进了佛教中国化的发展。在《与隐士刘遗民等书》中，慧远以其学习儒、道、释的亲身经历表示，"苟会之有宗，则百家同致"②。在《沙门不敬王者论》中，慧远亦指出："因此而求圣人之意，则内外之道可合而明矣。常以为道法之与名教，如来之与尧、孔，发致虽殊，潜相影响；出处诚异，终期则同。详而辨之，指归可见。理或有先合而后乖，有先乖而后合：先合而后乖者，诸佛如来，则其人也；先乖而后合者，历代君王，未体极之主，斯其流也。"③根据上述引文可知，在慧远这里，儒家与佛教的出发点虽然不同，最终的归趣却是相同的。佛教的如来诸佛与儒家的尧孔先圣，都是先合而后乖的典范。"合"为摆脱生死轮回之体极的状态，"乖"为沉沦于世俗轮回之顺化的状态。慧远以佛教教义为核心，融入儒道思想，指出诸佛孔圣均是体极者，他可以变化为诸王君子以教化众生，因此，如来孔圣、诸佛君子尽管当下呈现不同，但是最终的归趣都是一样的。正是在这样兼容的基础上，慧远结合印度佛教教义和中国传统思想，形成了具有中国特色的佛教思想体系：

其一，形尽神不灭论。慧远指出，无论凡圣都具有不灭之神，就好像薪火一样。神为火、形为薪，火从此薪传到彼薪，就如同神从此形传到彼形一样，是永恒不灭的。这里的"神"，与中国传统思想中"鬼魂"不一样，"神"是"精极而为灵者"。在《沙门不敬王者论》中，慧远对"神"有更为系统论述："神也者，圆应无主，妙尽无名，感物而动，假数而行。感物而非物，故物化而不灭；假数而非数，故数尽而不穷。有情则可以物感，有识则

---

①　《弘明集》卷十二，《大正藏》第 52 册，第 29 页。

②　《广弘明集》卷二十七，《大正藏》第 52 册，第 304 页。

③　《弘明集》卷五，《大正藏》第 52 册，第 31 页。

可以数求。数有精粗，故其性各异；智有明暗，故其照不同。推此而论，则知化以情感，神以化传，情为化之母，神为情之根。情有会物之道，神有冥移之功，但悟彻者反本，惑理者逐物耳。"①神，无主、无名，却可以感应万物。愚昧之人，神为情牵，情越凝滞则累越深沉，则生不绝化不尽，生生世世轮转于轮回之中苦恼无尽；体极之人，则悟彻反本，"不以情累其生，不以生累其神"。当"神"与法性本体冥合时，人也就实现了"涅槃"理想。

其二，因果报应说。在神不灭论的基础上，慧远结合中国传统思想，重新阐释了印度佛教的因果报应观。他指出，因果报应并非由神鬼控制，而是心之所感。无明遮蔽了神之智慧，使众生凝滞于外物；贪爱改变了神之本性，使他们化而为形。形体一旦产生就会形成人我之分，就难免偏向自己而怨恨别人；情感一旦凝滞就会产生善恶之分，于是就会眷恋生命而甘于沉沦。因此，只要心有所感就会得到相应的福罪报应。那么，为什么会出现行善者遭恶而行凶者得善的情况呢？慧远指出报应有三报，即现报、生报、后报。具体来说："现报者，善恶始于此身，即此身受；生报者，来生便受；后报者，或经二生、三生、百生、千生，然后乃受。受之无主，必由于心；心无定司，感事而应；应有迟速，故报有先后。先后虽异，咸随所遇而为对；对有强弱，故轻重不同。斯乃自然之赏罚，三报之大略也。"②也就是说现世的行为所产生的后果可能在现世得到善恶报应，也可能在来世得报；而现实所受到的报应可能是现世行为导致，也可能是前世行为使然。三世因果，解决了报应论在实践中无法解释的经验，对中国佛教的发展产生深远影响。

其三，弥陀净土信仰。在"神不灭论"和"因果报应说"的基础上，慧远寻找到解脱的途径，即往生西方弥陀净土。据《高僧传》记载："远乃于精舍无量寿像前，建斋立誓，共期西方，乃令刘遗民著其文曰：惟岁在摄提格，七月戊辰朔，二十八日乙未。法师释慧远贞感幽奥，霜怀待发。乃延命同志息心贞信之士，百有二十三人，集于庐山之阴，般若台精舍阿弥陀像前，率以香华敬荐而誓焉……"③弥陀即阿弥陀佛的简称，也称无量寿佛、无量光佛，是西方极乐世界的教主。极乐世界没有生死轮回的苦恼，幸福无忧，尽善尽美，是"神"最理想的归宿。往生西方弥陀净土也即慧远所谓"泥洹"（即涅槃）。慧远信仰的修持方式是坐禅，通过坐禅在内心观想阿弥陀佛以往生西方净土。慧远等人无量寿像前立誓一事，对后来净土宗的形成影响很大，因此，慧远也被视为净土宗的初祖。

总而言之，慧远及其僧团是东晋南方佛教界最具影响力的僧团，从佛教义理到修持实践，形成与中国文化相融的佛学体系，对佛教中国化的发展产生了深远而重要的影响。

---

① 《弘明集》卷五，《大正藏》第 52 册，第 31 页。
② 《弘明集》卷五，《大正藏》第 52 册，第 34 页。
③ 《高僧传》卷五，《大正藏》第 50 册，第 358 页。

【课外博览】

1. 汤用彤:《汉魏两晋南北朝佛教史》, 商务印书馆 2020 年版。
2. 任继愈主编:《中国佛教史》, 中国社会科学出版社 1985 年版。
3. [荷兰]许理和著, 李四龙等译:《佛教征服中国》, 江苏人民出版社 2019 年版。

第五章
佛教在中国的发展

进入南北朝后，佛教开始在妥协中走向独立发展的道路，在中国化的不断探索中走向繁荣。至隋唐时期，佛教发展达到高峰，基本完成了中国化的转变，从而使佛教从一个外来文化开始步入中国主流文化行列。宋以后，从佛教文化自身的创新发展来看，可以说开始不断走向式微；但从文化地位的角度来看，这一时期恰是佛教文化完全融入中国文化的时代，儒道释三家主流并立的局面已经融入宋以后的社会生活之中。

第一节　南北朝佛教：走向繁荣

公元 420 年，刘裕废东晋恭帝，自立为帝，建国号为宋，定都建康，中国历史进入南北朝时期。南方先后经历了宋、齐、梁、陈四个朝代，史称南朝，共历时 169 年。公元 439 年，北魏太武帝攻灭北凉，结束了十六国以来的混乱局面，统一了北方。到北魏孝武帝永熙三年（534），北魏分裂为东魏、西魏，后北齐代东魏，北周代西魏。577 年，北周灭亡北齐；581 年隋朝又灭亡北周，至此北朝结束。随后，隋文帝杨坚于开皇九年（589）灭亡南陈，统一南北。

南北朝时期，政权更迭频繁，社会动荡不安，身处乱世中的人们需要借助宗教信仰来安置身心，而作为宗教政策制定者的统治阶级也希望利用佛教的教化功能来稳固自身的统治，这是南北朝佛教走向繁荣的社会基础。与此同时，中外交流的频繁促成了译经事业的兴盛，这使得中土僧众能逐渐摆脱对"格义"的依赖，进而在深入探究佛经本旨的过程中不断改造和提升佛教的品质，使其更加贴合中土的社会文化环境。因此，在这一时期，儒、释、道之间的斗争与融合成为三教关系发展的总体趋势，佛教内部各学派之间的论争与互鉴成为佛教思想演进的主流。佛教在经过南北朝近一百七十年的发展与传播后，完成了其从侨民宗教、异域宗教向中土宗教的转变，这就为隋唐佛教的空前繁荣提供了先决条件。

一、论争与妥协

佛教作为一种规模较大，且具有高度理论水准的外来文化，在中国传播的过程中必然会面临来自主体文化的全面质疑。在南北朝时期，儒、释、道三教之间的论争主要表现为佛教以说理的方式回应或解答儒、道二者的诘难与疑惑，由此产生了大量带有护佛性质的辩论文字，这些文字在论证佛教合理性的同时，也在不断修正佛教自身以使其符合现实环境的要求。而儒家文化与道家文化中的包容性因素使两家主流人物也能通过论争来积极主动地研读、了解乃至信奉佛教，并力图从中发现佛教与中华固有文化之间的契合点。因此，异中求同是这一时期三教关系的主流态势。

1. 宗炳与《明佛论》

刘宋元嘉时，沙门慧琳作《白黑论》(又名《均善论》)评说佛儒二教的异同优劣，该论设"白学先生"代表中华传统的儒、道二教，设"黑学先生"指代佛教，采取彼此问答的形式结构全篇。《白黑论》认为佛教以空无立义却又许人以善恶果报，讲人生无常却又示人以解脱之方，这实际是在通过所谓的幽冥之途、来生之化来助长人们的竞利之心与靡费之欲。慧琳身为比丘却从佛教内部批判佛教，这引起了当时上层社会的强烈反响。佛教僧徒认为此论虽然旨在说明儒佛均善，但"贬黜释氏"之意明显，因而"欲加摈斥"①，要把慧琳逐出僧团；但以何承天为代表的无神论者却对此论大加赞赏，并将文章送至宗炳处，宗炳数次复信批驳后，为了系统地阐明佛教形神关系等问题，便撰写了《明佛论》。

宗炳(375—443)，字少文，南阳郡涅阳(今河南邓州)人。史载其少时曾入庐山拜慧远为师，并参加了著名的"白莲社"，《明佛论》中他也自称："昔远和尚澄业庐山，余往憩五旬，高洁贞厉，理学精妙，固远流也。"②因而宗炳的佛教思想深受慧远的影响，在形神关系上主张形毁而神不灭，在三教功用上讲究分工协作、三教会通。

《明佛论》认为人的精神生前已有，之所以有圣愚之分，那是因为这种本已有之的神识在人生前就有了精粗之别，不论众生各自的因缘如何影响形神的结合，精神的长存始终是无条件的，所以神妙形粗，精神不灭。宗炳还以镜为喻来解释神对形的超越：人的业因好比镜子上的灰尘，镜面积累的灰尘再多，镜子照物的功能并不会消失，人的神理也是如此。可见"形生则神生，形死则神死"的俗论并不成立。针对三教的价值定位，宗炳一反慧

---

① (南朝梁)沈约：《宋书》，中华书局 1974 年版，第 2391 页。
② 《弘明集》卷二，《大正藏》第 52 册，第 15 页。

琳之论，认为儒家眼界狭小，许多观念并不能自圆其说，比如"积善余庆，积不善余殃"之说并不能解释颜冉早逝，商臣考终的事实，而佛教"因缘有先后，对至有迟速"的论断则可以提供相应的说明，这就是说佛教义理的高深广大可以弥补儒家学说在阐释上的缺陷。然而佛理的这种高超也不是绝对的，《明佛论》中说："依周、孔以养民，味佛法以养神，则生为明后，殁为明神而常王矣。"①三教侧重点虽然不同，但却具有求"善"的共同理想与目的，儒、释、道应各自发挥比较优势才能作用于现实社会的治理。

宗炳深知对义理的不了解是佛教被普遍误解和猜疑的重要原因，因而他撰写《明佛论》的首要目的就在于通过释疑来增加人们对佛教的信仰。有人以白起、项籍坑杀降卒的史实质疑佛家因果报应之说，宗炳认为白起、项籍所能灭者是形体而非精神，且被杀之卒本身亦非无辜，而是身负杀生为食之孽，所以今生才有此祸，"害生同矣，故受害之日，固亦可同"②，这就是宿命。只有信奉佛教，积德行善，清心洁情，才能得到解脱，并最终成佛。《明佛论》中对这类疑惑的解答与反驳，使得"性空""形神""果报""三教关系"等命题也成为后世护佛文字重点关注与阐发的对象。

2. 顾欢与《夷夏论》

夷夏问题是南朝时期佛道论争的一个焦点，当时一般的道教徒认为在最终目的上，佛与道都能使人达到究竟境界，但在具体的教化施用上，佛道之间则有显著的区别，即相较于土生土长的道教，外来的佛法难以贴合中土的社会文化实际。以顾欢的《夷夏论》为代表，论中提出的"佛非东华之道，道非西夷之法"③等观点引发了刘宋末期规模浩大的佛道之争。

顾欢，字景怡，吴郡盐官（今浙江海宁）人。其早年从雷次宗习儒玄二学，齐高帝时上表建议以"道德"治国，并曾注解《老子》，表现出了较强的儒道融合倾向。《夷夏论》作于宋明帝时期，据陈代马枢的《道学传》记载："时玄言之士，飞辩河注；硕学沙门，抗论锋出；犄角李释，竞相诘难。"④顾欢正是鉴于佛与道的相互排挤，才把调和二教冲突作为创作《夷夏论》的重要目的，比如他认为："寻圣道虽同，而法有左右。始乎无端，终乎无末。泥洹仙化，各是一术。佛号正真，道称正一。一归无死，真会无生。在名则反，在实则合。"⑤这就是在强调释、道在本质上的同一性。然而顾欢又认为，二教并非全无差别，因为佛道虽然"齐乎达化"，但终究还是有"夷夏之别"，相较于道教所天然具备的"中夏之

---

①　《弘明集》卷二，《大正藏》第 52 册，第 15 页。

②　《弘明集》卷二，《大正藏》第 52 册，第 13 页。

③　（南朝梁）萧子显撰：《南齐书》，中华书局 1972 年版，第 934 页。

④　陈国符：《道藏源流考》，中华书局 1963 年版，第 467 页。

⑤　《南齐书》卷五十四。

性"，佛教在具体实践上的"悖礼犯顺"与中土的传统观念不符，若是让华夏之人强行西戎之法就如同"车可涉川，舟可行陆"①。顾欢显然站在了道教的立场上，强调本土信仰在"教法"上的显著优势，因而《南齐书》说"欢虽同二法，而意党道教"②。

顾欢在《夷夏论》中的观念立刻遭到了时人的反驳，一些论者认为从"华夷之辨"的角度看待佛教本就不合理，因为要想达到理想化境，就难免会与有形的风俗发生冲突，况且佛教与华俗相反，正是为道日损的表现，反而有助于修行，这就是"俗既可反，道则可淳"③，因之华夷风俗不同并不会影响佛教"灭俗归真"的终极价值。还有一部分佛教学者则以子之矛攻子之盾，认为道教的许多仪式也难洗伤风败俗之嫌，如释僧敏就说："首冠黄巾者，卑鄙之相也。皮革苫顶者，莫非华风也。贩符卖箓者，天下邪俗也。搏颊扣齿者，倒惑之至也。反缚伏地者，地狱之貌也。符章合气者，奸狡之穷也。斯则明暗已显，真伪已彰。"④总之，由《夷夏论》所引发的一系列论争促使佛教内部不得不发生一些转变以符合现实环境，这就在一定程度上加速了佛教的华化进程。

3. 范缜与《神灭论》

自汉末佛教传入中国，围绕神灭与神不灭的争论就已经开始。一般说来，佛教在中土的传播过程中以因果报应与轮回转生为重要信仰依据，就自然会宣扬"神不灭"的可信性。在东晋时期，高僧慧远将佛教教义与传统鬼神观念结合起来，认为与有生死的"形"相比，"神"可以使人们达到西方净土世界，因为"神"不仅永恒存在，而且能够感应一切。后郑鲜之、宗炳等人继承了慧远的佛教思想，多从"神"的定义与凡圣之异等角度出发来强化"神不灭"观念的合理性。然而，佛教神不灭论从一开始就引起了一部分人的怀疑，慧远关于神不灭思想的阐述本身就是对质疑的回应。至南朝齐、梁时期，著名无神论者范缜撰写了名震一时的《神灭论》，从而将儒道之间关于有神无神的论争推向高潮。

范缜（约450—515），字子真，南乡舞阴（今河南泌阳）人。其生平跨齐、梁两朝，仕齐时，他就已同竟陵王萧子良等人做过辩论。当时萧子良召集僧客，意欲宣扬佛教，而范缜却公开宣称"无佛"，并否定佛教的因果报应论。此次论战后，范缜犹嫌口头辩论不能尽意，于是"退论其理，著《神灭论》"⑤。此论一出，朝野哗然，反对批驳之声纷至沓来。入梁后，梁武帝萧衍笃信佛教，他亲自撰写《敕答臣下神灭论》，批判范缜所论离经叛道，并举朝野之力，号召王公士大夫六十二人集体批驳《神灭论》，但范缜始终没有屈服。

①《南齐书》卷五十四。
②《南齐书》卷五十四。
③《弘明集》卷六，《大正藏》第52册，第42页。
④《弘明集》卷七，《大正藏》第52册，第47页。
⑤（唐）姚思廉：《梁书》，中华书局1973年版，第665页。

《神灭论》的论述开宗明义，认为："神即形也，形即神也，是以形存则神存，形谢则神灭也。"①有神论者所提出的形神不相即的观念在范缜这里是不成立的，因为在他看来形神本是一体，二者均不能脱离对方而单独存在。但形神并非全无区别，范缜又进一步认为"形者神之质，神者形之用"②，就是说两者在一体的前提下，还有一个"质"与"用"的区别，即精神从属于形体，形体通过精神展现效用，这种论述模式就在一定程度上跳出了形神二元论的窠臼。以"形质神用"命题为基础，范缜还对与形神有关的具体问题做了一定的解释，如感觉与思虑的异同，范缜认为感觉与思虑都是人体不同器官所生发出的不同功用，总的说来"皆是神之分也"③。又如圣凡之间形神的差别，范缜认为之所以会出现圣凡形体同而精神异的现象，原因不在于神，而在于形，因为圣人天赋异禀，"岂有圣人之神而寄凡人之器"④。总之，范缜的无神思想具有明显的现实针对性，他在《神灭论》中已经点明："浮屠害政，桑门蠹俗，风惊雾起，驰荡不休，吾哀其弊，思拯其溺。"⑤这种干预意识代表了儒家学者对佛教过度发展的一般态度，然而在佛老蕃滋，王道陵迟的时期，范缜的观念很难被当时的主流思想所接受。

在众多驳难范缜的论文中，萧琛的《难神灭论》较有水平，其中最值得注意之处在于萧琛认为"六家之术，各有流弊：儒失于僻，墨失于蔽，法失于峻，名失于讦。咸由祖述者失其传，以致泥溺"，任何学说或信仰都难以避免地存在一定的弊病，正确的做法应该是"息末以尊本"，而不能因为佛教产生了一些社会问题，就全盘否定佛教的价值。而且范缜所谓"释氏蠹俗伤化、费货损役"也失之于偏，因为"此惑者为之，非佛之尤也"⑥，不能将受惑之人的不良行径归罪于佛教信仰本身。

《神灭论》主张形即神，意在从理论上打击佛教，但在客观上却削弱了儒家思想对出世观的阐释力度，并将精神领域内的心性问题让渡给了佛教来处理。佛教也借助形神之争，进一步整合思想，逐渐将理论争论的重心转移到心性、佛性关系等问题上来。

二、传播与繁荣

1. 南北朝时期的佛典译介与佛教著述

南北朝时期，随着佛教的快速发展，外来佛典的译介活动也达到了一个高峰，据《开

---

① 《梁书》卷四十八。
② 《梁书》卷四十八。
③ 《梁书》卷四十八。
④ 《梁书》卷四十八。
⑤ 《梁书》卷四十八。
⑥ 以上见《弘明集》卷九，《大正藏》第52册，第57页。

元释教录》记载，自刘宋初至陈末（420—589），近一百七十年间，南北八个朝代（宋、齐、梁、陈及北凉、北魏、北齐、北周）共有译者六十七人，译出佛典七百五十部一千七百五十卷。这一时期的佛经翻译由于受政权分裂割据的影响，表现出了南北分化发展的趋势，一些交通便利的重镇逐渐成为佛典传译的中心。东晋十六国后，北方少数民族持续内迁，敦煌、姑臧、长安、洛阳等地聚集了不少西域而来的佛教徒，他们成为北方佛教翻译的主力军。而在南方，一部分佛教僧众为了躲避战祸与政治迫害，纷纷南下，因而译经中心主要分布在建康、江陵、庐山等水路畅通的沿江城市。

自东晋高僧慧远在庐山弘扬佛法后，江南地区的佛教日渐隆盛。公元411年左右，北天竺沙门佛驮跋陀罗（359—429）因受到后秦鸠摩罗什门下僧众的迫害，不得不南下投奔庐山慧远，并开始着手翻译佛教典籍。佛驮跋陀罗在东晋末至刘宋初年共翻译佛经十三部一百二十五卷，其中较著名的有《大方广华严经》六十卷与《大般泥洹经》十卷。《大方广华严经》（简称《华严经》）由佛驮跋陀罗与慧严、慧观等百余人共同译出，该经使繁杂的华严思想得以在中土流布开来，并为唐代华严宗的兴盛提供了必要前提。《大般泥洹经》则由佛驮跋陀罗与西行名僧法显共译，此经译出后反响巨大，尤其是其中"众生皆有佛性"的观念使当时的义学研究焦点开始由般若空观转向佛性论。佛驮跋陀罗去世后，中天竺僧人求那跋陀罗（394—468）又于435年至建康，此后便致力于译经工作，其所翻译的佛典主要有《杂阿含经》五十卷、《胜鬘经》一卷、《楞伽经》四卷等。

刘宋之后，南朝最重要的译僧有梁陈之际的真谛。真谛（499—569）为优禅尼国人，他于公元548年到达南梁都城建康，然而不久即遭遇侯景之乱。为避战祸，真谛辗转于南方多地，并最终于562年在广州安顿下来，于是在广州便形成了一个以真谛为核心，僧宗、法忍、法泰等学僧为主要参与者的翻译集团。据《开元释教录》所载，真谛来华的二十三年间，共翻译经书四十九部一百四十二卷，其中以论藏居多，且偏好译传大乘有宗体系中的瑜伽行派经典，如《俱舍释论》《摄大乘论》等。此外，真谛也是一位佛教义学大师，他在译经同时也对经文的内容进行讲解，弟子再将这些口头宣讲记录下来就形成了所谓的义疏，因而真谛的义疏工作与其翻译活动密不可分。

相较于南方，北方的译经事业波折较大。先是十六国末期，北凉地扼西域要道，是佛教向内地传播的前哨，而且统治者沮渠蒙逊也十分提倡佛教，并积极支持译经事业。当时的著名翻译僧昙无谶（385—433）在北凉治下的姑臧从事译经活动，十余年间（421—433）共译佛经十九部一百三十一卷，其中影响最大的莫过于《大般涅槃经》三十六卷，该经进一步强调了"佛性"的实存性与遍在性，认为众生皆有佛性，即使一阐提也能成佛，这种观念随着《大般涅槃经》的传播不久即风行南北，受到了绝大多数佛教信徒的认可。然而好景不长，据《魏书·释老志》记载，北魏君主拓跋焘"命蒙逊送谶至京师，惜而不遣。既而，惧魏威责，遂使人杀谶"①。公元 439 年，拓跋焘又出兵攻伐姑臧，北凉的译经盛事也毁于一旦。

自昙无谶卒后，北方诸国译经事业一时间归于沉寂。北魏自迁都平城后，佛教日渐兴盛，至孝明帝时期（516—522），魏廷遣惠生等人前往西域求经，北朝译经活动才逐渐重回正轨。特别是在宣武帝永平元年至东魏武定元年（508—543）这三十五年间，以菩提流支为核心的翻译集团将元魏的译经事业推向高峰。菩提流支，北天竺人，于永平元年至洛阳，此后近三十年间，共译出佛籍三十部一百零一卷。他将求那跋陀罗所译的四卷本《楞伽经》扩译为十卷本的《入楞伽经》，并在新译本中着重解释"如来藏缘起"；而他所翻译的《深密解脱经》也是该经的最早全译本，两部经书均有力地推动了瑜伽行派思想在中土的传播。与菩提流支同时的，还有佛陀扇多、勒那摩提、瞿昙般若流支等天竺僧人，他们和众多中土笔受者一起翻译了不少瑜伽行派的论著，为法相唯识学在隋唐的兴盛打好了基础。

除了佛经翻译的繁盛外，本土佛教著述在南北朝时期也显著增多。梁代僧祐说："自尊经神运，秀出俗典。由汉届梁，世历明哲，虽复缁服素饰，并异迹同归。讲议赞析，代代弥精；著述陶练，人人竞密。所以记论之富，盈阁以牣房，书序之繁，充车而被轸矣。"②可见自汉至梁，中土佛教著述不仅数量越来越多，而且质量也越来越高。虽然现存的南北朝佛教著述可能不及当时的百分之一，但诸如《出三藏记集》《弘明集》《高僧传》《魏书·释老志》等几部名著也对后世佛教发展产生了深远影响。

《出三藏记集》为南梁僧祐撰写，它是中国现存最早的佛经目录和译经文献集成，共十五卷。佛教自东汉传入中国而至梁代，译人继出，译籍日富，撰写能反映当时佛教发展状况的佛典目录是僧祐撰写此书的主要动机。从体制上看《出三藏记集》明显受东晋道安《宗理众经目录》的影响，但扩大了《安录》的内容。该著分为四个部分：其一，撰缘记，叙述印度佛经的编纂和中国译经的渊源。其二，铨名录，著录佛经二千一百六十二部四千三百二十八卷，分十二类，各类有小序，并叙述该类佛经的源流。其三，总经序，汇集佛经的序、记一百二十篇，内容多涉及南北朝初期有关佛学的主要论题。其四，述列传，是中外三十二位译经高僧的传记。书后附"杂录"，著录中国学者和僧人撰写的论文或论著。《出三藏记集》不仅对后世编纂佛经目录影响巨大，而且它的"总经序""述列传"对后世编制一般文献目录也有一定的影响。

《弘明集》是中国佛教史上第一部护法弘教文献的汇编，亦为僧祐所编，共十四卷。其收录了东汉至南梁五百年间教内外人士的护法御诋、弘道明教以及与之相关的文章一百八十六篇。作者多为帝王重臣、文化精英、高僧大德，论文内容多涉及当时重大的社会和理

---

① 《魏书》卷一百一十四。
② 《出三藏记集》卷十二，《大正藏》第 55 册，第 82 页。

论问题，如佛道之争、夷夏之争、形神之辩等。书末有作者自传的《弘明论》作为后序。该书价值如《四库全书总目提要》所说："然六代遗编，流传最古，梁以前名流著作，今无专集行世者，颇赖以存。"①因此，该著就不仅仅具有护法明教的宗教意义，在哲学、文学、史学等方面同样具有极高的文献价值。

《高僧传》亦称《梁高僧传》，由南梁僧人慧皎于天监十八年（519）撰成，共十四卷，为类传体史书。该传记载了从东汉永平十年（67）至南梁天监十八年二百五十七位僧人的生平事迹，其中附见者二百余人。而其中所载的九十位魏晋僧人中，绝大部分的生平行迹仅见于此书。体制上该著依据"德业"对所载僧人进行了分类，有"译经""义解""神异""习禅""明律""亡身""诵经""兴福""经师""唱导"十个科类。末卷为"附录"，收录慧皎的《高僧传序》《高僧传目录》等文献。该书所载内容多有依据，记述缜密，在中国佛教史上影响深远，后来唐代道宣《续高僧传》、北宋赞宁《宋高僧传》、明代如惺《明高僧传》的体例多遵慧皎之传。

《魏书》本是北齐人魏收所著的一部纪传体断代史书，二十四史之一，其中《释老志》为《魏书》最末的一篇，内容主要为佛道二教的略史。《魏书·释老志》是中国最早关于佛教历史和思想的全面记载，亦是正史之中"释老志"体裁的首创，虽然分述佛道二教，但佛教篇幅占三分之二，主辅判然。具体说来，《释老志》对佛教发展史的叙述主要集中在元魏一朝，由于魏收撰写《魏书》之际距离元魏时代并不远，因而他能较详细地展现元魏佛教发展的一些历史细节，比如元魏僧官制度、太武帝灭佛经过、北魏佛寺的具体数量等，这些都极大地增强了《释老志》的史料价值。明代宋濂在编修《元史》的过程中，于"列传"中专立《释老传》，很显然也是借鉴了《魏书·释老志》的撰写模式。

2. 南北朝时期的佛教政策

南朝诸帝王出于维护统治的需要，大多能积极支持佛教的发展，但同时又对佛教进行规制，以保证其在可控的范围内。如刘宋孝武帝即位当年便召集群臣举行八关斋，并接纳大量为避战祸而南下的北方僧侣，使长安佛法得以传入江南。但孝武帝又对佛教进行了一定的限制，在大明六年（462），孝武帝就下诏取消了东晋以来沙门不礼敬人主的旧俗，认为沙门不向王者跪拜，与中国礼法不合。又如齐武帝在位之时颇为崇敬释法献、释法匮等僧人，并立规"御膳不宰牲"以示对佛教不杀生戒律的支持。同时针对当时僧尼鱼龙混杂的现象，齐武帝又下令在三吴地区裁汰僧尼。可见，南朝统治者对佛教的支持是有条件的，教权向皇权的逐渐靠拢是南朝佛教发展的一大趋势。

至于梁武帝的情况则比较特殊，他是中国历史上少有的对佛教保有虔敬信仰的帝王，

---

① （清）永瑢、纪昀等编：《四库全书总目》，中华书局1965年版，第1236页。

在他统治的四十八年间，佛教的发展达到了南朝的顶峰。萧衍(464—549)，字叔达，出身兰陵萧氏。中兴二年(502)，他接受南齐和帝萧宝融的"禅位"，建立南梁，是为梁武帝。武帝起初崇奉道教，在即位的第三年(504)，他亲率僧俗二万人，在重云殿重阁，制《舍事李老道法诏》，表示舍道归佛。究其原因则如他说"老子、周公、孔子等，虽是如来弟子，而化迹既邪，止是世间之善，不能革凡成圣"①，意在表明佛教超越于世间，比儒道二教更加优越。因而梁武帝在宗教措施上表现出了对佛教的明显偏向性：其一，给予僧人特权。当时涅槃学说、成实学说十分盛行，因而武帝对佛教义学僧侣格外重视，常常给予他们常人难以企及的社会地位与优渥的生活条件，如释智藏可以自由出入皇宫，甚至能登上皇帝的御座；释法宠"常居坐首，不呼其名，号为'上座法师'，请为家僧。敕施车牛、人力、衣服、饮食，四时不绝。"②其二，推广佛教戒律。武帝相当重视佛教戒律，曾亲编《出要律仪》十四卷，要求在梁境通行；针对当时僧团内部广泛存在的不守戒律现象，武帝还特别制定《断酒肉文》，号召出家人戒断酒肉。而且武帝还曾以政令的形式"令其王侯子弟皆受佛诫，有事佛精苦者，辄加以菩萨之号"③。其三，举办大型佛教仪式。武帝在位期间频繁举办大型斋会，如中大通七年(535)二月萧衍在同泰寺举办道俗无遮拦大会，关于此会盛况，《广弘明集》有记载："万骑龙趋，千乘雷动。天乐九成，梵音四合。震震填填，尘雾连天。"④同年三月再次举办无碍会，并铸造十方银像。总之，武帝佞佛使佛教几乎成为了南梁的国教，据《辨正论》统计，南齐有佛寺 2015 所，僧尼 32500 人，至南梁佛寺则有 2846 所，僧尼增加到了 82700 人，足见梁代佛教之盛。

侯景之乱使江南佛教遭受重创，陈朝建立后，陈武帝、陈文帝两代君主致力于恢复佛教。公元 557 年，陈霸先称帝第一年便敕请释安廪于耆阇寺宣讲佛法，使一度中断的传法活动重新开展，并下令修复战乱中遭到毁坏的 700 余所寺院。文帝陈蒨即位后任命释宝琼为京都大僧正，并大开佛法讲肆。此后，陈代主要帝王皆推崇佛教，当时著名的高僧智颢就受到了宣帝与后主的礼遇与器重。据载，陈代寺院总共有 1232 所，僧尼 32000 人，虽然远不及梁代，但也是陈朝历代君主扶持恢复的结果。

除了北魏太武帝与北周武帝灭佛等个别极端事件外，北朝君主亦大多支持佛教的发展，据《魏书·释老志》记载，东魏时期有佛经 415 部，合 1919 卷，寺院 3 万多所，信徒数量更是达到 200 万之巨。特别是北齐文宣帝高洋统治时期，邺都更是成为当时著名的佛教中心。相较于南朝松散的宗教管理体制，北朝佛教的一大特色在于僧官体制比较健全，史书一般认为后秦设立了最早的僧官，当时鸠摩罗什入关，僧徒众多，秦主为了方便管

---

① (唐)道宣撰，刘林魁校注：《集古今佛道论衡校注》，中华书局 2018 年版，第 81 页。
② 《续高僧传》卷五，《大正藏》第 50 册，第 461 页。
③ 《魏书》卷九十八。
④ 《广弘明集》卷十九，《大正藏》第 52 册，第 236 页。

理，特设僧正、悦众、僧录等职位，并配以车舆、属吏与随从。其中僧正为全国最高僧官，权力颇大，能以佛法戒律管束境内所有僧尼，地位相当于侍中。北魏时期，僧官体系进一步健全，设监福曹(后改为昭玄寺、崇玄署)为最高僧官机构，以沙门统为全国最高僧官，都维那为其副职。在地方上依行政建制，还设有州统、州都、郡统、郡维那、县维那等僧官，负责处理佛教日常事务。北齐、北周在僧官体系上也基本沿袭了元魏的旧制。

3. 南北朝时期的佛教义学

晋宋之际，竺道生将新传入的大乘涅槃佛性观融入当时的般若学说中，提出了颇具理论创新意义的佛性顿悟说。该学说认为一切众生皆有佛性，即便是断绝一切善根之人，只要消除贪欲烦恼，也能见性成佛；而众生要想领悟自身的真如佛性，就必须通过顿悟而不废渐修的方式来实现。竺道生的学说开始并不为南京主流僧团所接受，后慧严、慧观与谢灵运将昙无谶所译的四十卷北本《涅槃经》改译为三十六卷南本《涅槃》，南朝对《涅槃经》研习才逐渐成为风气。至天监八年(509)，梁武帝敕建元寺法朗编《大般涅槃经集解》，书成七十二卷，汇集了道生、僧亮、法瑶、昙济、僧宗、宝亮等宋齐以来十几位涅槃学者的注疏，足见南朝涅槃学之兴盛。

除了《涅槃经》，《成实论》也是南北朝时期十分流行的佛典，对《成实论》进行研究的学僧被称为成实师。《成实论》自被鸠摩罗什译出后，便在译地长安流行起来，鸠摩罗什死后，他的弟子流散至南北各地，后逐渐形成了以彭城与寿春为中心的二系。彭城系的创始人僧嵩曾在彭城白塔寺聚徒讲学，其弟子僧渊(414—481)因深得《成实论》奥旨而得到了北魏皇室的称赏。至孝文帝统治时期(471—499)，北方较著名的成实学僧几乎全属彭城一系。寿春系的开创者则为僧导(362—457)，他曾应宋武帝之请，住寿春东山寺，该寺遂成为弘传《成实论》的重要据点。至梁代，更出现了以僧旻(476—527)、法云(467—529)、智藏(458—522)为代表的成实"三师"，他们以《成实论》为大小乘的共同旨归，力求调和儒释二家。总之，成实学派一方面批判小乘一切有部，另一方面也不完全赞成大乘涅槃学说，它表现出了一定的过渡性，因而当时很多人仅把《成实论》当作理解大乘经典的"入门手册"。从陈代开始，许多成实师开始转向研究"三论"，成实学趋于衰退，特别是唯识学兴起后，该学派便逐渐消失。

所谓"三论"，指的是《中论》《百论》《十二门论》三部大乘经典，其均为鸠摩罗什所译。宋齐时代的学僧大多沿袭了僧肇、僧叡的关中旧义，在研究般若学、《成实论》的同时，也研究三论学，像僧导的弟子僧钟(429—489)，就是三论与《成实论》《涅槃》同修兼通的学僧。刘宋末年，僧朗从北朝辗转至建康，依止于摄山(今南京栖霞山)法度(436—500)，并在摄山弘扬三论之学数十年。梁天监十一年(512)，僧诠奉武帝之敕令，随僧朗研习三论义理，后僧诠又有弟子四人，分别是慧勇、慧辩、法朗、慧布，于是师徒三代所构建的"新三论"被称为"摄山三论"。从学风来看，新三论学僧尤好辩论，因为在他们看来，一切经论不过只是言教，发明实相无碍才是其根本目的，因此佛典都是对治的，并无高下优劣之分。后来，隋代高僧吉藏继承了摄山法脉，开创了著名的三论宗。

三、灭佛与复佛

中国历史上曾有过所谓"三武一宗"的四次大规模灭佛事件，其中两次发生在南北朝时期，分别是北魏太武帝灭佛与北周武帝灭佛。太武帝拓跋焘（424—452 年在位）继位之初曾一度支持佛教的发展，然而在太平真君七年（446），拓跋焘在镇压卢水胡盖吴起义的过程中，发现长安一寺院内藏有大量兵器，便怀疑沙门与盖吴通谋，于是盛怒之下的拓跋焘即刻下令诛杀阖寺僧人，并下令在全国范围内展开灭佛。当时的情况根据《高僧传》的记载，朝廷"分遣军兵烧掠寺舍，统内僧尼悉令罢道，其有窜匿者，皆遣人追捕，得必枭斩。一境之内无复沙门①"。此次灭佛看似由偶然事件所激发，但太武帝对佛教态度的转变其实是诸多因素合力的结果。在太延五年（439），北魏讨伐北凉时，太武帝亲率大军攻打凉州，却发现凉州城内竟有三千僧兵登城抵御魏军，这让太武帝十分反感。特别是崔浩、寇谦之等道教崇奉者在获得太武帝的宠信之后，为了扩大道教与自身在北魏的势力，必然煽惑太武帝反佛。太平真君五年（444），太武帝下诏说："沙门之徒，假西戎虚诞，生致妖孽。非所以壹齐政化，布淳德于天下也。自王公已下至于庶人，有私养沙门、师巫及金银工巧之人在其家者，皆遣诣官曹，不得容匿。限今年二月十五日，过期不出，师巫、沙门身死，主人门诛。"②说明太武帝这时对佛教的认知发生了根本性转变，认为其已经对统治构成了威胁。太武帝的灭佛行为虽然在一定程度上遏制了寺院经济的过度发展，但他希望通过一己之无上权威来消灭佛教信仰的手法是完全错误的，因为这种粗暴行为既不符合三教融合的历史趋势，也与中华政统的德治精神背道而驰，所以"灭佛"作为一种政策是不可能持久的。公元 452 年，太武帝被宦官宗爱所弑，文成帝拓跋濬即位后立刻下诏恢复佛法，认为佛教"助王政之禁律，益仁智之善性，排斥群邪，开演正觉"③，并命各地方重建寺塔，允许百姓出家，此后曾一度被严重破坏的佛教又逐渐在北魏兴盛起来。

相较于独断专行，缺乏前瞻性的太武帝灭佛，北周武帝宇文邕（561—578 在位）灭佛准备较为充分。继北魏文成帝恢复佛教的合法地位后，北朝佛教势力再度急剧膨胀，这确实给社会带来了诸多负面影响。周武帝即位后深感僧徒滥杂，特别是寺院侵占农田，隐匿

---

① 《高僧传》卷十，《大正藏》第 50 册，第 392 页。
② 《魏书》卷四下。
③ 《魏书》卷一百一十四。

人口，蛊害百姓，破坏统治根基，因而认为铲灭佛教很有必要。但在手段上，周武帝吸收了太武帝灭佛的教训，采取了比较温和的措施，灭佛之前就多次组织三教论衡，意在舆论上贬低释道二教的社会价值，抬高儒家的正统地位。公元574年，周武帝正式下令在全国范围内展开灭佛："断佛、道二教，经像悉毁，罢沙门、道士，并令还民。并禁诸祭祀，礼典所不载者，尽除之。"对于还俗的僧人，周武帝在政策上还给予一定的优待，鼓励他们从事生产劳动。至578年，北周境内"前代关山西东数百年来官私所造一切佛塔，扫地悉尽。融刮圣容，焚烧经典。八州寺庙，出四十千，尽赐王公，充为第宅。三方释子，灭三百万，皆复军民，还归编户"。可以说，北周灭佛基本达到了富国强民的目的，为其统一北方起到了积极作用。周武帝于宣政元年(578)去世，嗣君周宣帝在位不足一年便传位于时年7岁的周静帝，自称天元皇帝，并下敕允许官民信奉佛教，复修佛像及道教天尊像。大象二年(580)，宣帝驾崩，朝政大权遂落入外戚杨坚手中。是年六月"复行佛道二教，旧沙门、道士精诚自守者，简令入道"，自此佛教地位重新得到了官方的认可。

第二节　隋唐佛教：中国化的高峰

公元581年，杨坚代周称帝，改国号为"隋"，定都大兴城(今陕西西安)。隋文帝励精图治，在开皇九年(589)，遣军南下攻灭陈朝，统一南北。隋炀帝继位后，大兴土木，征伐无度，滥用民力，穷奢极欲，致使民怨沸腾，终于引发了全国范围内的农民起义，天下再次陷入动荡。大业十四年(618)，江都兵变后，炀帝为叛军所弑，李渊趁势逼迫隋恭帝杨侑禅位，改国号为唐。唐初统治者吸取了隋朝迅速灭亡的教训，重视民生，留心吏治，以农为本，厉行节约，经过贞观之治，国家复归于安定。唐高宗在位年间，承贞观遗风开创了"永徽之治"。公元690年，虽然武则天改国号为周，但经过神龙革命(705)，"唐"的国号得到了恢复。唐玄宗即位后，整顿诸多弊政，使唐朝国力达到顶峰，史称"开元之治"。然而玄宗晚年忽视国事，放纵享乐，最终导致"安史之乱"(755—763)爆发，唐王朝从此一蹶不振。唐代中后期，在藩政割据、宦官专权、朋党之争、农民起义等一系列政治危机的合力下，唐王朝回天乏力，加速没落。公元907年，军阀朱温逼迫唐哀帝李柷禅位，唐朝灭亡。总之，从中国历史的整体发展脉络来看，隋唐两代结束了数百年的分裂动荡局面，实现了国家的统一，尤其是唐代，国力强盛，经济发达，礼教大行，文化繁荣，对外高度开放，民族关系融洽，社会思潮活跃，中国封建社会的发展在这一时期达到了顶峰。

与经济文化的繁盛相应，隋唐佛教也是中国佛教发展的鼎盛时期，主要表现在：首先，儒、佛、道三教鼎力新局面的出现。唐代统治者有鉴于前代历史经验，根据新形势，确立了"三教并奖，各尽其用"的新方略，有效地配合了大一统国家的稳定与发展。其次，中国佛教宗派的确立。隋唐佛教之所以辉煌，一个突出的表现就在于所谓"大乘八宗"的创立。包括天台宗、三论宗、法相唯识宗、华严宗、律宗、禅宗、净土宗、密宗以及曾一度流行的三阶教构成了隋唐佛教宗派的主体，这些宗派在相互影响的过程中，有力地推动了佛教中国化的进程。最后，佛教文化的空前繁荣。这主要表现在译经活动的发达、佛教著述的众多以及僧侣与士大夫的频繁交流等几个层面。

一、三教融合

隋唐时期的三教关系与南北朝相比，最大的不同就在于统一帝国所提供的资源为三教的较平等发展提供了可能。在南北朝的格局态势下，三教在不同的政权中，发展极不平衡，波动性很大，如儒家经学研究的南北差异，北魏政权对道教的支持，佛教在南梁的兴盛等，三教都没有形成一个具有凝聚力的全国性中心。隋唐诸帝王从现实政治需要出发，对儒释道三教一般都采取三教并用的政策，并动用国家权力来扶持宗教的发展。以唐太宗为例，他不仅表现出了对佛教事业的热心，如贞观三年（629），他将自己父母昔日的旧宅改造成兴圣寺，并自述缘由说："永怀慈训，欲报无从，靖言因果，思凭冥福。"①而且对于道教，太宗认为其有"经邦致治，返朴还淳"②之功，应该加以大力弘扬。至于"儒教"，太宗更是说："朕今所好者，惟在尧、舜之道，周、孔之教，以为如鸟有翼，如鱼依水，失之必死，不可暂无耳。"③但太宗对佛道二教的支持并不是无保留的，他也曾批判释道二教，说佛教"非意所遵，虽有国之常经，固弊俗之虚术"④，认为道教"神仙事本是虚妄，空有其名"⑤，这种不一致看似矛盾，实则体现了唐太宗对三教的平衡把握，即以儒家治国理政，用佛、道协助儒家推行教化，三教各为其用，而不使国家出现一教独尊的局面。

具体说来，隋唐诸帝王对待三教的实际态度并不相同，有着一定的具体偏向性。儒学思想的正统在隋代开始得到恢复，到了唐代，儒学所涵括的政治伦理更是受到高度重视，因而儒学的权威地位在隋唐两代并未受到太大的挑战。佛道二教由于地位相近，就成为唐代三教关系争论的焦点。比如从帝王与佛道二教的关系来看，武则天称帝后，既不太适合宣扬儒家思想，又不能崇信被李唐王室所推尊的道教，于是她便大力推崇佛教，"以释教

---

① 《广弘明集》卷二十八，《大正藏》第 52 册，第 329 页。
② （清）董诰等编：《全唐文》，中华书局 1983 年版，第 73 页。
③ （唐）吴兢撰，谢保成集校：《贞观政要集校》，中华书局 2009 年版，第 331 页。
④ （清）董诰等编：《全唐文》，第 97 页。
⑤ （唐）吴兢撰，谢保成集校：《贞观政要集校》，第 332 页。

开革命之阶，升于道教之上"①。唐宪宗由于个人原因，尤为笃信佛教，他将凤翔法门寺的佛骨迎入京城，在宫内供奉三天，掀起一股佞佛风潮。而在道教方面，唐玄宗始终崇信，道教在玄宗治下也达到鼎盛，他曾下诏在两京及各州遍立老子庙，并不断追加老子封号。唐武宗奉道最为极端，他在道士赵归真的怂恿下，于会昌五年(845)下令灭佛，在全国范围内大规模拆毁寺院，强令僧尼还俗，史称"会昌法难"。这种政策上的偏向性，反映出统治者对佛道二教功用的不同理解，其中也掺杂了君主一定的个人好恶，但究其本质还是与统治阶级的政治利益息息相关。总而言之，即使在唐代的政治进程中出现了一些或佞佛或媚道的现象，三教鼎力的格局并没有发生根本性的改变。

从阐述三教融合的具体文献来看，有两部可作为代表，一部是唐代华严宗僧人宗密所撰写的《原人论》，一部是唐代律宗僧人道宣所编的《广弘明集》。宗密的《原人论》是一篇三千多字的论文，其内容旨在通过推究人的本源以消除三教矛盾，会通世间万有。该文认为三教"惩恶劝善，同归于治"，而且"孔、老、释迦，皆是至圣，随时应物，设教殊途，内外相资，共利群庶"②。虽然，宗密也批判儒、道，认为二者是外教，不能像佛教一样了悟人的生命本质，但从权设方便而言，三教缺一不可，只不过佛教能更进一层，直达本原。道宣的《广弘明集》选辑了魏晋至隋唐的296篇与佛教有关的文献，希望通过这些文章来凸显三教并行对社会发展的积极意义。特别是出于护法的需要，道宣还收录了不少灭佛毁法文字作为政教关系恶化后的反面教材，并以此来说明：一方面统治者要善于认识佛教的积极作用，另一方面佛教界自身也要努力获取君主和朝臣的理解与支持。《原人论》与《广弘明集》较集中地反映了隋唐时期关于三教融合的一般观念。

二、佛典译介

南北朝至隋初，在佛教义学方面以弘传一经一论为主的诸家师说竞相并起，争论不休，莫衷一是。这种混乱状态所引发的意气之争，乃至党同伐异严重干扰了当时佛学界对经典本旨的理解，正如唐初玄奘所说："信夫汉梦西感，正教东传，道阻且长，未能委悉。故有专门竞执，多滞二常之宗；党同嫉异，致乖一味之旨。遂令后学相顾，靡识所归。"③再加上"西方文体"与汉语之间的天然不合，导致佛经在被翻译的过程中必然会出现误译和失译现象，这就使新的佛经在被翻译的同时，已被译介的佛经仍有被重译和改进的必要。另外，当时佛教界的义学水平也普遍不高。据载，隋末的三论宗大师吉藏在京城讲法时，

---

① (北宋)司马光编著，(元)胡三省音注：《资治通鉴》，中华书局1956年版，第6473页。
② 《原人论》，《大正藏》第45册，第708页。
③ (唐)慧立等著，孙毓棠等点校：《大慈恩寺三藏法师传》，中华书局2000年版，第160-161页。

让僧众稍微表达一下自己的看法，结果在场之人"皆掩口杜辞，鲜能具对"①。可以说，玄奘西行求法的主要目的就是为了通过直探佛教本源来构建一个具有准确性、全体性与原旨性的佛教义学体系。所以，隋唐时期佛法的回归大体上就是通过译经和著述两种方式来实现的。

隋唐时期的译经基本上由国家主持，译场组织渐趋完备，人员分工明确，译经的数量和质量都达到前所未有的水平。隋代的译经情况根据智昇的《开元释教录》记载："缁素九人，所处经论及传录等，总共六十四部，三百一卷。"而道宣在《大唐内典录》中又说"道俗二十余人，所出经论、传法等合九十部，五百一十五卷"。②虽然各种记载不一，但隋代由于国祚不长，译者和译经数量肯定不会太多。唐代是中国译经史上的辉煌时期，根据《开元释教录》记载："自高祖神尧皇帝武德元年岁次戊寅，至开元神武皇帝开元十八年庚午之岁，兼天后代凡经一百一十三载，传译缁素已有三十七人，所出经律论及传录等，总三百一部二千一百七十卷。"而唐代著名的译师则有玄奘（602—664）、义净（635—713）和不空（705—774）等人。其中玄奘在贞观元年（627）奉命西行，遍游五印，历时十八年回国，共带回梵经 520 筴 657 部，并用十九年工夫译出 75 部 1335 卷，虽然只占总种类的八分之一强，但其所译质量很高，以至于译经史以玄奘译经为界，将东汉到鸠摩罗什时代的译籍称为"古译"，将玄奘以后的称为"新译"。

除了中土僧众前往西域取经翻译外，隋唐时期也有大量西域沙门来中土襄助译经事业。开皇元年（581），隋文帝即设译场于长安大兴善寺，延请西域沙门前来翻经。唐初，早在玄奘译经之前，已有印度沙门波罗颇迦罗密多罗主持译经工作，其共译出佛典 3 部 38 卷，并被太宗颁旨"各写十部，散流海内"③。

随着大量佛典被译出，佛学研究在唐代也成为风气，进而出现了名目繁多、性质各异的阐释类著作，汤用彤在《隋唐佛教史稿》中就一口气列举了诸如"科文""文句""义疏""述记""玄义""集注""疏抄""音训"等八种④。除此之外，这一时期还出现了大量中土僧人结合自己体会所创作出的佛教研究论著，有阐发天台、华严、禅宗等各宗义理的通论性著作，也有针对佛性、形神、因果等问题深入探讨的专论性著作，还有大量涉及儒、释、道三教关系的护法文字等。同时，一些佛教专集和选集也相继出现，比如道世所编的佛教类书《法苑珠林》，其将佛典事理分类编排，并广引故事传说以证所说不虚，所引典故均标明了出处。道宣的《广弘明集》与《集古今佛道论衡》，《广弘明集》之前已有所论及，《集古

① 《续高僧传》卷十一，《大正藏》第 50 册，第 514 页。
② 《大唐内典录》卷一，《大正藏》第 55 册，第 220 页。
③ 《续高僧传》卷三，《大正藏》第 50 册，第 440 页。
④ 汤用彤：《隋唐佛教史稿》，吉林出版集团股份有限公司 2018 年版，第 90-91 页。

今佛道论衡》则集中辑录了佛教初传至唐初历代有关佛道论争的文献资料。还有慧琳的《一切经音义》，该书为解释佛经音义的专集，慧琳在编撰过程中广征经史子类文献，共解释佛教经律论四百四十二部。

可以说，译介活动的空前繁盛以及人们对佛教义旨理解的加深，使得南北朝时期佛经阐释的混乱局面得到了终结，中土佛学撰述的重要性也在这一时期得到凸显。这些都最终促成了隋唐佛教的宗派化发展，并进一步推动了佛教的中国化与本土化。

三、派别特点

汤用彤在《隋唐佛教史稿》中说："佛法演至隋唐，宗派大兴。所谓宗派者，其质有三：阐明教理，独辟蹊径；门户见深，入主出奴；时味说教，自夸继承道统。用是相衡，南北朝时实无完全宗派之建立。"①这三点道明了隋唐佛教宗派形成的诱因与特质，但还需注意的是隋唐佛教宗派能仿照宗法传承制度，编制各自的传法体系，还得益于当时发达而独立的寺院经济，而且较为稳定的传法基地也保证了宗派传承的有条不紊。另外在教义教理上，各宗派对佛教原旨的理解情况、对社会的适应能力是各不相同的，因而各宗派的具体发展程度也是不平衡的，有的能迅速壮大，有的则逐渐衰退，有的更是融入其他宗派之中。具体说来，隋代的佛教宗派主要有天台宗和三论宗，唐代的主要有华严宗、唯识宗、禅宗、律宗、净土宗与密宗。

1. 天台宗

天台宗又作法华宗，是中国佛教史上创立最早的一个佛教宗派，它的渊源可以追溯至南北朝，按照天台宗自己的说法，有所谓"东土九祖"：初祖龙树、二祖慧文、三祖慧思、四祖智𫖮、五祖灌顶、六祖智威、七祖慧威、八祖玄朗、九祖湛然。其中智𫖮在南朝陈时，栖止天台山，倡立天台教观，于是后人把龙树奉为初祖，把实际创立者智𫖮尊为天台大师。

龙树是南天竺人，为大乘佛教中观学派的创始人，特别是他所大力阐扬的中观般若学正是天台宗的重要理论来源之一，因此即使龙树本人从未来过中土，天台宗人为了突显本宗的思想传承关系，也将其定为天台初祖。四祖智𫖮(538—598)是隋初的著名僧人，其与陈隋两朝帝王的关系都很密切。隋文帝在立国之初就有意拉拢智𫖮，尤其是当时还是晋王的杨广与智𫖮关系十分密切。智𫖮为了获取隋廷的信任与支持，也积极投靠隋王朝，一再

---

① 汤用彤：《隋唐佛教史稿》，吉林出版集团股份有限公司 2018 年版，第 117 页。

表示要把"兴显三世佛法"与"拥护大隋国土"紧密结合为一体①，竭诚报效大隋皇帝的恩泽。可以说，天台宗的创立既是中国佛教自身发展的惯性显现，也是封建帝王大力扶持和利用的结果。在这种有利的环境下，智𫗱一生建寺三十六所，亲手度僧一万四千余人，法嗣达三十二人，并为天台宗留下了一百四十余卷理论著作。智𫗱的代表著作有《法华文句》《法华玄义》《摩诃止观》等所谓的"天台三大部"，他的"五时八教"叛教论、"一心三观"与"一念三千"圆教观法等对后世佛学发展有深远影响。

五祖灌顶（561—632）是智𫗱的主要弟子，也是智𫗱著述的编集与整理者，世称之为章安大师。他曾十多年不离智𫗱左右，在协助智𫗱创立天台宗方面出力不少，思想上也以发挥智𫗱学说为主，其主要著作有《大般涅槃经玄义》《大般涅槃经疏》等，天台宗也因他的弘扬而更加盛行。六祖智威（？—680）是灌顶的弟子，世称法华尊者，十八岁时，他前往天台山国清寺，师事灌顶。受具足戒后咨受心要，定慧俱发，证得法华三昧。晚年开讲禅学，门徒甚众。七祖慧威（634—713）为智威法嗣，与其师并称"二威"，他刻志禅法，昼夜勤修三观法门，顿获开悟，世人称之为天宫尊者。他晚年深居山谷，罕问人事，但登门求道之士仍不绝于途。八祖玄朗（673—754）早年曾随光州岸律师受具足戒，先研习律仪，后又博究经论，尤其精通涅槃之学。师从慧威之后，潜心钻研天台教义，于《法华经》《净名经》《大智度论》等无不熟晓。其后，厌弃人世，爱好山林，遂隐居于婺州左溪山，修行止观三十余年，世人尊之为"左溪尊者"。晚年，致力于讲学，教育学人，弟子众多，最著名者为"中兴天台"的荆溪大师湛然。九祖湛然（711—782）以中兴天台宗自任，提出"无情有性"之说，主张木石等无情之物亦有佛性，使天台教义得到了发展与扩充。其一生住持宝刹甚多，所至之处，四众景从，德誉广被。天宝、大历年间，玄宗、肃宗、代宗优诏连征，皆称疾不就。其师玄朗死后，他住天台山国清寺，大弘天台教法，使天台宗"焕然中兴"。唐武宗灭佛后，天台宗日趋衰败，至宋代才略有复兴。

2. 三论宗

所谓"三论"指的是旨在破斥小乘诸部有所得执见的三部佛教论典，分别为龙树所著的《中论》与《十二门论》，以及提婆撰写的《百论》。顾名思义，三论宗正是以此三论而立宗。该宗的异称较多，有空宗、无相宗、中观宗、嘉祥宗、提婆宗、般若宗等，实际创始人为隋代的高僧吉藏。

吉藏（549—623）本是安息国人，祖上因避仇而迁居南海，后来又迁移至金陵，他便在金陵出生。吉藏七岁从南朝高僧法朗出家后，曾习讲《百论》等经论十四年，当时就常有俊彦之辈慕名拜访。隋平定百越后，吉藏来到浙江秦望山嘉祥寺开法，后世就以"嘉祥大师"

---

① （清）严可均校辑：《全上古三代秦汉三国六朝文》，中华书局1958年版，第4212页。

称之。唐武德二年（619），吉藏受敕居会昌寺，次年被选为十大德之一。吉藏一生讲"三论"与《法华经》一百多遍，其余如《大品般若经》《大智度论》《华严经》《维摩诘经》等各数十遍，并撰写了大量作品，其中仅见于《大藏经》的就有二十二种，较著名的有《中论疏》《十二门疏》《三论玄义》《二谛义》《大乘玄义》等。

三论宗的主要理论有两点：其一，认为虽然佛教传统分真理为"真谛"与"俗谛"两种，但千万不能执着于此，二谛本身需要被不断超越，于是吉藏提出了"四重二谛说"：第一重是有为俗谛，空为真谛；第二重是以亦有亦空为俗谛，非有非空为真谛；第三重是以空有为二，非空非有为不二是俗谛，以非二非不二为真谛；第四重是忘言绝虑，无所依得，是为真谛。这种多重否定结构意在使人能领悟诸法实相之理，从而避免落入有所执的邪见。其二，《中论》说："不生亦不灭，不常亦不断，不一亦不异，不来亦不出。"[1]这就是"八不"之论。吉藏对此解释说"八不即是中道佛性"[2]，也就说无任何偏执，方能把握圆融无碍的中道。

吉藏的法嗣有慧远（597—647）、智拔（573—640）、智实（601—638）、善慧（587—635）等人。唐初三论传人，除了吉藏一系僧人外，主要还有智辩系的慧因（539—627）、慧布系的保恭（540—621）等若干支系中的名僧；僧朗系中，除吉藏外，还有慧哲（539—597）、智炬（535—606）和明法师三人在当时颇为有名。总的说来，吉藏之后三论宗便无卓绝大师出现，再加上受法相宗与禅宗的排斥，唐代中叶以后，该宗遂告沉寂。

3. 法相唯识宗

法相唯识宗是唐代创立的第一个佛教宗派，该宗通过分析"法相"而得出"万法唯识"的结论，故有此名。唯识宗奠基于玄奘（世称三藏法师）而完善于窥基（世称慈恩大师），由于二人都曾长期生活在长安大慈恩寺，故此宗又被称为慈恩宗。

玄奘（602—664）十三岁时于洛阳净土寺出家。隋末，天下大乱，为避战乱，玄奘与其兄入蜀游学。在蜀中滞留五年后，为了进一步探求佛法本旨，玄奘只身沿江东下至荆州（今湖北省荆州市），又北上相州（今河南省安阳市）、赵州（今河北省赵县），从名师受学，于武德八年（625）重新回到长安，此时他已声名大噪，被誉为"释门千里之驹"。北方游学经历使玄奘深感佛教义学发展的混乱失真，当时他就萌发了"誓游西方，以问所惑"的想法。贞观元年（627），玄奘上表请求出国，但朝廷不许，无奈他只能利用机会"冒越宪章，私往天竺"。经过一路的艰难险阻，玄奘于贞观五年（631）到达西行目的地——摩揭陀国的那烂陀寺。在那烂陀寺留学五年之后，玄奘于贞观十年（636）外出访学，游历五印，在

---

[1]　《中论》卷一，《大正藏》第30册，第1页。
[2]　《中观论疏》卷一，《大正藏》第42册，第9页。

这期间，他从学于多位名僧，研习了大量印度经论，对整个印度的义学发展有了进一步的了解。贞观十四年（640），玄奘返回那烂陀寺，当时北印度的统治者戒日王听闻玄奘的大名，遣人邀请玄奘于羯朱嗢祇罗国相会，会晤之中戒日王为玄奘的《制恶见论》所深深折服，于是决定于曲女城召开辩论大会，并集五印义解僧以观玄奘之辩。贞观十五年（641），大会正式召开，玄奘为论主，登座称扬大乘，往返辩难十八日，无一人能破玄奘之论，大会最后以玄奘的胜利而告终。玄奘由此声振五印，获得了极高的荣誉。贞观十九年（645）玄奘返回长安，此次求法之行历时二十年，行程五万里，经一百一十国，并带回了大量梵文佛经。

玄奘虽然将唯识今学传入汉地，但他的后半生主要从事佛典译介工作，理论著作很少。玄奘弟子窥基（632—682）在玄奘卒后返回大慈恩寺，着力从事经书的注疏工作。据统计，经他整理注解的佛典可考者多达四十四部，现存者也有二十四部，主要有《妙法莲华经玄赞》《说无垢称经疏》《瑜伽师地论略纂》《成唯识论述记》《成唯识论掌中枢要》《唯识二十论述记》等。所以，法相唯识宗的实际创立者应是窥基。窥基有弟子慧沼（650—714），世称"淄州大师"，慧沼有弟子智周（668—723），世号"濮阳大师"，均著述颇多。后人将窥基的《掌中枢要》、慧沼的《了义灯》与智周的《成唯识论演秘》三部著作并称为"唯识三疏"。

法相唯识宗除了窥基一系外，还有圆测一系。圆测（613—696）也是玄奘法嗣，他本是新罗国王孙，贞观十九年（645）从学玄奘，晚年入地婆诃罗、提云般若、菩提流志、实叉难陀等译场，担任证义。其弟子有道证、胜庄等。总之，在会昌法难后，法相唯识宗亦归于衰败。

在宗派学理上，法相唯识宗提出心识有八：眼、耳、鼻、舌、身、意、末那、阿赖耶。所谓"万法唯识"，是说世间万物都是心识的变现，其中阿赖耶识是八识中最重要的识体，能生出其他七识，而且其有染有净，含藏产生一切事物和现象的种子。末那识有思虑作用，又与阿赖耶识共生其余六识，它决定着"有我""无我"之境。在此基础上，法相唯识宗又创立了"三自性"与"三无性"的概念。"三自性"指：其一，"遍计所执自性"，即俗众通过观察思量所产生的种种分别；其二，"依他起自性"，即能知一切现象无非是由因缘从心识中派生出来，假有而非真；其三，"圆成实自性"，即了悟"人我"之假，"法我"之无，而显示真如自性，不迁不变。"三无性"则是针对"三自性"而提出的，有：其一，"相无性"，强调我法皆妄；其二，"生无性"，意在说明一切现象都是因缘而生，既非实有又非全无；其三，"胜义无性"，是说诸法胜义原无生灭，本不可说，所以无有实性。而在修行观上，法相唯识宗提出"转识成智"说，认为通过修行可以将有漏八识转无漏八识，从而获得佛的四种智慧，即前五识可转为"成所作智"，此智可为众生行善；第六识意识可转为"妙观察智"，此智能依众生不同根基自在说法，教化众生；第七识末那识可转为"平等性智"，此智能平等普度一切众生；第八识阿赖耶可转为"大圆镜智"，此智离诸分别，不妄不愚，离诸杂染，如大圆镜之光明，能遍映万象，纤毫不遗。

4. 华严宗

华严宗因奉《华严经》为主要经典而得名，又因该宗三祖法藏被武则天赐号"贤首"，故又称"贤首宗"。该宗主要发挥"法界缘起"的旨趣，因而又有"法界宗"之名。此宗传承依次为：初祖杜顺、二祖智俨、三祖法藏、四祖澄观、五祖宗密。虽然该宗推戴杜顺为初祖，而实际创始人则是法藏。

初祖法顺（557—640），俗姓杜，故又称杜顺。十八岁时，投因圣寺僧珍禅师出家，专修禅观，在习禅之余，又专攻《华严经》。他注重化俗导善，倡导破邪扶正之举，同时辅以禅修神迹，声望渐盛。贞观六年（632），唐太宗久慕其名，诏请入内，赐法号"帝心"，故世人又称其为"帝心和尚"。法顺在修持上注重"住静""习静"，他在终南山潜修时，作《华严法界观门》，对《华严经》的实践思想进行系统归类，并明确提出了真空观、理事无碍观与周遍含容观的"华严三观"，后智俨及法藏等人以"三观"为基础，创立了华严宗的核心宗义——"四法界观"。

二祖智俨（602—668）虽拜法顺为师，但并没有得到他的直接教导。法顺委托另一名弟子达法师培养智俨，"令其顺诲，晓夜诵持，曾无再问"[1]。智俨聪慧好学，领悟能力非常，受具足戒后，更是广闻三藏，尽悟其奥。特别是在看到北魏慧光所作的《华严经疏》后，对此经所说"别教一乘无尽缘起"的义旨，深有领会。后来又遇到一位僧人，告其要深入一乘，必须先理解十地中六相义。于是他便从事六相义的研究，作《大方广佛华严经搜玄分奇通智方轨》（略称《华严搜玄记》）解释《华严经》的义理。《华严搜玄记》是唐代华严教义学构建的奠基之作，对后世华严宗义的发展影响深远。

三祖法藏（643—712）是晋译《华严经》经义阐释的集大成者，也是唐代华严教义理论构建的总结者与完善者。法藏原籍西域康居，祖父时始迁至长安，法藏即出生于此。因俗姓康，故称康藏，别号众多，有国一法师、贤首大师、香象大师、华严宗主等。显庆四年（659），智俨在云华寺宣讲《华严经》，法藏到寺听讲，智俨对其青睐有加，此后数年，法藏就一直跟随智俨修习《华严经》。咸亨元年（670），时武则天生母荣国夫人逝世，武则天便将其母旧宅捐出，改为太原寺，并任命年仅二十八岁的法藏出任太原寺的首任主持。法藏任主持后不久，即奉旨宣讲《华严经》，法藏一生的弘法之路由此开启。法藏的著述十分丰富，主要有紧承其师智俨《华严搜玄记》而作的《华严探玄记》以及讲法过程中随讲随编的《华严经旨归》《华严义海百门》《华严策林》等。

---

① 《华严经传记》卷三，《大正藏》第 51 册，第 163 页。

在法藏等人的努力下，华严宗成为唐代佛教中最有影响力的宗派之一，且对后世宋明理学影响巨大。其教理精义主要有三点：首先，提出"五教十宗"的判教论。"五教"指小乘教、大乘始教、大乘终教、顿教、圆教；"十宗"指我法俱有宗、法有我无宗、法无去来宗、现通假实宗、俗妄真实宗、诸法但名宗、一切皆空宗、真德不空宗、相想俱绝宗、圆明具德宗。这种判教论把佛法传承史上先后出现的教派及创造的教义，都加以囊括并分别给予应有的谱系定位。同时又把本宗判为处在佛法体系的最高层次中，目的在于突出华严宗的卓荦地位。其次，不同法门之间相互融摄，和谐统一。华严宗有"十玄门"之说，就是强调各法门虽然在现象上千差万别，但本质上是相互包含的。进而又有"六相圆融"说，大意为世间诸法都有"总""别""同""异""成""坏"六相，它们之间互不相妨，总体与部分、同一性与差异性、众缘和合与各住自法皆彼此依存。最后，"四法界观"。"四法界"指事法界、理法界、理事无碍法界与事事无碍法界。"法界"本是心的状态，"四法界"是要求人们能够打破世俗的一切分割，把"一"与"多"统一起来，一即一切，一切即一。

5. 禅宗

禅宗是中国化最为典型的本土佛教宗派，它的出现与成熟标志着佛教中国化的完成。由于该宗主张用禅定来概括佛教的全部修习，故而得名。禅宗成立于隋唐，极盛于唐末五代，宋元以后仍继续流传发展，可以说，它是中国流传时间最长、影响最广的佛教宗派。因下一章将专门介绍禅宗，这里只做简要介绍。

禅宗自身有西天二十八祖次第相传之说，把本宗的传承一直上溯至传佛心印的摩诃迦叶。迦叶以下依次传授，直到二十八祖菩提达摩，达摩来华传禅，又被奉为东土初祖。达摩以下，次第又有慧可、僧璨、道信、弘忍，此即中国禅宗的"东土五祖"。其实，所谓"西天二十八祖"大多是各种传说的缀合，并不具备历史真实性，北宋云门宗僧契嵩为了确立法统，开始力倡二十八祖说。而"东土五祖"则确实与中国禅宗的发展关系密切。

菩提达摩本是南天竺人，据说在南朝梁代时航海到达广州，因与梁武帝话不投机，遂渡江北上至北魏嵩山少林寺，在寺中九年"面壁而坐，终日默然"，世称"壁观婆罗门"。菩提达摩在北魏传授的是以《楞伽经》为依据的独特大乘禅法。他提出了"理入"和"行入"的入道途径。"理入"即"壁观"，其内容为"藉教悟宗，深信含生同一真性，客尘障故，令舍伪归真；凝住壁观，无自无他，凡圣等一，坚住不移，不随他教，与道冥符，寂然无为"[1]。这种特重心性的大乘壁观，主要是喻人心如墙壁，中直不移，从认识上舍伪归真，无自无他，排除一切执见。"行入"指万行同摄的"四行"，即报怨行、随缘行、无所求行、称法行。四行旨在劝人于日常生活中去掉一切爱憎情欲，严格按佛教教义苦下功夫。这种

---

① 《续高僧传》卷十六，《大正藏》第50册，第551页。

理论和实践相结合的教义，也就是菩提达摩的简易禅法。

二祖慧可（487—593）为菩提达摩的弟子，达摩圆寂后，他开始传法。慧可的禅法基本上沿承其师，强调不执着于言相文句，认为万法皆如，身佛不二。三祖僧璨（？—606）生平事迹较为模糊，据说他在得慧可传法之后曾"佯狂市肆"，在周武帝灭佛的时候隐迹于山中十余年，这说明达摩的禅法在当时受到了北方其他禅系的打压和迫害。在现存托名僧璨所作的《信心铭》中，可以看出当时达摩一系的禅师普遍追求一种不取不舍，任性逍遥的修行生活。四祖道信（580—651）为僧璨弟子，早年一心修禅，后往庐山大林寺求学，受到了三论宗、天台宗等多方面的影响。武德七年（624）往蕲州，住黄梅破头山（后名为双峰山）三十余年，大振法道，学侣云集。据传道信一日往黄梅县，途中遇见一骨相奇秀的小儿，于是恳请其父母准其出家，这个小儿就是弘忍。五祖弘忍（601—674）七岁追随道信出家，"三十年不离信大师左右"①。他日间从事劳动，夜间静坐习禅。道信常以禅宗顿渐宗旨考验他，虽然他文化水平不高，却能触事解悟，尽得道信的禅法。道信圆寂后，他继承法席，后因四方来学之人日益增多，他便在双峰山东面的冯茂山另建道场，名东山寺，故他的禅学又被称为"东山法门"。在禅学思想上，弘忍强调"守本真心"，即立足于"行"，就会突出"观心"而息妄心，立足于"证"，就会突出行住坐卧而不失真心。这种二分观念在一定程度上引起了后来禅宗内部的分化。

慧能（638—713），或作惠能，俗姓卢，先世为范阳（今河北涿县）人，其父谪官至岭南新州（今广东新兴县东），遂为广东新州人。其早年丧父，后移南海，家境贫困。后于黄梅冯茂山弘忍禅师处学法悟道并回到岭南，数年后在广州法性寺出家受戒，并在法性寺的菩提树下为众人开"东山法门"。不久，慧能辞众回曹溪宝林寺，行化近四十年，门徒数千人。慧能的宣讲说教由门人汇集整理而编成《六祖坛经》一书，此书也成为慧能南宗禅的代表著作。"经"本用来专指佛的说法，中土僧人语录被奉为"经"的，只此一家。

慧能的南宗义理可以总结为四点：其一，"不立文字，教外别传"，反对读经拜佛与枯形坐禅，要求在经典、坐禅之外自悟自证，于一念之间超凡入圣，也就是说凡夫与佛只在迷悟之间，"前念迷即凡夫，后念悟即佛。前念着境即烦恼，后念离境即菩提"②。其二，万法全在自心，无须外求，"本性是佛，离性无别佛"③。其三，修禅不须脱离日常生活，只要明白佛性在自心，处处皆可证悟，"在家能行，如东方人心善。在寺不修，如西方人心恶。但心清净，即是自性西方"④，说明在慧能看来，入世中可有出世，人伦日用并不

① 《历代法宝记》，《大正藏》第51册，第182页。
② （唐）慧能著，丁福保笺注：《坛经》，上海古籍出版社2011年版，第46页。
③ （唐）慧能著，丁福保笺注：《坛经》，上海古籍出版社2011年版，第39页。
④ （唐）慧能著，丁福保笺注：《坛经》，上海古籍出版社2011年版，第74页。

妨害成佛得道。其四，慧能提出了"无念为宗，无相为体，无住为本"①的禅宗义理总纲。所谓"无念为宗"即是"于念而无念"，"无相为体"即是"于相而离相"，"无住为本"就是"于诸法上，念念不住，即无缚也"②。对于外界事物的是非念相不起妄念，不为其拖累熏染，才能时刻保持自性清净。

六祖慧能的弟子众多，比较著名的有菏泽神会、青原行思与南岳怀让，以三人为始分别又形成了菏泽系、青原系与南岳系，其中青原与南岳二系发展较快，并逐渐嬗变衍化为著名的"五家七宗"。神会（684—758）是慧能晚年的弟子，慧能去世后，他离开曹溪北上入洛，并在北方传布慧能的顿教法门。开元二十年（732）左右，神会在滑台（今河南滑县东）大云寺与当时著名的山东崇远法师进行了一场关于南北宗禅是非优劣的大辩论，辩论中神会公开指责神秀为代表的北宗"师承是傍，法门是渐"。安史之乱后，由于神会曾以度僧之资帮助朝廷平叛，因而受到朝廷的重视。贞元十二年（796），唐德宗诏令皇太子集诸禅德框定禅门宗旨，将神会立为禅宗"第七祖"。然而菏泽系宗脉流传并不长，武宗灭佛后，该系便渐趋衰败。

行思（？—740）受慧能嘱咐，前往吉州（今江西吉安市吉州区）青原山，住静居寺弘扬南宗禅，开青原一系。其高足希迁（700—790）曾在湖南衡山南寺以东的大石上结庵，故人称其为"石头希迁"。青原、石头系的禅法特点是善于从心物、理事关系出发观照"即心即佛，心佛众生，菩提烦恼，名异体一"③之论，并在一定程度上融合了华严宗的思想。后来希迁的七世法孙清凉文益（885—958）继承了这一思想特点，以"三界唯心，万法唯识"为宗纲，发挥"理事不二，贵在圆融"的宗旨，创立了法眼宗。云门宗的创始人云门文偃（864—949）也是希迁的法孙，他晚年在韶州（今广东韶关）云门山光泰禅院传法，自称一系。在禅学观念上，云门宗大体上提倡无心任自然，应物而不受物累，一切现成，无心于解脱等思想。曹洞宗的创始人是洞山良价（807—869）及其弟子曹山本寂（840—901），他们都继承并发展了青原、石头系的禅风特色，而又形成了"家风细密，言行相应，随机利物，就语接人"的独特宗风。

怀让（677—744）在慧能去世后，住南岳般若寺观音台弘传南宗禅法，其法嗣马祖（709—788）尤为知名。马祖俗姓马，名道一，一般称其为"马祖道一"。马祖在江西创立了"洪州宗"，强调"平常心是道""即心是佛"，大弘禅风。入室弟子有百丈怀海、南泉普愿、大梅法常等一百三十九人。其中百丈怀海（720—814）一支分化出沩仰宗和临济宗，二宗与青原行思系所分出的云门宗、曹洞宗、法眼宗合称"五家"禅。临济宗在宋代又分化出

---

①　（唐）慧能著，丁福保笺注：《坛经》，上海古籍出版社2011年版，第80页。

②　（唐）慧能著，丁福保笺注：《坛经》，上海古籍出版社2011年版，第81页。

③　（南宋）普济著，苏渊雷点校：《五灯会元》，中华书局1984年版，第255页。

黄龙、杨岐两派，于是便有了"五家七宗"之说。

在北宗禅方面，弘忍卒后，"教授师"神秀（约606—706）住荆州当阳山玉泉寺传法，门下僧众颇多。久视元年（700），武则天诏请神秀入京，备受恩宠。其得意弟子普寂（651—739）、义福（658—736）等人也先后奉诏入京，这使得北宗禅的影响力大为增强。北宗的师承关系错综复杂，详情难考，在神秀去世后，依据现存资料可知流传较广的是普寂一系。普寂的再传弟子昙真（704—763）在玄宗、肃宗、代宗三朝均被封为"国师"。可见，北宗在社会上的影响力一直延续到了唐末。关于神秀的禅法，史传上记载不多，《楞伽师资记》中说神秀"禅灯默照，言语道断，心行处灭，不出文记"，似乎说明神秀并没有写过什么著作，但根据考古情况，在敦煌发现了一批可能是神秀所述，再由其门人记录整理的经卷本子，主要有《大乘无生方便门》《北宗五方便门》《大乘北宗论》《观心论》等。通过这些本子可知神秀北宗继承了弘忍重《楞伽》的传统，强调立足于"行"来发挥东山法门的"守本真心"之论，即《观心论》中所说："心者，万法之根本也。一切诸法，唯心所生，若能了心，万行具备"。可见，在神秀看来，"了心"就是要明了自心起用中的净心与染心，二者人人有之，通过"观心"渐修，就可以息妄显真，去染存净，了悟真心，获得解脱。

6. 净土宗

"净土"本为佛居之所，是相对于世俗众生所居的"秽土"而言的。出于对这种"净土"的向往，也就相应地产生了净土信仰。净土宗就是因专修往生阿弥陀佛西方净土法门而得名。早在东晋，高僧慧远即在庐山结白莲社，与僧俗弟子在阿弥陀佛像前建斋立誓，念佛发愿往生西方净土，故净土宗又有"莲宗"与"念佛宗"的别名。一般认为，净土宗的先驱可以上溯至北魏时期的高僧昙鸾，但实际创始人则是隋唐之际的道绰与善导。

自慧远在庐山弘扬净土之后，北魏的昙鸾（476—542）在北方专修净业，弘扬弥陀净土。在他的著作《往生论注》中，欲修得不退不变的功德善根在五浊之世已几乎不可能，唯一的办法就是凭借阿弥陀佛的弘誓大愿，称佛名号，才能往生净土。道绰（562—645）则进一步发扬了昙鸾的这种思想，他在日常修行中常常面向西方而坐，每日念佛七万遍，并广劝信众称念阿弥陀佛的名号。在其所著《安乐集》中，他一再强调念佛是唯一的解脱法门，只不过根据真、俗二谛的不同，可以相应地选择实相念佛与称名念佛两种方式。

善导（613—681）是道绰的弟子，道绰圆寂后他来到长安，为了进一步弘扬净土法门，他著《观无量寿佛经疏》（即《观经四帖疏》），把专称弥陀名号视为"正行"。他认为往生净土，完全依靠佛的愿力，特别是从根基上说，世间凡夫凭借弥陀愿力，在至诚之心的指导下，都能够往生极乐净土。

净土法门简单易行，能较好地满足人们对极乐世界的向往，因而受到下层民众的欢迎，并不断与天台宗、律宗、禅宗等宗派融合，成为"天下共宗"。由于不太重视义理推演与组织制度，净土宗在会昌法难中受损最轻。晚唐以后更是广泛流行，很快普及于一般社会，并一直流传至今。

7. 律宗

戒，音译为"尸罗"，意指行为、习惯、性格、道德等，为三学之首，又是六波罗蜜之一和十波罗蜜之一。广义而言，凡善恶习惯都可称之为戒，如好习惯称善戒，坏习惯称恶戒，然而一般限指净戒或善戒，特指为出家及在家信徒制定之戒规，有防非止恶的功用。律，音译为"毗奈耶"或"毗尼"，是比丘、比丘尼所必须遵守的生活规范，其为佛陀所制定。所谓"律师"，则是指系统地研习律藏的僧人，即如《大般涅槃经》所言，这批僧侣"善学戒律，不近破戒，见有所行，随顺戒律，心生欢喜，如是能知佛法，所作善能解说"①。

律宗在唐代的创立并非偶然，而是佛教律学发展到一定阶段的必然结果。东汉时期，佛法传入中国，当时便有一部分属于大小乘律学系统的经书被译介过来。然而在相当长的一段时期内，律学经论的翻译具有极大的随意性，直到后秦弘始十二年（410）《四分律》被译出，中土律学的发展才迎来了新的局面。北魏末年，释慧光于洛阳、邺城等地大力弘扬《四分律》，门下弟子众多，有"十大弟子"之说，此后中国"四分律宗"系统的律师，基本出自慧光门下。于是，中国佛教律学开始形成一个以《四分律》为习传对象的系统性佛教宗派。

释慧光之后，其再传弟子释洪遵（530—608）在关中一带弘传《四分律》，为"四分律宗"的最终形成打下了坚实的信众基础。稍晚于洪遵的智首律师（567—635）在入隋后致力于律部文献的考订工作，并著《五部区分钞》《四分律疏》等对律学加以阐释，经过智首的理论积累，《四分律》一统北方律学，为律宗在唐代的定立做好了准备。

唐代《四分律》研究繁荣，派别较多，根据对宗义理解的不同主要可以分为三家：南山律宗、相部律宗与东塔律宗。南山律宗的创立者为道宣律师（596—667），他是智首的弟子，曾听其讲《四分律》四十余遍，后入终南山，潜心习传戒律，故世称之为"南山律师"。特别值得称述的是，道宣一生著述宏富，卷帙浩繁，在律学研究上，有所谓"南山五大部"，即《四分律删繁补阙行事钞》《四分律含注戒本疏》《四分律删补随机羯磨疏》《四分律拾毗尼义钞》《四分律比丘尼钞》五部律典注疏。道宣的律学思想主要体现在"南山三观"与《四分律》的大小乘定性上。从南北朝开始，"判教"开始在佛学研究中流行起来，义学僧侣根据佛教义理的浅深、说时的先后等方面，将后世所传的佛教各部分，加以剖析类别，建设纲目，从而使佛家要义得到凸显。道宣则将佛说分判为"化教"与"制教"两类，以前

---

① 《大般涅槃经》卷三，《大正藏》第 12 册，第 624 页。

者为大小乘经典所诠释的因果之法、教化之理；以后者为行之于内众，律藏所解的戒律。在此基础上，道宣依照义理的深浅，进一步将"化教"判作"性空教""相空教"与"唯识圆教"三教。性空教观事生灭，属于小乘；相空教观事是空，属于小菩萨行；唯识圆教观得诸法分别，属于大乘菩萨行。判教的完成后，还必须解决观法的问题，道宣认为佛陀教法不出性空、相空、唯识三种，于是他便提出了性空观、相空观与唯识观相结合的"南山三观"。性空观是说观察世间一切诸法，它们自性本空，求人求法，了不可得，此观旨在破除对于人法本身的执着。相空观要人观察因缘所生的一切诸法，它们外相似乎是实有，然而本质上却是空无，此观意在使人明晓诸法本性与外相皆为一空。唯识观则是要人观察一切外尘诸法，须知它们都是我识所变，本无实体，这样"识有非空，境无非有"，就是"性相圆融"。道宣提出"三观"的主要目的是想将戒律纳入大乘佛教的框架，这便又涉及《四分律》的大小乘归属问题。长久以来，《四分律》被认为是小乘教所属，道宣为了确立律学在中土的地位，对《四分律》做了大乘的定性，并强调戒律对于修大乘者的重要性，认为"菩萨设教，通道济俗，有缘而作，不染其风。初心大士，同声闻律仪，护讥嫌戒，性重无别"①。这就是说修大乘行与持戒律并不是矛盾的，两者相互促进，缺一不可。

　　相部律宗的创始人是隋唐之际的律师法砺（569—635），由于他久居相州（即邺城，今河北临漳），故他所开创的律学被称为"相部律宗"。法砺的主要著作为《四分律疏》，在律学史上，该疏与慧光、智首的两部《四分律疏》并称为"《四分律》三要疏"。在律学思想上，法砺首先对戒律进行了总体定位，把戒分为受戒与随戒，"言受戒者，创法要期，断恶修善，建志成就，纳法在心，目之为受。言随戒者，受兴于前，持心后起，义顺受体，说之为随"②，也就是以"受随"为律学之宗旨。东塔律宗产生的年代稍晚于前二家，其由初唐律师怀素创立。关于怀素的具体生平，史传语焉不详，据陈垣的考证，怀素应生于唐高祖武德七年（624），卒于武周万岁通天二年（697），因他曾居长安崇福寺东塔，故其所创立的律学宗派被称为"东塔律宗"。怀素一生勤勉好学，笔耕不辍，主要律学著作为《四分律开宗记》，由于该书旨在张扬己说，并纠正法砺《四分律疏》中的失误，因而怀素的《开宗记》又被称之为"新疏"。怀素的律学思想在继承南山与相部的基础上，又重点批判了法砺的"受随为宗"，认为受随本身就是戒行的组成部分，律藏之宗当是戒行本身。

　　唐代中期以后，南山律宗逐渐取得主导地位，其学也延绵不绝，影响至今。相部律宗与东塔律宗的影响一直持续到宋代，在宋初，律宗三家在北宋都城汴梁仍有活动。北宋以后二宗相继衰微，因此后世所谓"律宗"多指"南山律宗"一家。

---

① 《四分律删繁补阙行事钞》卷中一，《大正藏》第 40 册，第 49 页。
② 《四分戒本疏》卷一，《大正藏》第 85 册，第 567 页。

8. 密宗

密宗也称"密教""真言宗""瑜伽宗""金刚顶宗""毗卢遮那宗"等，异名颇多。该宗以法身佛大日如来的深密教旨为"真实"言教，认为真言奥秘若不经过一定的仪式，不得任意传习，因而在修行上该宗僧侣尤其强调"身密"（手结印契）、"口密"（口诵真言密咒）、"意密"（心中观想大日如来）的相互应和。一般认为，密教思想在三国时期就已经从印度和西域传入中国，两晋南北朝时期的来华僧人大多精通咒术和密仪，但直到 8 世纪密教才成为中土佛教的一个宗派。

密宗的实际创立者是以善无畏、金刚智与不空为代表的"开元三大士"。中天竺国僧人善无畏（637—735）在开元四年（716）到达长安，他在东西两京弘传密教二十年，译梵本《大日经》为汉文，受到了朝野内外的一致推崇。与前人不同，善无畏所传的真言密教三密并用，在教义体系上以菩提心为因、大悲为根、方便为究竟，将菩提净心视为众生所本有，只需通过兼具慈悲，统摄万行的"胎藏曼荼罗"，人们就可以开发自己的菩提净心，从而成就佛果。几乎与善无畏同时，另一位中天竺僧侣金刚智（671—741）在开元八年（720）到达长安，并受到玄宗礼遇，《开元释教录》载其在唐"广弘秘教，建曼荼罗，依法作成，皆感灵瑞"。金刚智于密法贡献颇大，他在传译《金刚顶经瑜伽中略出念诵法》后，以证得实相智体的金刚界为修行的依据与目的；在具体实践上，又以大曼荼罗、法曼荼罗、三昧耶曼荼罗、羯磨曼荼罗为代表的"四曼"为金刚界密法，通过相应的印咒仪轨来实现转识成智，观身成佛。

金刚智之后，其弟子不空（742—805）将密宗教义发扬光大。不空本是北天竺人，后随金刚智来到洛阳，从事佛经翻译工作。他曾在天宝元年（742）前往师子国求法，学成归来后受到了唐玄宗的重视。特别是在肃宗、代宗时代，不空在朝廷的大力支持下将密宗的发展推向高峰，以至于当时"近侍大臣、诸禁军使，敕令入灌顶道场，道俗之流，别有五千余众"①。由于受到皇权的庇护，不空的佛教思想更偏重实践，强调理论为现实服务，因而他时常把度脱众生、即身成佛与度灾护国联系起来，以密教的特长来维护政治与社会的稳定。不空一生，传法弟子众多，其中惠果（746—805）最为突出。大历十年（775），代宗特敕青龙寺在本寺另置一东塔院供惠果居住，这标志着惠果的地位得到了朝廷的肯定。在德宗时期，惠果声名更是远播海外，其教法对新罗、日本等地的佛教发展影响颇大。

会昌法难后，密宗势力日渐衰微，唐代以后便再无有关其法脉传延的文字记载，而日本的真言宗与天台宗可作为中土密宗东传后的异域法嗣。

---

① 《大唐故大德赠司空大辨正广智不空三藏行状》，《大正藏》第 50 册，第 293 页。

四、反佛斗争

元和十四年（819），唐宪宗遣宦官至凤翔法门寺，将释迦牟尼佛遗骨迎入皇宫，供奉三天。宪宗个人对佛教的笃信立刻在社会范围内掀起一股崇佛的热潮，《旧唐书》记载："王公士庶，奔走舍施，唯恐在后。百姓有废业破产、烧顶灼臂而求供养者。"[1]这种佞佛行为立刻遭到了士大夫阶层中保守主义者的反对与抨击，其实早在唐初武德四年（621），太史令傅奕就曾上《请废佛法表》，指斥佛教破坏国家的统治根基。迎佛骨事件后，以韩愈为代表的传统儒者以"儒家道统"为依据，公开反对佛教。他在《谏迎佛骨表》中认为"佛本夷狄之人"，其教不合先王之道，是造成前代祸乱的根源，而且百姓"百十为群，解衣散钱，自朝至暮，转相仿效，惟恐后时，老少奔波，弃其业次"，由此韩愈进而指明，所谓佛骨实乃"枯朽之骨，凶秽之余"[2]。唐代中后期，佛教的发展使一些持儒家正统思想的儒者产生了强烈的焦虑感，他们往往看不到儒释二者间的互通性，只能偏执地希望通过"人其人，火其书，庐其居"[3]的强制手段来压制佛教的发展，这在当时自然是行不通的。

隋唐时期，蓬勃发展的道教对佛教带来了更大的冲击。隋文帝代周之际就曾得到道士张宾的帮助，其年号"开皇"也是取自道经。唐代皇帝于三教中尤其推崇道教，至唐武宗时期，一方面由于寺院经济的过度扩张影响了国家的财政收入，另一方面武宗本人十分崇信道教，于是在道士赵归真与宰相李德裕的鼓动下，武宗于会昌五年（845）下令在全国范围内展开灭佛运动。会昌灭佛是继北魏太武帝灭佛、北周武帝灭佛后第三次由国家主导的灭佛事件。"会昌法难"共摧毁大中佛寺4600余所，小庙4万多处，令26万僧尼还俗，焚毁佛典无数。这给当时的佛教以沉重的打击，唐代不少佛教宗派在法难后便一蹶不振。然而，武宗在会昌六年（846）因服食丹药驾崩，唐宣宗即位后不久就恢复了佛教的合法地位，灭佛政策旋即被废止。

第三节　宋元明清佛教：从持盈到式微

五代十国是中国历史上继南北朝之后，又一个政权更迭频繁、国家长久处于分裂之中的时期，直到后周大将赵匡胤于960年发动陈桥兵变、建立宋朝之后，割据的局面才逐渐

---

① （后晋）刘昫等撰：《旧唐书》，中华书局1975年版，第4198页。
② 《旧唐书》卷一百六十。
③ （唐）韩愈著，（南宋）廖莹中集注：《东雅堂昌黎集注》，上海古籍出版社1993年版，第188页。

结束，并实现了一定范围内的统一。1125 年，金与宋联合灭辽，灭辽之后金又进攻北宋。1127 年，金军掳走宋徽宗、宋钦宗，同年，赵构在应天府称帝，后定都临安，史称南宋。1206 年，成吉思汗统一蒙古各部，建立大蒙古国，并先后攻灭了西辽、西夏、金朝等政权。1260 年忽必烈即位称帝，改国号为"大元"，次年定都大都。1279 年，元军彻底灭亡南宋流亡政权，结束了自唐末以来长期的混乱局面，使元朝成为中国历史上首个由少数民族建立的大一统政权。从 960 年北宋建立，两宋、辽、金、西夏多个政权存在，到短暂统一的元朝政权于 1368 年终结，中国佛教在学说思想、信仰形态、修行方法和传教方式等方面，都与域外佛教拉开了更大的距离。

这一时期，各政权之间虽然征战不断，但佛教却得到了更加广泛的传播，统治阶级对佛教基本保持着尊崇的态度，使得佛教一方面和皇权的关系比以往更加紧密，另一面也继续扩大着在社会上的影响力。宋王朝吸取了历代佛教管控的经验与教训，对佛教既不盲目推崇，也不过分打压，通过系统化与制度化的政治手段将佛教事务管理纳入国家行政调控之中，这使得三教融合在宋代成为统治阶级、佛教僧侣和社会各阶层的共识。就佛教自身的发展来说，禅宗经过唐末五代的发展，在两宋时期成为佛教中影响最大的一派，从六祖慧能以来所强调的自证自悟、自成佛道的禅学基本思想与文字禅的逐步展开，促成了禅学对佛学各部分的整合。元王朝作为少数民族建立的政权，其所采取的宗教政策有别于此前的唐宋。在民族等级制度影响下，三教关系经历了重新的定位和排列，藏传佛教的地位得到了极大的提高，汉地佛教，特别是作为主流的禅宗，受到了巨大的冲击，进而分化为功利禅与山林禅两种类型。

元朝末年，由于元廷的贪暴统治，全国范围内的农民起义此起彼伏。1368 年，朱元璋于南京称帝，建立明朝，不久明军攻克大都，元朝灭亡。明朝建立后，朱元璋采取了一系列措施加强中央集权，对于佛教也建立起了比以往更为严格的管理制度。与国家行政建制相配套的僧司机构的建立使皇帝可以更加便利地干预佛教内部事务，这对明代以后佛教的发展产生了深远的影响。明代中期，佛教队伍规模进一步扩大，但义学活动归于沉寂，也没有出现具有影响力的高僧大德，佛教徒的世俗化程度加深。明末，随着各种社会矛盾的激化，以江浙地区为中心，佛教出现了复兴的趋势。以"明末四大高僧"为代表的学问僧继承禅教并重、三教合一的主张，力图将禅学、义学、净土三者统合起来；而在山林之中，以临济、曹洞为主体的禅宗流派致力于重振禅宗的影响力，这使得不同流派之间的论争往往非常激烈，并呈现出了一定的"党争"特点。

万历四十六年（1618），后金统治者努尔哈赤誓师叛明；崇祯九年（1636），努尔哈赤之子皇太极在盛京（今辽宁沈阳）称帝，改国号为大清。与此同时，明廷江河日下，朝政腐败，天灾不断，人民也纷纷揭竿而起。1644 年，起义军攻克北京，崇祯帝自缢。稍后驻守山海关的明朝将领吴三桂献关降清，清朝摄政王多尔衮挥军入关，大顺农民军溃不成军，仓皇出逃，清顺治帝旋即迁都北京。在清入关后的 20 年时间里，清廷先后灭亡大顺、大西和南明等政权，基本统一了全国。清廷继承了明朝在佛教问题上的诸多举措，并以更加细致的条规将佛教发展的方方面面都纳入了国家的统一管理。在这一时期，教门各派义学全面衰落，宗派隶属界限逐渐被淡化，师徒关系成为维持教派发展的重要动力。禅宗诸派虽然继续保持着法统，但并不十分看重本宗持守，禅宗对各种佛教思潮的融合成为当时佛教发展的一个显著特征。在信仰与实践方面，西方净土信仰、菩萨信仰成为社会信仰的主流，各种救赎性质的忏仪法事活动也流行于社会各阶层，佛教逐渐成为一种他力拯救的工具。

一、宋代佛教

1. 宋代的佛教政策与体制

宋太祖亲身经历过后周政权主导的"灭佛"事件，因而从稳定社会、巩固统治出发，宋初对佛教采取了较为宽松的管控政策。宋太祖即位伊始便废除了周世宗所颁布的废佛令，以此来发挥佛教收拾人心，安抚民众的作用。但宋初对佛教的支持并不是无条件的，考虑到前代佛教过分膨胀所造成的反噬效果，宋朝统治者始终保持着对僧尼人数的严格控制。宋仁宗时期，僧尼人数曾出现了一定的反弹，大臣张洞即上书认为："今祠部帐至三十余万僧，失不裁损，后不胜其弊。"①朝廷采纳了他的提议，将三分之一的僧人减汰。此后僧尼人数一直稳定在 20 万左右。

宋初宗教管理机构的设立多沿袭五代，北宋中期以后逐渐有所调整。北宋建隆二年（961），宋太祖以其弟赵光义为开封府尹兼功德使，而宗教事务正由功德使负责处理。元丰年间（1078—1085）宋神宗改革官制，鸿胪寺成为管理宗教事务的主要衙门。南宋建炎三年（1129），鸿胪寺被废，其主要职能又为祠部所承担。然而负责教内事物的僧官机构主要是中央的左右街僧录司与地方各州的僧正司，功德使、鸿胪寺与祠部等职能部门通过管辖监督左右街僧录司的方式干预佛教的发展，其本身并不直接处理佛教的具体事务。僧录司的职权范围广泛，诸如试经剃度、寺额赐授、主持任命、师号颁赐、簿籍管理等都在其事权之内。至于僧尼个人事宜如剃度、出家、受戒、出行等僧录司更能全权处理，政府机构无须过问。

在僧尼的户籍管理上，宋代参照后周建立了僧帐制度，所谓"僧帐"（又称籍帐）是记录僧尼、沙弥、童行数量和其他基本情况的簿籍。为了确保能及时准确地掌握佛教僧众的

---

① （元）脱脱等撰：《宋史》，中华书局 1977 年版，第 9933 页。

变动情况，宋王朝每年对佛教人数普查统计一次，以便制作所谓的"刺帐"，每三年再对"刺帐"进行核查统合，将全国寺院僧尼的数量、法号、年龄、籍贯、俗姓以及出家、剃度、受戒师父和受戒时间等一一记录在案，这样所得的籍帐称之为"全帐"。可以说，这套较为完善的僧帐制度为政府制定相应的佛教措施提供了极大的便利，但是从北宋中期开始，为了解决财政困境，政府开始抛售度牒，滥发度牒直接导致空名度牒失去了有效验证僧尼合法身份的功用，僧帐制度也就不能反映教团的实际情况了。

总体而言，宋代佛教在国家力量的主导下稳步发展，如宋高宗所说："朕观昔人有恶释氏者，欲非毁其教，绝灭其徒；有喜释氏者，即崇尚其教，信奉其徒，二者皆不得其中。朕于释氏，但不使其大盛耳。"①"不使其大盛"正是两宋佛教政策制定的一个基本出发点。

2. 宋代佛教宗派的发展

从宋代开始，禅宗已显现出衰落之势，在唐末五代形成的禅宗五家中，沩仰一脉人宋后便后继乏人，曹洞、法眼诸宗的影响也大不如前，临济宗与云门宗成为当时推动禅学发展的两大主要宗派。北宋初年，临济宗主要活动于今天的河北、河南、山西等北方一代，至宋仁宗时，其活动区域向南转移，并以江西为中心向四方扩张，遂成为禅宗中最活跃的一派，特别是黄龙、杨岐两支的分化发展，推动了禅学向文字禅形态的转变。云门宗在传播过程中尤其重视传法基地的建设，因而其发展呈现出由南向北、多头开拓的态势，比如圆通居讷、佛印了元、雪窦重显等就分别以江西、江苏、浙江为传法中心，而且大觉怀琏、法云法秀等人在汴京的活动更是推动了南方禅在北方的发展。

宋初临济宗僧汾阳善昭（947—1024）倡导公案代别和颂古，将禅转化为挖掘古人义旨的文字玄谈，使学徒能通过语言文字"顿开一性之门"②。这种借古代公案表达自己思想的做法被善昭的弟子石霜楚圆（986—1039）所继承，楚圆晚年至潭州（今湖南长沙）传法，临济宗的活动区域开始向南转移，后来楚圆弟子黄龙慧南与杨岐方会各立门户，分别又形成了黄龙与杨岐二派。黄龙慧南（1002—1069）早年曾随云门宗的三角怀澄习禅，后投楚圆门下，从景祐三年（1036）开始常住江西南昌黄龙山。慧南讲禅有所谓"黄龙三关"之说，即其常以"佛手""驴脚""生缘"设问以启示参禅者自修自证，自悟佛道。这种将抽象佛理寓于具体形象中的说禅方式推动了禅宗用语示意的灵活性，使得"三关"之设被经典化为"活句"参用的范本，"转三句"的方法逐渐流行开来。慧南以黄龙山为基地，建立了庞大的僧团，他的嗣法弟子多达八十三人，其中以宝峰克文（1025—1091）等人为代表。克文精通儒

---

① 刘琳等校点：《宋会要辑稿》，上海古籍出版社 2014 年版，第 9991 页。
② 《汾阳无德禅师语录》卷下，《大正藏》第 47 册，第 619 页。

释二学，解说公案时常能援儒于佛，深得义理三昧。克文法嗣弟子有三十八人，其中清凉慧洪（1071—1128）最为著名，其博闻强记，精通佛典，著作颇多，在京城及江南士大夫中享有盛誉。

　　杨岐方会（992—1049）在禅风上直承"即心是佛，除此心外，更无别佛"①的禅宗本旨，但求使人自识本性，自见本性，因此方会不会像慧南那样使用"三关"之类的固定格式启迪学者，而是侧重灵活的机语，推崇善辩巧言与机锋棒喝。方会的法嗣弟子有十二人，其中较为出名者为白云守端（1025—1072）。但是，杨岐派至北宋中期尚不能与黄龙派相抗衡，直到北宋末年圆悟克勤（1063—1135）开始，杨岐派始得兴盛。克勤师承五祖法演（1024—1104），尤其擅长讲解公案与古颂，其著有《碧岩集》一书，该书以云门宗僧重显的《颂古百则》中一百个公案为框架，并对每则公案颂文加以或多或少的点评注释，也就是把公案、颂文、经教三者结合起来，旨在让人摆脱语言文字情节之障，离言而会道，即其所言："言语只是载道之器，殊不知古人意，只管去句中求，有什么巴鼻？不见古人道：道本无言，因言显道，见道即忘言。若到这里，还我第一机来始得。"②克勤之后又有大慧宗杲（1089—1163），当时《碧岩集》盛行，导致丛林"专尚语言，以图口捷"，宗杲深感这种空虚禅风与国家时局格格不入，因而欲以"看话禅"来超越文字注解的有限性。所谓"看话"指的是参究公案中的答话部分，宗杲认为应把话头作为"活句"来看，而不是作为"死句"去读，具体说来就是以看似答非所问的形式超越言句的表象，从而使人不过分依赖文字的诠释功能。也正如他所说："夫参学者，须参活句，莫参死句。活句下荐得，永劫不忘；死句下荐得，直救不了。"③

　　在云门宗由岭南向北方传播的过程中，出现了许多有影响力的禅师，其中雪窦重显、圆通居讷、佛印了元、明教契嵩等人最为代表。雪窦重显（981—1053）受汾阳善昭复古趋向的影响，作《颂古百则》将宋初的颂古之风推向高潮，使颂古成为宋代禅学研究的一大特色，不惟教内人士评之为"丛林学道诠要"④，而且也深受文人士大夫的喜爱。稍后的圆通居讷（1010—1071）与佛印了元（1032—1098）等人继续致力于沟通儒释关系，他们交游颇广，尤其是了元，史载其"凡四十年间，德化缁素，缙绅之贤者多与之游"⑤，文学家苏轼、理学家周敦颐等人多与之关系密切。至于明教契嵩（1007—1072）则专心于禅宗理论的构建，他极力调和儒佛关系，强调"心"为三教统一之本，释迦牟尼所传之心与百家圣人之心本是一体，原无差别。特别是为了确立禅宗在佛教中的正统地位以达到护教目的，契嵩

---

① 《小室六门》，《大正藏》第 48 册，第 373 页。
② 《佛果圆悟禅师碧岩录》卷二，《大正藏》第 48 册，第 153 页。
③ 《佛果圆悟禅师碧岩录》卷二，《大正藏》第 48 册，第 161 页。
④ 《佛果圆悟禅师碧岩录·后序》，《大正藏》第 48 册，第 224 页。
⑤ 《佛祖历代通载》卷十九，《大正藏》第 49 册，第 677 页。

钩沉稽古，发微抉隐，确立了禅宗"西天二十八祖"的传法谱系，从而将东土六祖与西土传承联系起来，这就使禅宗的发展源流变得更加明晰。

3. 宋代佛教文化事业

北宋前中期，中印佛教界的交往出现了一个高潮，当时宋廷出于经略西藏的目的，也比较重视西行求法的僧人。宋太祖乾德四年（966），派遣行勤等 157 人西去求经，这是中国历史上规模最大的官遣僧团。当时民间自发赴印的僧人也不少，外籍僧人入华传教也是盛况空前。同时，北宋朝廷继承前代传统，把佛经翻译当作国家文化事业的一部分，进而组织人力进行大规模译介活动。然而，北宋时期印度佛教已经进入衰退期，难以向中土输送大量高素质的佛教人才，再加上本土禅宗的成型，使得宋代翻译的佛经种类和数量虽然不少，但整体质量却不高。

真正能体现宋代佛教文化事业成就的则是大规模藏经刻印与本土佛教典籍的编撰。现存最早的印刷佛经在时间上可以追溯至唐懿宗咸通九年（868），而大规模刻印佛教经典总集性质的大藏经则始于宋太祖时期。到北宋末年，民间刻印取代官方刻印，于是藏经刻印遂有了"官版""私版"之分。整个宋代，官私刻印大藏经有五个版本：

其一，开宝藏。开宝四年（971），宋太祖派遣内官张从信到益州雕造大藏经，至太平兴国八年（983）完工，历时 12 载。由于刻成于益州，也称"蜀版"。开宝藏所收入的典籍依据《开元录》的记载，共有 5000 余卷，刻板保存于汴京太平兴国寺内的印经院，并在那里刊印。随着新经陆续译出，不断补刻增入，另外还加入了东土撰著与《贞元录》中的入藏经典，最后达到 6620 余卷。开宝藏的印本为以后所有官私刻藏的准绳，并远传高丽、契丹，从而引起仿刻。

其二，崇宁万寿藏。为满足远离京城的地方寺院的需要，福州东禅等觉院主持冲真等人大约于元丰元年（1078）募刻，到崇宁二年（1103）基本完成。奏请有司允许，得"崇宁万寿大藏"的名称。其后又增刻了一些入藏经典，至政和二年（1112 年）结束，共计 5800余卷。

其三，毗卢藏。福州人蔡俊臣等组织刻经会，支持福州开元寺募刻大藏经。从政和二年到南宋绍兴二十一年（1112—1151），历时长达四十年方告完刻。

其四，思溪圆觉藏。湖州归安思溪圆觉院僧人怀深等募刻，由湖州致仕乡绅王永从家族资助，主要依据东禅版内容刻成，约 5687 卷。

其五，碛砂藏。此藏由平江碛砂延圣院僧人法思等募刻，从绍兴初年（1131）开刻，后时辍时续，至元至正九年（1349）完成。宋理宗端平元年（1234），曾仿思溪版编定此藏目录，后来屡有改动，并增补了元代刻印的经典，共计 6362 卷。

本土佛教典籍的大量出现是禅宗等华化佛教宗派逐渐走向成熟的重要标志。这一类著作可以分为三类：影响广泛的禅宗"灯录"、数量庞大的禅宗"语录"以及天台宗僧人编写的佛教史籍。

灯录是专门强调禅宗传法谱系的禅宗特有通史性僧传，因为灯能照暗，禅宗祖祖相授，以法传人，犹如传灯，所以便将这类僧传性质的文献称之为"灯录"。其雏形起源于初唐，中唐时始成一定规模。五代十国出现的《祖堂集》记述自迦叶以至五代共二百五十六位禅宗祖师的主要事迹及问答语句，特别是对六祖法脉的记载尤为详细。北宋景德元年（1004），法眼宗僧道原撰《景德传灯录》集录自过去七佛，及历代禅宗诸祖五家五十二世，共一千七百零一人的传灯法系，内容包括行状、机缘等。该书除了史料价值外，更奠定了禅宗灯录撰写的基本范式，因而一经问世，便产生了广泛的影响，并引出了《天圣广灯录》《建中靖国续灯录》《联灯会要》《嘉泰普灯录》《续传灯录》等一系列的灯录著述。随着灯录的不断出现，其内容重复，文字繁缛的弊端便暴露出来，南宋临济僧普济删繁就简，将《景德传灯录》《天圣广灯录》《建中靖国续灯录》《联灯会要》《嘉泰普灯录》等五部禅宗灯录统合整理为一部，命名为《五灯会元》。《五灯会元》虽然只收禅僧，并不涉及与禅门无关的僧人，但所述宗派分明，便于查阅，为宋以后好禅的文人士大夫所欢迎。

"语录"主要记录的是禅师在说法开示时的言语表达，类似于《论语》的体裁。禅师平日讲法大多以通常俗语直说宗旨，侍者与参随弟子则予以记录，搜集整理成册，不加敷演藻饰，即成语录之体。自唐初六祖慧能之后，编撰语录渐成风气。宋代开始，禅宗丛林制度成立，凡知名禅师多曾出任方丈，依制度其下必设书记，负责专门记录禅师的言行，以备日后辑成语录。从语录的类别来看，大多为单个禅师或某一系禅师的言行录，也有些语录汇入了禅师的诗文著作，这类语录如果仅集一人，则称为别集，集多人，则称为通集。还有的语录旨在详细全面地记录祖师法语，这种称为广录；仅摘录重要部分者，则称为语要。在宋代，多种有代表性的语录成为禅僧传禅和习禅的基本资料，甚至大有取代传统佛教典籍之势。

至于佛教史籍，最具代表性的则是北宋学僧赞宁编撰的《大宋高僧传》与《大宋僧史略》以及南宋天台学僧志磐编著的《佛祖统纪》等几部史学著作。《大宋高僧传》在体例上效仿梁代和唐代的僧传，分译经、义解、习禅、明律、护法、感通、遗身、读诵、兴福、杂科等十科，收录了从南朝刘宋到北宋初年十个朝代的僧人共计533人（其中正传533人，附见130人），有弥补《续高僧传》缺失的作用。赞宁十分重视资料来源的可靠性与多样性，这就在一定程度上确保了《大宋高僧传》的史料价值。《大宋僧史略》是一部记载佛教重要史实以及相关典章制度的著作，内容涵盖佛教发展史、佛教教义及典制、佛教与政治的关系、佛教社会文化等多个方面，正如后来的志磐所说："台阁之士欲通练内外典故者，皆于此观之。"①志磐的《佛祖统纪》撰自宝祐六年（1258），至咸淳五年（1269）完成，十余年间五易其稿，书成之后还邀请必升、慧舟、善良等僧人参与校证，可以说，此著是宋代佛教史书编辑的集大成之作。《佛祖统纪》分为本纪八卷、世家二卷、列传十二卷、表二卷、志三十卷，"本纪"载释迦成道、益物，与天台宗所奉西土二十四祖、东土九祖、兴道以下八祖传；"世家"收录了南岳、天台等大师一百九十八人的传记；"列传"则收录了慈云至广智、神照、南屏等大师三百八十七人的传记。虽然该著以记述天台宗的历史为主，但史料丰富，编选精审，体例上又融纪传、编年、会要为一体，脉络清晰，因而它历来受到中国佛教史研究者的关注。

4. 宋代佛教与儒家的关系

从中唐开始，中国文化就呈现出三教合流的发展态势，至宋代儒家的强势地位已不可动摇，佛教主动向儒学靠拢，力图调和与儒学之间的关系，这就成了宋代佛教理论构建与现实实践的重要发展方向。北宋僧人契嵩曾说："儒、佛者，圣人之教也。其所出虽不同，而同归乎治。儒者，圣人之大有为者也；佛者，圣人之大无为者也。有为者以治世，无为者以治心。"②后来，天台宗僧智圆进一步概括道、儒、释应"共为表里"，即"修身以儒，治心以释"③。具体说来，佛教的这种基于妥协性的求同主要表现在两个方面：一是用儒家教义来框范佛教，使佛教儒学化。比如契嵩在倡导三教融合之时，正值仁宗朝抑佛排佛之际，为了调和佛教与政治现实的矛盾，契嵩出于护教目的不得不调整策略，用儒家五常解释佛教的全部说教，认为"今儒之仁义礼智信者，岂非吾佛所施之万行乎？"④进而高举"孝在戒先"，把"孝"说成"天之经，地之义，民之行"⑤以争取重新获得上层统治的好感与支持。二是主动发挥佛教的能动作用而为现实政治服务。如宗杲倡导"看话禅"的动机之一就是当时坐而论道，空虚浮泛的禅风在国家危难之时，足以蠹害人心，加重时弊。所以他力排默照禅，强调方外人士仍有忠君爱国、锐意事功的必要性。

宋代儒学复兴是中央集权强化对意识形态领域管控的结果，在这个过程中，理学家和心学家对佛教的态度尤其值得注意。宋朝正统士大夫往往通过抨击佛教来为儒学正名，庆历元年（1041），欧阳修作《本论》，认为佛教的繁荣是"王政缺""礼义废"的结果，只要"王政修明，礼义之教充于天下"⑥，佛教就不可能传入中国。此外，孙复的《儒辱》、石

---

① 《佛祖统纪》卷四十四，《大正藏》第 49 册，第 402 页。
② 《镡津文集》卷八，《大正藏》第 52 册，第 686 页。
③ ［日］前田慧云等编：《卍续藏经》第 101 册，新文丰出版公司 1993 年版，第 110 页。
④ 《镡津文集》卷八，《大正藏》第 52 册，第 686 页中。
⑤ 《镡津文集》卷三，《大正藏》第 52 册，第 660 页下。
⑥ （北宋）欧阳修著，洪本健校笺：《欧阳修诗文集校笺》，上海古籍出版社 2009 年版，第 511 页。

介的《怪说》、李观的《潜书》等都有相近的观点。这些论调并不新颖，和中唐韩愈排佛论的基本出发点并无二致，但理学兴起后，排佛就有了系统的理论构建意味，如程颐批评禅僧："今之学禅者，平居高谈性命之际，至于世事，往往直有都不晓者，此只是实无所得也。"①这就是理学家用自己的体用观来批判禅宗的性命论。

但实际上，宋代理学家和心学家一方面激烈地批判佛教禅学，另一方面又或多或少地受到了禅学的熏染，进而在宗教心态上表现出了一定的矛盾性。张载劝世人勿读佛老，自己却沉醋佛典，他的名篇《西铭》中明显可以看出受佛教影响的痕迹。理学巨擘朱熹与佛家的关系更是深厚，其对大慧宗杲、开善道谦等僧人十分推崇，明代朱时恩撰《居士分灯录》甚至将朱熹列为道谦法嗣，而朱熹在批判陆九渊时又把"几近禅学"作为心学的一大弊病，殊不知朱子自己的言论中也充斥着大量的佛言禅语。这些都说明，随着禅宗在士大夫阶层中的广泛流行，居士禅已成为宋代社会普遍存在的现象，再加上三教的统合，理学在构建过程中已不可能不受佛学的影响。

二、元代佛教

1. 元代佛教的新趋势

元代统治者按照族别的不同和地区被征服的先后，把治下人民划分为蒙古、色目、汉人和南人四个等级，在政治地位以及相关权利和义务等方面，歧视性地予以不同的对待。受到民族等级制度的影响，流行于不同地区的宗教也被打上了民族优劣的烙印，相应的汉地佛教由于汉人和南人地位的低下，禅宗在元代整个佛教体系中的地位便受到了前所未有的冲击，而藏传佛教与道教中的全真教由于元廷的扶持，在这一时期繁荣起来。

喇嘛教在元代的兴盛有其深刻的历史原因，成吉思汗时蒙古统治者就试图利用喇嘛教来控制西藏上层，1247年西藏正式归顺蒙古后，忽必烈大力支持萨迦派的发展，并使萨迦派取得了在藏区行政和宗教事务方面的领导地位。1270年忽必烈进封八思巴为帝师，从此以后，历代皇帝奉藏传佛教萨迦派僧人为师成为元朝的一项制度，中央与西藏地区的政治和宗教开始联为一体，帝师制度的建立标志着喇嘛教的特权地位正式得到了官方的认可。

从八思巴开始，帝师通过领导宣政院来管理全国佛教和藏区军政事务，其他高级藏僧往往也在地方任职。由于元代皇帝的纵容，帝师徒属及一些上层藏僧违法乱纪、侵官害民，作恶多端，引起了朝野上下的普遍怨憎，其中最著名的莫过于元世祖时，出任江南释教总统的杨琏真加在江南挖掘赵宋皇室及诸大臣陵墓，并将宋理宗头顶骨制为酒器的恶性

---

① 　（北宋）程颢、程颐著，王孝鱼点校：《二程集》，中华书局1981年版，第196页。

事件。到了元代末期，喇嘛教利用某些性修炼的内容蛊惑元朝皇室，以至于"君臣宣淫，而群僧出入禁中，无所防闲，丑声秽行，著闻于外"①，这就加速了元朝的衰败。

12世纪中叶，金代道士王重阳创全真教，后成吉思汗为了寻求长生不老之术，主动接触汉地道教，1222年成吉思汗会见了全真教长春真人丘处机，丘处机所提出的清心寡欲、敬天爱民等观念为成吉思汗所认同。全真教在得到蒙古统治者的认同与支持后，其势力在北方部分地区急剧膨胀，这就不免会挤兑佛教的生存空间。特别是在丘处机弟子李志常主持道教事务期间，全真教极力打压佛教，从而导致释道矛盾全面爆发。先是在1255年至1257年间，曹洞宗禅师福裕多次上书蒙哥控告道教徒侵占佛教寺田，以至忽必烈不得不召集僧道和九流名士700余人在平城举行论战，结果道教惨败，参与辩论的道士17人削发为僧，道教经典45部被焚毁，200多处道观改为佛寺。然后在至元十八年（1281年），忽必烈深感《化胡经》等道经的虚妄荒诞，在喇嘛教的怂恿下，又对道教进行了更彻底的清算，命令除《道德经》外，其他一切道教经典全部焚毁，至此这场持续数十年的释道斗争基本告一段落。

2. 元代汉地佛教诸宗

元代内地佛教仍以禅宗为主流，其中万松行秀、雪庭福裕一系的曹洞宗盛行于北方，由临济宗虎丘绍隆和大慧宗杲所分出的支系成为南方禅宗的主流。行秀曾著《从容录》，该书与《碧岩录》并称禅门二大宝典。福裕（1203—1275）为行秀弟子，因学识精邃，修持严谨而受到忽必烈的敬重，在元初佛教与道教的冲突中，他扮演了重要角色。其门下弟子众多，绵延不绝，著名者有文泰、智泰、净肃等。

南方禅宗均属于临济宗，在大慧宗杲弟子育王德光之后，出现了灵隐之善和北磵居简两支；虎丘绍隆再传弟子密庵咸杰之后，出现了松源崇岳和破庵祖先两支，这四支成为南方临济宗的主要支派。之善一系重要的禅师有元叟行端（1255—1341），他曾数次住持名山宝刹，声名远播，地位崇高，其禅风被人总结为"以呵叱怒骂为门弟子慈切之诲，以不近人情行天下大公之道"②，表现出了较强的功利风格。居简一系的人才较多，比如笑隐大䜣（1284—1344），他重视丛林戒律与禅众教育，要求门下禅僧兼通经教外典，以作为与其他宗派角逐争胜的学识储备。梅屋念常（1282—1341）学识渊博，曾历时二十年撰成编年体佛教通史《佛祖历代通载》。

出自松源崇岳一系的主要有古林清茂和昙芳守忠。古林清茂（1262—1329）颇受元文宗的礼敬，其一生创作了不少诗文偈颂，尤其是《重拈雪窦举古一百则》以及一些语录著作，

---

① （明）宋濂等撰：《元史》，中华书局1976年版，第4583页。

② 《续传灯录》卷三十六，《大正藏》第51册，第712页。

颇受时人喜爱，甚至流传到了日本。昙芳守忠（1275—1348）在至顺元年（1330）与大䜣一同赴京，受到了元文宗为代表的皇室及帝师的隆重接见，获赐极多。清茂与守忠虽是缁流，却都与皇室保持着密切的联系，他们是元代僧侣中"道契王臣"的代表。破庵祖先一系比较著名的禅师有：无见先睹（1265—1334），他曾在天台山修行四十年，为临济禅法在东南一带的振兴作出了贡献；石屋清珙（1272—1352），他隐居湖州天湖寺四十余年，生活淡泊，作风简朴，持戒精严，为临济宗一代名师。祖先系禅师的共同特点就是始终与元廷保持一定的距离，他们一般靠下层民众的布施或自耕自刈来维持生计，表现出了较强的山林气息。

3. 元代的禅学思想

《碧岩集》作为诠释公案的典范在南宋初期曾受到宗杲等人的激烈批评，元朝初年北方曹洞宗依然继承的是《碧岩集》的评释路数，行秀的《从容录》可为明证。久而久之，这种禅风由北及南，使整个丛林"或以众机缘列归三玄，或以诸言语判入四句。中间曲谈巧辩，网罗千百则公案，各立异名，互存高下，不识古人之意界"①。对此不良习尚，临济宗学僧中峰明本（1263—1323）予以严厉批判，认为："唯以聪明之资，向古今文字上，将相似语言较量卜度，会尽古今公案。殊不知，既不了生死，反不如个不会底最真。"②即是说这类公案脱离了修禅解脱生死的本旨，徒在义理文字上下功夫，如此还不如一无所知的好。正是从这一点出发，明本继承了宗杲的看话禅真义，强调"无"字话头在制止起念过程中的重要作用，进而"和个话头，一起忘却"，达到超越话头后，方能一念制万念，灭万念，最终至于无念。

禅和净土信仰的关系问题也是元代佛教关注的焦点，强调禅净融合在这一时期达成了共识。元代中后期，净土信仰盛行，对禅宗的影响也越来越深，明本就曾提出过"禅净一致"的概念。明本法嗣天如惟则（？—1354）在理论上论证了禅净合一的必要性与合理性，他一方面批评排斥净土的禅者狂妄无知如"愚夫愚妇"；另一方面认为修持净土若刻意将念佛与参禅划分开来，那就是无视识心见性与唯心净土的内在联系。因而，惟则提出"极乐世界，弥勒世尊，亦吾净土中之一刹一佛而已"③，意思就是我心即是净土，崇拜弥陀极乐世界与禅宗以心为宗的本旨是一致的。

除了强调禅净融合外，禅密关系也在元代受到关注。喇嘛教兴盛后，在内地沉寂多时的密宗也得到了一定的发展，许多人受到藏传佛教的影响，开始致力于融合禅密关系，其

---

① 蓝吉富主编：《禅宗全书》第 48 册，文殊文化有限公司 1989 年版，第 108 页。
② 《天目中峰和尚广录》卷十一上，《禅宗全书》第 48 册，第 109 页。
③ 《天如惟则禅师语录》卷三，《禅宗全书》第 49 册，第 64 页。

中比较有代表性的是千岩元长（1284—1357），他强调密宗与禅宗一样，都是以解脱生死为目的，本质上并无差别，正如他所说："云门'普'、赵州'无'、德山棒、临济喝，与你寻常想底佛，持底咒，同耶，不同耶？ 同则禅分五宗，教分五教；不同则总是释迦老子儿孙，何有彼此之异？"①

三、明代佛教

1. 明代的佛教政策

明王朝建立后在宗教政策上首先废除了蒙元统治下喇嘛教所享有的各种特权，将强化君主专制作为佛教政策制定的根本依据。明太祖一方面取缔白莲社、大明教、弥勒教、白云宗等一系列邪教，限制僧俗之间的自由交往，控制僧寺的数量；另一方面为了利用佛教对社会的积极影响力，明太祖更是直接插手佛教内部事务，将寺院划分为禅、教、讲三类，僧人再以此三类划为三宗，并格外突出佛教的法事功能。太祖之后，从成祖到穆宗（1403—1572）的 170 年间，朝廷对佛教实施的管控措施基本延续了洪武时期的模式，只是稍微做了一些调整，比如禁绝女性出家、实施鬻牒制度以及分封藏传佛教各派领袖等。明代后期（1573—1644），明王朝对佛教已经失去了有效的控制，佛教监管体系趋于瘫痪，洪武时期所定下的三类三宗之分已无法继续维持。随着明末社会矛盾的激化与国家政权的失控，佛教在江浙一带出现了综合复兴的趋势。

2. 明代前中期的佛教

明初比较活跃的禅师基本出自临济宗元叟行端、笑隐大诉和竺元妙道三系。行端一系门下弟子众多，较出名者有愚庵智及和楚石梵琦等人。愚庵智及（1311—1378）尤善法华忏法，经常组织此类法仪以祈消灾弭盗、国泰民安，因而受到元明两代帝王的重视。智及那位非常著名的弟子道衍（即姚广孝）更是积极参与当时的政治斗争，帮助朱棣打败惠帝，取得帝位。这说明禅宗经过宋元以来的政治规训，已转化为一种功能性组织。楚石梵琦（1296—1370 年）重视净土信仰，并继承了禅宗自心觉悟，不求知解的思想，他的一些具体言行还表现出一定的呵佛骂祖、不修教理的狂禅作风。但在主办法会、宣讲教义之类宗教实践上，他又将禅学忏化，追求的是仪式"超度四生六道，无辜冤枉，悉脱幽冥"的世俗功能。

大诉一系的主要法嗣有觉原慧昙与季潭宗泐。觉原慧昙（1304—1371）在元朝时就曾得

---

① 《千岩和尚语录》，《禅宗全书》第 49 册，第 217 页。

到过元文宗的召见，洪武元年(1368)朱元璋设立善世院作为统领全国佛教事务的机构，慧昙被钦定为第一代善世禅师，统领全国释教之事。洪武三年(1370)其又奉命出使西域诸国，成为明代首批出使僧团，并卒于僧伽罗国(今斯里兰卡)。季潭宗泐(1318—1391)曾任善世院右善世，参与管理全国佛教事务，洪武十年(1377)，其继慧昙之后奉诏出使西域。总之，大䜣系的禅师善于处理与明廷的关系，因而受到明太祖的器重，但他们的禅学思想却没有什么值得称述之处。

妙道一系在明初的主要禅师有恕中无愠与呆庵普庄。恕中无愠(1309—1386)有意保持与朝廷的距离，洪武七年(1374)，日本遣使欲请他赴日弘化，但他不愿接受明太祖的差遣，只愿终老林泉。在禅风上，无愠重视参究话头，善于以固定的问语启悟后学，颇有宋代禅宗的遗风。敬中普庄(1347—1403)在洪武二十六年(1393)奉诏到当时海内禅宗首刹浙江径山寺担任住持，他曾说："八万四千法门，一千七百公案，须是一一参究，一一透脱始得。"①即是要求后学者要努力钻研禅宗的经学义理，这反映了明初禅学义学化的倾向。明朝立国之初，朝廷重视佛教经书的讲注，禅师经论功底是衡量僧侣道行的重要标准，普庄的禅学理念便很显然受到了这种风气的影响。

明代中期佛教队伍在规模上虽然超过了明初，但却是禅宗有史以来最缺乏生机的时期。自宋代以后，文字禅、棒喝禅泛滥成灾，至明代这些弊端表现得更加突出，于是禅法大敝；另外朱元璋提倡三教并用，成祖时期又大量编撰善书，内中将三教劝善之言熔为一炉，广布民间，从而使三教合流的趋势空前加强，三教界限在民间逐渐变得模糊不清，这就必然影响僧众对禅宗本旨要义的准确把握。但即便如此，在明中叶的众多禅师中也有值得称述之人。笑岩德宝(1512—1581)对当时迷信公案和语录的求证方式作出了批评，认为一些禅僧"摸寻前人义路葛藤，聚头相斗，朝四暮三，妄净瞋喜，何异按图索骥，画饼充饥？全不审思于诸己躬，有甚至涉"，也就是要人自悟本心不假外求，对前代善知识思想理念的理解必须以自我了悟为前提，而不是反过来以公案语录等为明心见性的阶梯。因此，他继承了宗杲的看话头，进而强调参话头与念话头的结合，通过出声念诵与内心默参来达到"□地一声"的证悟。

3. 明末佛教的综合复兴

在明代末年社会的急剧变化中，佛教界出现了声势浩大、席卷全国的复兴浪潮，这股浪潮肇始于嘉靖、隆庆之际(1522—1572)，到万历时期(1573—1620)达到高峰。由于僧众的背景的差异，这场佛教复兴大致可以划分为两股潮流：一股主要集中在都市城镇，代表人物为"明末四大高僧"；一股则活跃于乡野山林，以临济宗与曹洞宗的禅僧为主体。两

---

① 《呆庵普庄禅师语录》卷三，《禅宗全书》第52册，第306页。

股潮流相互影响，打破了佛教界的长期沉寂，共同促成了佛教在中国封建时代的最后一次兴盛。

在万历时期，北京及江南的一些大城市相继出现了一批学问僧，他们以禅净信仰为纽带，向上结交官僚士大夫，向下聚集大量的俗家信徒。不同于一般的禅宗宗师，这批学僧并不重视建立门户、赓续法嗣，甚至未曾住持过任何寺院，他们看重的是自身的佛学造诣与在俗家弟子中的影响力。因而他们能不囿于门户宗派之见，孜孜追求的是佛教整体的综合复兴。在受众方面，明末党争激烈，政治环境险恶，士大夫之中普遍产生了一种幻灭感与疏离感，因而他们希望在佛教中重构自己的理想人格以修复现实带来的创伤，于是这些掌握文化权力的官僚士大夫便成为复兴佛教的中坚力量。比如时人就曾记载："京师学道人如林。善知识则有达观、朗目、憨山、月川、雪浪、隐庵、清虚、愚庵诸公。宰官则有黄慎轩、李卓吾、袁中郎、袁小修、王性海、段幻然、陶石篑、蔡五岳、陶不退、蔡承植诸君。声气相求，函盖相合。"①以四大高僧为代表的学僧在思想上表现出了较强的融通性，他们继承了宋代以来教禅并重，三教合一的主张，在不废禅学、义学的同时，更加重视净土信仰，以获取福报功德为学佛的重要目标。同时，他们又着重宣扬佛教的善恶报应论，以菩萨信仰满足一般信众的需要。这些都使得明末的这批高僧在当时的文化界和佛教界享有盛誉，其影响力至今不衰。

云栖袾宏（1535—1615）与紫柏真可、憨山德清、蕅益智旭并称为"明末四大高僧"。袾宏针对明末佛教界的具体情况，特别强调清规戒律对僧徒的约束作用，因而建立和完善寺院制度、规范僧尼生活是他宗教实践的重要内容。隆庆五年（1571）在袾宏的指导与当地民众的协助下，废弃百年之久的杭州云栖寺得到重建。云栖寺可以说就是袾宏进行佛教戒律建设的"试验田"，在建寺之初他就强调："毗卢宫殿，遍界遍空，草昧经营，无勤檀施。唯法堂奉经律，禅堂以处僧，兹所急也"②，也就是把方便僧众修行作为建寺的指导方针。同时，他还为云栖寺制定了《僧约十章》，作为僧众修行生活的准则，若寺中僧人稍有违反，就会被逐出寺院。至于如何处理禅教净律四者的关系，他虽然以净土为旨归，但也认为净土教并非和各宗对立，他说："若人持律，律是佛制，正好念佛；若人看经，经是佛说，正好念佛；若人参禅，禅是佛心，正好念佛；若人悟道，道是佛证，正好念佛。"③又说："参禅者借口教外别传，不知离教而参是邪因也，离教而悟是邪解也。"④这都反映出他极力要把净土思想和各宗教义统一起来，并希望用念佛的方式来增强修行的普

---

①　（明）王元翰：《凝翠集》补遗尺牍部分《与野愚僧》，《丛书集成续编》第 117 册，上海书店出版社 1995 年版，第 915 页。

②　（清）佚名：《云栖纪事》，载《重建云栖禅院碑记》，《丛书集成续编》第 59 册，第 10 页。

③　《云栖净土汇语》，《卍续藏经》第 109 册，第 134 页。

④　（明）袾宏：《竹窗随笔》，《大藏经补编》第 23 册，华宇出版社 1984 年版，第 183 页。

适性，降低客观条件对修行行为的制约。总之，在袾宏看来教禅律三者都有一定的局限性，只有将三者与净土结合，才能保持各自的真理性与完整性。

紫柏真可（1543—1603）一生游历南北，把刊刻佛教经典、保护佛教古迹作为毕生的事业。比如万历初年，时人感慨请经困难，真可便协助法本幻予将梵夹改为方册以便于经典的印刷、流布。万历二十年（1592），他游历房山云居寺，在石经山得到隋代高僧静琬所藏的佛舍利三枚，此事引起神宗生母李太后的注意，李太后出资将舍利重藏石窟。当时静琬塔院已为人所购，真可便用太后所施舍的资金赎回，并请憨山德清撰写了塔记。在佛教思想上，真可比较重视华严宗的教理，尤其是对"四法界"的阐发，认为"事法界、理法界、理事无碍法界、事事无碍法界"中最重要的是"事事无碍"及其运用，而若想较好地运用"事事无碍"，其根本还在于个人于逆境挫折中是否能够做到自由自在。因此，在真可看来四法界不是认识问题，而是实践问题，需要通过生活中的一言一行体现出来。与之相关，真可也不同意悟道只靠念佛求生净土的做法，常人认为修净土容易其实是对净土的误解，往生净土比参禅的难度更大，它不只需要念佛还需要具体的禅行。可见，真可的佛教思想有浓厚的调和色彩，体现出了他对佛教遗产的综合把握。

憨山德清（1546—1628）早年研习《法华经》并《四书》《易经》等儒家经典，后到摄山栖霞寺从学于云谷法会，因受《中峰广录》影响而下定决心学禅，嘉靖四十三年（1564）又从无极明信学习《华严玄谈》，并受具足戒。德清在宗教观上继续强调三教融合的重要性："为学有三要，所谓不知《春秋》，不能涉世；不精老庄，不能忘世；不参禅，不能出世。"①这和他在佛学上追求广博多端也是相通的。在修行方式上，憨山主张禅净兼修，念佛与参禅并行，但和袾宏有相净土不一样的是，他提倡的是以禅宗为主导的唯心净土，即其所言："今所念之佛，即自性弥陀；所求净土，即唯心极乐。诸人苟能念念不忘，心心弥陀出现，步步极乐家乡，又何必远企于十万亿国之外，别有净土可归耶?"②德清一生著述颇多，内容涉及儒、释、道三家，佛教方面的著作主要有《观楞伽经记》《华严经纲要》《大乘起信论疏略》《肇论略注》等，与儒、道有关的主要有《春秋左氏心法》《道德经解》等。

蕅益智旭（1599—1655）是明末清初倡导全面继承佛教遗产的代表人物，他不仅平等地看待天台、禅、律、唯识、净土等各类教理，而且主张信奉一切佛、菩萨和祖师。虽然他的佛学思想非常庞杂，涉及面很广，但在强调儒佛一源、融合儒佛上，他的思想与袾宏、真可、德清等人的观念是一致的。而且智旭和袾宏一样也特别强调律学的必要性，他认为："毗尼藏者，佛法纪纲，僧伽命脉，苦海津梁，涅槃要道。"③在这种意识的影响下，

---

① 中华大藏经编辑局：《中华大藏经》第 84 册，中华书局 1994 年版，第 91 页。
② 《憨山大师梦游全集》卷二，《中华大藏经》第 83 册，第 699 页。
③ （明）智旭：《灵峰宗论》卷一之二《西湖寺安居疏》，《蕅益大师全集》第 16 册，佛教书局 1989 年版，第 10304 页。

他三次系统全面地阅读律藏，并对一些重要律书进行注解。在佛教理论上，智旭提倡性相融合，以禅、教、律三学统一来指导实践，并宣称禅是佛心，教是佛语，律是佛行，同归一念。他还深谙天台宗教义，晚年其曾以天台教理解释《阿弥陀经》等佛教经典，强调持名念佛与信愿行的重要意义，进而欲以净土思想统摄教、观、律三门。后来天台宗讲教大多依据智旭所释的经论，从而形成了合教、观、律归入净土的灵峰派，也正因为此，清代净土宗奉他为第九祖。

佛教复兴的另一拨群体则是脱胎于底层民众的山林禅僧，这一类僧众的共同特征是：出家不是出于对佛教的信仰，而是为了寻求一条活路。因而他们大多数缺乏必要的佛学修养与佛教知识，只是希望能在佛教的掩护下从事必要的生产生活经营。基于此，"农禅并举"成为明末禅宗发展的一个新趋势。当然，即使在禅宗理论品质出现明显下降的情况下，禅宗的发展仍在明末达到了高峰，"今海内开堂说法者至百有余人，付拂传衣者有千有余人"①。如此多的弘教禅师在世俗功利需求的支配下，往往不能遵守清规戒律，甚至表现出贬低佛教价值、否定西方净土的解构倾向，这种禅风与宋代以来的禅宗传统相抵触，而与晚唐的狂禅风气有相似之处。

就明末的禅宗结构来说，临济宗与曹洞宗并兴。临济宗的主要派系出自笑岩德宝的弟子幻有正传（1547—1614）门下，正传的著名弟子有密云圆悟等人。密云圆悟（1566—1642）十分善于扩大教团的势力，因而门下聚集了众多僧人，据载其剃度弟子多达 200 余人，遍布天下。其在禅学上则致力于公案研究，进而提出了所谓"一条白棒"之说："老僧生平不解打之绕，唯以条棒一味从头棒将去，直要人向棒头拂着处豁开正眼，彻见自家境界，不从他得。"②意思大致为千万法门不如"棒打"一条，"大悟十八变，小悟不计数"毕竟过于繁琐冗赘，只需"一条白棒"便可以"一悟不再悟，深达法源底，坠地便称尊"，这本质上其实是对"直指人心"方法的一种简化。汉月法藏（1573—1635）是圆悟的弟子，但在禅观上两人并不相同，圆悟把"直指人心，见性成佛"视为唯一法门，而法藏则志向宏远，认为禅家五宗各有本旨，都要继承弘扬，禅宗的复兴不仅仅是临济宗的振兴，而且是五宗的总体复兴。因而在禅法上，法藏支持不拘一格，反对执禅而"病"；在教旨上，法藏大力恢复五家宗旨，意在勘验真伪，厘定谱系，明晰禅宗各宗之特色。

在曹洞宗方面则有两支，一是湛然圆澄开创的云门系，一是无明慧经开创的寿昌系。湛然圆澄（1561—1626）在拯救观上认为自悟与悟人是同一修行过程中的两个方面，个人解脱与发愿拯救众生，这两者实际上不可偏废，自悟不得，何以悟人，若不悟人，自悟也终不可得。由福慧双修之论生发，圆澄将华严宗的"圆融"之说用于禅教的圆融无碍上，进而

---

① 《鼓山永觉和尚广录》卷十八，《禅宗全书》第 58 册，第 634 页。
② 《密云禅师语录》卷十二，《禅宗全书》第 52 册，第 497 页。

提出禅教二者缺一不可，相资为用。无明慧经（1548—1618）则主要借助"农禅并举"的方式来扩大丛林规模。在其出家后的四十余年中，几乎所有的时间都用在住山开田上，弟子鼓山元贤说："四十余年，锄犁弗释；年迫七旬，尚混劳侣。必先出后归，未尝有一息敢安之意。三刹岁入可供三百众，皆师血汗之力也。"[①]这种自给自足的自然经济模式使慧经的僧众规模不断扩大，说明在他看来，能振兴禅宗的不是高深的义理学问，而是能解决大众衣食住行的农禅。由此出发，在禅风上他反对讲习评唱，反对钻研公案机语，认为只需简单地看话头就足够了。这便是从有利于劳动生产出发，将看话禅简化为一种普适性极强的禅观法门。

四、清代佛教

1. 清代的佛教政策

清政府在借鉴明代宗教管理经验的同时，进一步强化了对佛教的规制。首先，维持"三教"的合法性，严厉打击被清廷认为"邪教"的民间宗教派别。比如清世祖明确地把三教与其他民间宗教分开，认为三教是"尊王法"的"正教"，有助于"正人心""治天下"；而民间教派则属于"左道"，对社会的危害极大。其次，取消试经度僧，并逐渐废除度牒制度。在明代，申请出家者需要通过官方组织的经典考试才能获得度牒，成为合法僧人，但清廷从维护统治出发，有意通过取消试经制来压制佛教义学的发展。随着试经度僧制度的取消，度牒制度的存在价值便也大大降低，清初还曾给出家者发放过度牒，至清高宗时期，度牒制度被完全废除。再次，在机构设置上，清廷仿照明代设立了"僧录司"来管理佛教事务，到康熙十三年（1674），清政府建立了与行政建制相配套的覆盖全国的僧道官机构。中央设置僧录司，其中有善世二人、禅教二人、讲经二人、觉义二人；地方上则是府设僧纲、州设僧正、县设僧会。中央僧官有吏部委任，地方僧官由各省布政司考选，再送报礼部批准。最后，在与藏传佛教的关系上，清廷为了较好地控制蒙藏地区，十分重视引导和发展藏传佛教。顺治九年（1652），达赖五世进京受封，其在藏蒙地区的宗教领袖地位正式得到了清廷的认可。圣祖时期，朝廷不断遣使进藏与达赖和班禅联系沟通。高宗乾隆五十八年（1728），制定《钦定章程》，确定了西藏地区政教合一的制度，所有西藏地区寺庙和喇嘛都受中央理藩院管理。

2. 清代禅宗的发展

清世宗对禅宗内部事务的干预直接打断了明末禅宗复兴的发展惯性，使得禅宗在雍正

---

① 《永觉元贤禅师广录》卷十五，《卍续藏经》第125册，第577页。

后再次衰落。清世宗佛学造诣较高，因而对禅宗的控制也最为严厉。清初，不少遗民托身释氏，将反清情绪带入禅宗，尤其以法藏一系为代表，这就引起了清廷的警觉。故而，雍正帝特意下令取缔法藏一系，禁毁法藏、弘忍（1599—1638）的语录和著作，并禁止呵佛骂祖，他说：“释子既以佛祖为祖父，岂得信口讥诃，譬如家之逆子，国之逆臣，岂有不人天共嫉，天地不容者。”①因此，为了引导禅风，清世宗把自己包装成佛教大宗师，并用儒家的纲常伦理代替参悟的内容，把“心性”说成是忠君孝亲的伦常，把证悟说成是各安本分，这就把禅宗完全驯化为服务皇权的工具。

可见，雍正时期是清代佛教发展的一大转捩点，在明末清初新旧王朝更迭之际，由于明末佛教整体复兴的影响，禅宗内部十分活跃，雍正以后，禅学在士大夫阶层中的影响和地位逐渐下降，禅宗也与民间佛教信仰完全融合。清初知名的禅僧主要是密云圆悟和天隐圆修的法嗣，代表人物有破山明月、玉林通琇等人。破山明月（1597—1666）为圆悟弟子，其在巴蜀一带弘法三十余年，对巴蜀佛教发展做出了重要贡献。在禅法上，明月继承了其师圆悟的“棒打”法门，同时把看话禅与净、教、戒统一起来，要求参禅、念佛、学教、持戒几者缺一不可。玉林通琇（1614—1657）是天隐圆修的法嗣，其在当时尤以好辩而著称，所著《辩魔录》批驳禅宗诸方，引起禅宗内部较大反响。通琇还特别强调修禅过程中读书的重要性，他认为“通宗不通教，开口便乱道”，护法必须以读书为保障，为此他总结出一套从“宗旨”到“语录”到“教”再到“外典”的读书方法。

在曹洞宗方面，清代前期的曹洞诸僧传承与明末没有太大差别，还是基本出自湛然圆澄和无明慧经的两系。比较重要的禅师有觉浪道盛（1592—1659），他是慧经的再传弟子，其禅学思想以儒释合一为中心，认为“真儒必不辟佛，真佛必不非儒”②，进而将儒家中的“救时”观念融入佛学，希望以佛为用来达到匡复明朝的目的。基于此，在宗教实践上他躬行“为国说法”，意在唤起忠臣义士捍卫风雨飘摇的明王朝。为霖道霈（1615—1688）也是慧经的再传弟子，他一生推崇隋代天台宗高僧智颉，希望通过对《法华玄义》《摩诃止观》等天台论著的研习来弘扬佛法。同时，和当时许多禅师一样，他也提倡净土信仰，认为禅宗喜苦厌乐的态度违反人之常情，净土恰恰应该以追求愉悦快乐为信仰基础。

3. 清代的净土信仰

所谓“净土”本是佛教界名，指无垢无染的圣者所居之地，其作为一种信仰旨在以修行的念佛行业为内因，以弥陀的愿力为外缘，内外相应，往生极乐国土。清代统治者特别看重净土信仰的社会作用，雍正帝在改造佛教的过程中就希望用净土法门来取代禅学。因

---

① 《雍正御选语录》卷十八，《禅宗全书》第78册，第432页。
② 《天界觉浪盛禅师语录》卷十二，《禅宗全书》第59册，第321页。

此，净土信仰在清代尤为流行，不仅以修西方净土为主的僧人显著增加，而且念佛形式也是层出不穷，比如行策(1628—1682)所提出的"七日念佛"法，要求修行者以七日为限，集中修习念佛法门；实贤(1686—1734)则把参禅和念佛结合起来，重视戒律修持的同时，不废三藏典籍；还有际醒(1741—1810)提出所谓的"真为生死，发菩提心，以深行愿，持佛名号"十六字念佛法门；等等。

清代士大夫也多有信仰净土法门者，比如周梦颜(1656—1739)，他熟悉佛教典籍，对因果报应之说深信不疑，认为众生之所以罪业深重，无法计量，都是不能摆脱"杀"和"淫"，因此，他特撰《万善先资集》《欲海回狂》等书劝人戒杀戒淫，弃恶从善。他还著有《西归直指》一书，主要阐述净土念佛的功用与目的，即其所言："修行无别法，出世为究竟。出世有多途，净土为捷径。"①彭际清(1740—1796)是清代著名的佛学研究者，其曾撰《居士传》，收集从后汉到清康熙间在家奉佛的人士三百一十二人的传记。在佛教义理研究方面，他的《念佛三昧论》与《一乘决疑论》二作最为知名。前者融会华严学说与净土信仰，把华严纳入了鼓励念佛往生的轨道；后者则主要从华严教义中的"圆融门"出发，倡导儒佛融合、理事并存。

总之，净土信仰的盛行反映出了人们对现实世界的厌恶和对美好世界的向往，历来凡是修持西方有相净土法门者，都特别虔信忏仪法事的功能，这些法事也始终围绕着众生有罪、因果报应、生死轮回、佛力拯救等主旨展开。故而，信仰的弘扬又与戒行善举等具体行为结合在了一起，进而使传统的、世俗的道德标准逐渐被信仰化、神圣化。这也是清代净土信仰的发展一般性特征。

【课外博览】

1. 魏道儒主编：《世界佛教通史》(第3~5卷)，中国社会科学出版社2015年版。

2. 杜继文主编：《佛教史》，江苏人民出版社2006年版。

3. 方立天：《中国佛教哲学要义》，中国人民大学出版社2002年版。

---

① (清)周梦颜：《欲海回狂》卷二，清同治三年(1864)邗江熊氏重刻本。

第六章
禅宗源流及其基本思想

禅宗是中国化的佛教宗派，因主张修习禅定而得名。此宗以彻见心性本源为宗旨，强调以心传心，直传佛祖心印，故又名"佛心宗"。

禅宗提倡不立文字、教外别传、直指人心、见性成佛，实际上是印度佛教与中国本土思想长期冲突与融合下的产物，最终形成了自成体系的义理与修行法门。禅宗的形成是中国佛教发展史上的大事件，在中国佛教各宗派中，禅宗具有举足轻重的地位，它流传的时间最长，至今仍延绵不绝，对中国传统文化的许多方面以及东亚文化圈都产生了广泛而深刻的影响。因此，认识佛教文化便不能不了解禅宗的形成与发展、禅宗的基本思想以及禅宗在东亚文化圈的发展状况。

第一节　禅宗的形成

禅宗可以说是最具中国特色的佛教宗派，同时也是中国佛教中最为重要的派别。禅宗有今时今日之地位和影响，有其自身源远流长的历史背景和演变过程。禅宗的开创和发展同时离不开禅师们所做出的不可磨灭之贡献。

一、禅宗谱系

关于禅宗的形成历史，有"西天二十八祖"和"东土六祖"之说。相传佛祖释迦牟尼曾在灵山会上拈花示众，默然不语。而众人不解其意，只有大迦叶尊者会心一笑。佛祖当即向众人宣布："吾有正法眼藏，涅槃妙心，实相无相，微妙法门，付嘱摩诃迦叶。"随后便将法门交付大迦叶，禅宗由此以不立文字、以心传心的方式代代相传，直至第二十八祖菩提达摩。达摩又被奉为东土初祖。

达摩（？—536），南天竺人，出生于一个婆罗门种姓家庭。据说是香至王的第三子，出家后修大乘佛法，精于定学。曾历游诸国，南朝宋末到达南越。初在江南，后游嵩洛。曾于建业（今南京）面见梁武帝。梁武帝认为自己即位以来，建造寺庙、翻译佛经、修造佛像不计其数，便问达摩自己为佛教所做的事有多少功德。达摩回答说："并无功德。"梁武帝深感诧异："为何没有功德？"达摩说："这些都是有为之事，如影随形，虽有非实，因而不是实在的功德。"梁武帝又问其什么才是实在的功德。在达摩看来，本源心性常清净，自证自悟方得圆满。而不必向外在世俗去探求，这才是实在之功德。随即梁武帝又问达摩什么是佛教真理的第一义，达摩说："廓然无圣，哪里有什么至尊。"梁武帝说："那站在我面前的你不就是尊贵之人吗？"达摩回答说："不知道。"这一番交谈后，达摩发现梁武帝未能参悟禅机。因与梁武帝话不投机，遂北上往嵩山少林寺传法。于寺后的山洞中面壁九年，据说还出现了达摩面壁石。清代姚元之的《竹叶亭杂记》曰："河南少林寺后殿西壁前设供桌，供一石。高几二尺强，上下宽五七寸不等。即之一粗石，了无异处。向之后退至五六尺外，渐有人形。至丈余，则俨然一活达摩坐镜中矣，腮边短髭，若有动意。寺僧言乾隆三十六年，驾幸嵩山，欲观祖师面壁石。石在少室山洞中，故浮置之者，因请以呈览焉。"

达摩认为一切众生都有"同一真性"，真性即是佛性。他认为众生都有同一佛性，亦即人人都本有一心——清净自在心，此心之所以没有显现出来的原因是被妄念所遮蔽。达摩用以"壁观"为中心的"二入四行"禅法教导弟子慧可、道育等。所谓"二入"是指"理入"和"行入"，前者是对大乘佛教理论的思考，后者则关涉实践层面，两者是理论和实践的结合。"四行"——报怨行、随缘行、无所求行、称法行，乃壁观坐禅的实践方法。总之，达摩将成就佛道的方法归为悟理和修行这两个方面。达摩著有《少室六门集》上下卷。另外，敦煌出土有《达摩和尚绝观论》《释菩提达摩和尚无心论》等，疑后人伪托之作。

慧可（487—593），师从达摩六年，达摩向其传授《楞伽经》四卷。慧可曾立雪断臂感动达摩，慧可得达摩心印而为二祖。慧可俗姓姬，初名神光，河南洛阳人。在他年少为儒生时，博览群书，还通达老庄易学。出家以后，精研三藏内典。慧可《答向居士来书》中的一首偈，蕴含着他自觉圣智和即心是佛的心性论思想。此偈言道：

说此真法皆如实，与真幽理竟不殊。
本迷摩尼谓瓦砾，豁然自觉是真珠。
无名智慧等无异，当知万法即皆如。
愍此二见之徒辈，申词措笔作斯书。

观身与佛不差别，何须更觅彼无余。①

"摩尼"，指宝珠。"本迷摩尼谓瓦砾，豁然自觉是真珠"的含义是，众生若迷惑，则会视真珠为瓦砾。若转迷为悟，则识得宝珠，即可明了自我本来就有佛性。偈语最后讲众生心即佛，不必向外另求无余涅槃境界。慧可的这些思想对后世禅宗的发展影响至深。

二祖之后，禅法传于三祖僧璨（？—606），其受法后隐于舒州司空山（今安徽太湖北）。题为僧璨所作的《信心铭》，受到后世禅师的称颂。它继承了达摩、慧可清净心的思想，又进一步吸收《庄子》的"齐物""逍遥"等观念。僧璨于隋炀帝大业二年圆寂，唐玄宗谥其为鉴智禅师。僧璨在未出家时便为人光明磊落、率性不羁，有维摩居士之风范。大约四十岁时，在舒州皖公山见到慧可，乞忏悔而得法，慧可为其剃度并授名以僧璨。僧璨初见慧可时，曾身患风疾。慧可问他："你是个大风患人，见我会有什么好处呢?"僧璨回答："我身虽患风疾，但患人心和上心无别。"此番答复深得慧可赞赏。这与后来六祖慧能回答五祖弘忍的"獦獠身与和尚身不同，佛性有何差别"极为相似，由此可见二人对禅法的领悟程度。

道信师从僧璨九年，得其衣法，是为四祖。道信（580—651），俗姓司马，湖北广济人。年幼时便仰慕空宗而出家。隋开皇十二年（592），道信入舒州皖公山参谒僧璨，一见面便说道："愿大师慈悲，请赐予我解脱的方法。"僧璨问："谁束缚你?"道信回答："没有人束缚我。"僧璨又问："为什么还要求解脱呢?"道信言下大悟。有一次，道信率领徒众走到吉州庐陵时，遇到一群盗贼围城七旬。当时井水已干，众人感到忧惧。道信劝城中道俗念摩诃般若。盗贼们遥望城池，犹如有神兵把守，认为城内有异人存在，心生恐惧，便放弃攻城而离去。道信曾住在湖北黄梅双峰山达三十余载，主张"坐禅守一"，并传法于弘忍，是为五祖。道信所撰《菩萨戒本》和《入道安心要方便法门》均已失传，但其禅法及其思想的依据被保存于《楞伽师资记》的引录中。道信的另一弟子法融则在金陵（今江苏南京）牛头山传牛头禅。

弘忍（601—674），俗姓周，湖北黄梅人。七岁时便跟随四祖道信出家，得其心传，成为禅宗第五祖，世称"五祖黄梅"。唐高宗上元二年圆寂，代宗敕谥"大满禅师"。弘忍得法后便来到双峰山东的冯茂山（一作冯墓山）另建道场，名东山寺，所以他的禅学又被称为"东山法门"。从弘忍这里开始，禅宗传教从《楞伽经》改为《金刚经》。弘忍的思想以彻悟心性之本源为旨，守心为参学之要。其"萧然静坐，不出文记，口说玄理，默授与人"的理念与做法在禅林中独具特色，对后来的禅宗影响巨大。

弘忍门下有著名弟子神秀、慧能、惠安等。相传弘忍为挑选其衣法继承人，命弟子各

---

① 《续高僧传》卷十六，《大正藏》第50册，第552页。

作一偈，以便检验弟子对禅法的领悟程度。大弟子神秀日夜思量，终于作出一偈："身是菩提树，心如明镜台，时时勤拂拭，勿使惹尘埃。"弘忍认为其"未见本性"。当时还在碓坊打杂的慧能也作一偈："菩提本无树，明镜亦非台，本来无一物，何处惹尘埃？"得到弘忍认可。为其免于被人加害，弘忍秘密传衣法于慧能，为第六祖。慧能的思想集中体现在《坛经》中，全书内容主要阐述心性论，宣扬性净自悟的思想。

南岳怀让、青原行思、荷泽神会、南阳慧忠、永嘉玄觉，这些都是慧能卓尔不群的弟子。在他们的发扬下形成了禅宗的主流派别，其中尤以南岳、青原两家最盛。南岳之下又经历数传而发展成沩仰、临济两宗。沩仰宗由沩山灵佑及其弟子仰山慧寂创立。其修行理论继承和发扬了道一、怀海"理事如如"的精神，认为万物有情皆有佛性。若人能够明心见性，则可成佛修成正果。临济宗乃义玄创立，宗名源于义玄居于镇州（治所在今河北正定）临济院。他提出"三玄"（三种原则）、"三要"（三种要点）、"四料简"（四种简别）、"四照用"（四种方法）等思想教化、接引弟子。因该宗禅风峻峭，别成一家。青原之下则发展为曹洞、云门、法眼三宗。曹洞宗由洞山良价及其弟子曹山本寂创立，提出"五位君臣"说，从理事、体用关系上说明事理不二、体用无碍的道理。云门宗由文偃创立，宗名源于文偃居于韶州云门山（在今广东乳源县北）光泰禅院。其禅风被称为云门三句："涵盖乾坤""截断众流""随波逐浪"。禅师们常用"顾""鉴""咦"三种表示来接引、教化弟子，表现出"刚劲"之宗风。法眼宗乃文益创立，因南唐中主李璟赐谥其为"大法眼禅师"而得名。该宗提出"理事不二，贵在圆融"以及"不着他求，尽由心造"的思想主张。其宗风表现为"对病施药，相身裁缝，随其器量，扫除情解"。沩仰、临济、曹洞、云门、法眼这五宗世称"五家"。其中临济、曹洞两宗流传的时间最长。临济宗在宋代开成黄龙、杨岐两派，因而合称"五家七宗"。

五家七宗之后，禅宗之禅风较先前有所变化，"颂古""评唱"等一类禅门偈颂流行于世。克勤所著的《碧岩录》产生了巨大影响，禅宗之机用逐渐变为语言上的游戏。克勤的弟子大慧宗杲反对这种不明禅宗思想之根本而专尚语言的禅病，准备销毁《碧岩录》，但没有达到预期目的。他提倡"看话头禅"，颇受士大夫们的欢迎。这种佛儒合流的倾向对宋明理学的形成有着深远影响。

二、禅宗开创

从禅宗的发展来看，菩提达摩虽被尊为东土初祖，但禅宗真正成为佛教宗派，则始于唐代。菩提达摩及其弟子们实行的楞伽师禅属于禅宗的准备阶段，道信和弘忍提倡的"东山法门"是向禅宗的过渡形态。直到慧能时期，禅宗建立的各种条件才完全成熟，包括慧能对禅宗理论基础的奠定，所以慧能被视为禅宗的实际创始人。

慧能(638—713),俗姓卢,范阳(今北京大兴)人,先世为当地大族。唐高祖时,慧能父亲被贬谪至岭南新州(今广东新兴),成为平民。慧能幼年丧父,随母亲移居南海,生活苦辛,以卖柴为生。

有一天,慧能在一次给顾客送柴的过程中看到店里一位客人正在诵读佛经。慧能听了客人诵读的经文后,心中便有所理解和领悟,并询问客人这是什么经典。当得知是《金刚经》后,慧能继续追问客人从何而来,如何获得这部经典。客人回答其从蕲州黄梅县东禅寺来,并向慧能介绍了在东禅寺弘扬佛法的五祖弘忍大师,其门徒弟子有一千多人。这位客人曾经到过东禅寺谒见弘忍,听其讲授这部佛经。客人还告诉慧能,弘忍大师经常劝诫僧俗,只要按照《金刚经》所讲的内容修行,就能自己体认和理解自我之本性,即便不经过任何修行阶段也可直接成就佛道。慧能听说后萌生了前往黄梅请教五祖弘忍大师的念头。又幸得一位客人十两银子的资助,慧能安顿好母亲后即前往黄梅东禅寺谒见五祖弘忍,请教禅法。

唐龙朔元年(661)慧能在黄梅谒见禅宗五祖弘忍。弘忍问他是哪里人,想从自己这里获得什么东西。慧能说自己是岭南新州的一名普通百姓,远道而来投到大师门下,只想成佛,并不想获得其他什么。五祖质疑慧能是岭南人,是未能开化的蛮夷,如何能成佛。慧能认为,人虽然有南方与北方的地域差别,但佛的本性却没有南北之分。慧能的回答得到五祖的认可。

五祖最初令慧能和大家一起参加劳动,劈柴踏碓八个多月。当时弘忍年事已高,急于传付衣法,命弟子作偈呈给他,如果谁能领会佛法大意,便传其衣钵而为六祖。经过一番苦思,神秀作偈云:"身是菩提树,心如明镜台,时时勤拂拭,勿使惹尘埃。"弘忍认为神秀并未真正掌握佛法,没能正确认识和体验自我的本性。因慧能不识字,其口诵一偈,江州别驾张日用帮其题于壁上:"菩提本无树,明镜亦非台,本来无一物,何处惹尘埃?"弘忍的众多弟子看后纷纷感叹,惊诧不已。随后弘忍给慧能讲解《金刚经》,慧能言下大悟。五祖知道慧能已经彻底识得本心和本性,在三更时秘密传授顿教教法及衣钵给慧能,遂为六祖。然慧能遵照弘忍的嘱咐,回到岭南。为免于被人加害,隐藏身份于农商劳侣之中十多年,没有公开传教。

慧能于仪凤元年(676)正月初八来到广州法性寺。当时正碰上印宗法师在那里宣讲《涅槃经》。讲经期间,偶然有一阵风吹过,旗幡随风飘动,引起僧人们的议论。一位僧人说:"这是风在动。"另一位僧人则说:"不是风动,而是旗幡在动。"两人意见不一,争论不休。慧能听到议论,走上前去说:"既不是风在动,也不是旗幡在动,而是诸位的心在动。"在场的僧人听了慧能的话后都感到十分惊奇。印宗法师请慧能上座,向其请教佛理。听了慧能的讲解后心悦诚服,并为慧能举行正式的出家仪式。慧能出示法衣后在菩提树下宣讲五祖弘忍传下来的佛法。慧能后来在曹溪宝林寺(今韶关南华寺)弘法三十年,最后圆寂于新州(今广东新兴)国恩寺。

门人法海将慧能讲法的内容加以整理，成为我们现在看到的《坛经》。在众多中国人撰写的佛教著作中，《坛经》是唯一被公开称为"经"的典籍。此书乃禅宗最主要思想之依据，书中所强调的"顿悟""见性""无相无念"等思想，都是中国佛教思想史上的经典命题。

当时五祖弘忍的弟子神秀和慧能分别在北方和南方弘法。前者主张渐悟，后者主张顿悟，遂形成"北渐"与"南顿"两派，史称"南北禅宗"。但后来慧能的南宗取代了北宗，成为中国禅宗之主流。慧能禅宗也是中国佛教中流传时间最长，影响最为深远的宗派。

三、六祖意义

慧能的出现可称得上是中国佛教史上的重大事件，慧能被推为"菩提达摩南宗"的真正嫡传，且六祖慧能与孔子、老子一道被西方人誉为"东方三圣"。中唐以来，"凡言禅皆本曹溪"[①]，曹溪即指慧能。慧能以广东韶州曹溪宝林寺为中心开展教化活动，世称之为"曹溪古佛"，其禅法被称为"曹溪法门"。虽然有关中国禅宗创始人的说法众多，但慧能之所以被视为中国禅宗的实际创始人，是因为在中国禅宗形成时期的禅师中，慧能所创造的禅学理论和禅修方法最多。其禅法流传的地域最广，在日后流传的时间最长，影响也最大。相较其他禅师，慧能在禅宗史上都具有无法比拟的历史贡献和地位。

首先，慧能的《坛经》是中国佛教唯一被称为"经"的著作。《坛经》的敦煌写本名为《南宗顿教最上大乘摩诃般若波罗蜜经六祖慧能大师于韶州大梵寺施法坛经》，由慧能弟子法海集记，故又称"法海集本"。此本被视作《坛经》的最古本。该书是禅宗最主要的思想依据，书中所体现的许多观念在中国佛教史和思想史上都具有里程碑意义。

其次，慧能的禅学思想和禅修方法都具有很强的创新性。慧能从原则上否定了坐禅、念佛、净心等传统意义上的禅法，对禅与定、定与慧、禅与日常生活等关系都进行了新的界定。面对先前佛教仪式的复杂化，慧能倡导简便易行的顿悟法门。一种完全纳入"心学"范畴、着重向内心探求解脱之道的新禅法得以诞生，从而扩大了禅法的范围并改变了禅修的风格。此外，慧能认为一切众生皆有佛性，强调对人性的开发与还原，这样便有助于提高修行者的自信力和自觉性。

再次，慧能反对佛法脱离世间的倾向，有助于禅宗宗教色彩的淡化并推动禅宗向平民化的方向发展。慧能认为"佛法在世间，不离世间觉。离世觅菩提，恰如求兔角"[②]，离开

---

① （清）董诰等编：《全唐文》。
② 魏道儒译注：《坛经译注》。

世间去寻求解脱的方法并不可行，还声称"若欲修行，在家亦得，不由在寺"①。慧能不墨守成规，根据佛法在世间的理念，提倡在家修行，这是促使佛教由出世向入世转变的重要宣言。如此一来便有利于人们方便快捷地获得智慧，回归佛陀本怀。正因如此，六祖创立的禅宗虽然早期也曾遭遇挫折，但之后信众广泛，发展迅速。禅宗宗教色彩逐渐淡化，发展愈加繁盛，随即走出国门，受到世界范围内的瞩目。慧能长期生活在平民阶层中，长期在岭南一带弘扬禅法，关注下层民众的精神需求，向地处偏远的下层平民传播教义，为禅宗的发展奠定了良好的群众基础。这些都有利于禅宗走向并深入平民阶层，形成迥异于神秀北宗一系贵族化佛教的格局。

最后，慧能还有力地推进了佛教中国化的进程。在隋唐佛教诸宗中，慧能创立的禅宗是佛教中国化程度最高的宗派，因此后来日益成为中国佛教的主流，这一格局延续至今。慧能禅宗推动佛教进一步融入中国传统文化之中，让禅宗适应中华文化的发展特点，吸收并浸染中华文化的精神，从而使佛教进一步成为中国传统文化的重要组成部分。禅宗还推动了理学和全真道的产生，使两者分别成为后期儒学和道教的新形式。禅宗还对中国的诗歌、绘画、音乐等艺术门类产生深远影响，推动了中国文学艺术乃至中华文化的发展。

钱穆先生对慧能大师有着很高的评价："在后代中国学术思想史上有两大伟人，对中国文化有其极大之影响，一为唐代禅宗六祖惠能，一为南宋儒家朱熹……惠能实际上可说是唐代禅宗的开山祖师，朱子则是宋代理学之集大成者。一儒一释，开出此下中国学术思想种种门路，亦可谓此下中国学术思想莫不由此两人导源。"②总之，慧能一系的南宗禅在中国佛教的流传时间最长、影响也最大。慧能重视培养人才，其嗣法弟子有行思、怀让、神会、玄觉、慧忠、法海等四十多人。到了唐代后期，南岳怀让与青原行思两支法系尤其兴盛，分流出沩仰、临济、曹洞、云门、法眼五宗，合称禅门五家，慧能开创的南宗禅也由此进入一个新的阶段。

第二节　禅宗的基本思想

佛教视人生的本质为"苦"，以后的任何一个佛教教派也都没有否定这一价值判断，禅宗亦是如此。但禅宗理论的最大特点在于强调出离生死苦海不在遥远的来世，就在现世。所谓"法元在世间，于世出世间，勿离世间上，外求出世间"③，因此，成就佛道不是遁世

---

① 魏道儒译注：《坛经译注》。
② 钱穆：《中国学术思想史论丛（四）》，东大图书有限公司1978年版，第141页。
③ （唐）慧能著，郭朋校释：《坛经校释》，中华书局2012年版，第87页。

苦修，而是可以在日常生活中完成，可以在瞬间实现。

禅宗理论受到达摩"二入""四行"学说的影响。"二入"指"理入"和"行入"。"理入"是凭借经教的启示，认识到众生具有同一真如之本性，但本性往往会被无明、妄想所遮蔽而不能显现，为了使本性重现，需修一种心如墙壁而坚定不移的观法，从而消泯一切差别相，符合真如本性之理；"行入"即"四行"：报怨行、随缘行、无所求行与称法行，属于修行实践部分。禅宗在继承此理论的基础上又有所创新和发展。整体看来，禅宗的基本思想主要有明心与见性、无住与顿悟、机锋与棒喝。

一、明心与见性

禅宗视明心见性为修行的目的。明心是让自己本自具有却被遮蔽的真心敞亮起来，见性是使本来存在于人心中的自性或佛性显现，转迷为悟。

禅宗又名"佛心宗"，所以对心的重视是显而易见的。禅宗以心为根本，其所言之心，是指人们本自具足、清净的真心。此心超越时间与空间，迷为众生，悟则成佛。自性则与本性、本心、佛性具有大致相同的内涵。所谓自性，从佛教的观念来看，指一切事物和现象永恒不变的本质属性及内在规定性，也包含人人先天具有的自我本性。《坛经》中自性的内涵很能代表禅宗对自性的认识，即蕴含了世间一切事物和现象之本质规律的人之本性。这种本性是每个人先天具有的，且自我的本性与佛的本性平等无二。这一理念成为人人具有觉悟成佛、得到解脱的可能性之内在根据。

刘宋时代，竺道生提出的"一阐提有佛性"论虽然引起了一些争议，但最终南北佛教基本上接受了《大般涅槃经》的思想。《涅槃经》以佛性为宗，认为一切众生悉有佛性。这就为成佛解脱的修行目的奠定了理论依据和基础。达摩禅也继承了这一思想，因为当时所奉的《楞伽经》上言道："如来藏自性清净，具三十二相，在于一切众生身中。"

在五祖弘忍时代，禅门主要有两种不同的修行方法，即念佛与守心。前者实行念佛禅，即在坐禅之时并行念佛的行法，以观想念佛为主，在静坐中观想佛相及功德。如弘忍门下的法持、智诜、宣什便奉行这种方法。但念佛显然需要借助外力来使自己的心灵趋于理想状态。后者则重视心灵的自省与自觉，去认识、理解和体验自我的本心，摆脱外在的影响和干扰。在弘忍的禅方法体系中，守心远重于念佛。

中国佛教已经开始的向内探求自我本心的理论到了慧能这里趋向成熟。慧能同样认为人人具有佛性，所以说"菩提般若之知，世人本自有之"①，而且认识到了佛性的特点：

---

① （唐）慧能著，郭朋校释：《坛经校释》，中华书局 2012 年版，第 28 页。

"世人性本自净，万法在自性"①。因此，人的本心、自性本来清净。自性中包含万法，蕴含着最高的、永恒的精神实体。但人人拥有佛性，并不意味着人人都能成佛。慧能说："自性常清净；日月常明，只为云覆盖，上明下暗，不能了见日月星辰。"②慧能用比喻的说法告诉人们，本来清净的自性会被浮云般的妄念所遮蔽、覆盖，所以自性不能明了。只有将迷妄吹却，才能使自性内外明彻，自性中的万法也得以显现。但慧能倡导的明心见性主要是靠自我力量的实现，要"自识本心，自见本性"，且进一步强调"见自性自净，自修自作性法身，自行佛行，自作自成佛道"③。因此，慧能将自我向内探求而不主要凭借外在力量的修行理念予以深化和定型。惠昕在《六祖坛经序》中的总结可以令人更加全面、直观地感受到慧能的理论主张："原夫真如佛性，本在人心，心正则诸境难侵，心邪则众尘易染，能止心念，众恶自亡。众恶既亡，诸善皆备；诸善要备，非假外求。悟法之人，自心如日，遍照十方，一切无碍。见性之人，虽处人伦，其心自在，无所惑乱矣。故我六祖大师，广为学徒，直说见性法门，总令自悟成佛，目曰《坛经》，流传后学。"④慧能之后的禅宗，包括晚唐、五代的禅宗五家，虽然仍讲究明心见性，但宗风已产生变化，一些新的方法逐渐改变了慧能"直指人心"的简单与质朴。

明心见性、以心为本的禅宗思想，令禅法逐渐摆脱了外在形式的束缚而逐渐转向内在的心灵觉悟。也就是说，直指人心、见性成佛的修行法门教导人们自识本心与本性，不必依赖外在的力量而注重向内探求，用内在的理念和直觉体验直抵心灵。这一特点也恰恰符合中国文人士大夫的心灵旨趣，因而逐渐受到他们的接纳和欢迎。此外，禅宗这种以心为本的思想同样符合中国文化的内倾性传统，与那些重视内在道德良知和超越境界的古代思想交相辉映。

二、无住与顿悟

对于如何到达禅宗所追求的最高境界，慧能在《坛经》中强调其法门以"无住为本"。所谓"无住"，是指心不停滞于任何处所，这是一种超越执着而绝对自由的状态。慧能说："念念时中，于一切法上无住，一念若住，念念即住，名系缚；于一切上，念念不住，即无缚也。此是以无住为本。"⑤慧能还说："内外不住，来去自由，能除执心，通达无

①　（唐）慧能著，郭朋校释：《坛经校释》，中华书局 2012 年版，第 47 页。
②　（唐）慧能著，郭朋校释：《坛经校释》，中华书局 2012 年版，第 47 页。
③　（唐）慧能著，郭朋校释：《坛经校释》，中华书局 2012 年版，第 45 页。
④　（唐）慧能著，郭朋校释：《坛经校释》，中华书局 2012 年版，第 172 页。
⑤　（唐）慧能著，郭朋校释：《坛经校释》，中华书局 2012 年版，第 39 页。

碍。"①慧能强调念念不住，是为了思想不被束缚。内外不住，能够去除执着之心，到达自由无碍的境地，这才是见性成佛之正道。因此，禅宗并不要求在某种特定的环境或仪式中坐禅修行，因为任何执着于外在事物去追求精神超越的行为，其结果都会事与愿违，无住才可以超越。《金刚经》上讲"应无所住而生其心"，其理念是一致的。正因诸法性空，万事万物处于因缘联系与生灭无常之中，所以不应使念头与思想堕于僵化，否则不利于判断事物表象的虚假与真实。而应当遵循并顺应事物的本然之理与变化发展，且能够透过事物的表象去把握背后的究竟真理，这样才有助于显现自我的本心和本性，从而获得解脱。

由于无住指向的是内在的心理观照与体验，无须借助外在的力量遁世苦修，且解脱成佛不需要等到遥远的来世，现世甚或瞬间就可以完成，因此，禅宗的"顿悟说"接此理路，是本宗又一重要的基本思想。慧能说过："我于忍和尚处，一闻言下大悟，顿见真如本性。是故将此教法，令学道者顿悟菩提，令自本性顿悟。"②可见慧能主张的是顿悟成佛。

其实有关顿悟的说法，佛教经典中已早有记载。如《大乘理趣六波罗蜜多经》卷一云："速疾解脱顿悟涅槃。"支谶、支谦在中国所传的大乘般若学，因偏重义解，重视直探实相本体，后来被看成是主张顿悟的一派。东晋时的支道林、道安、慧远等将修行方法与"十住"阶次相关联，认为"七住"之前是渐修的过程，到了"七住"才有可能顿悟，这是一种渐进的顿悟。虽然顿悟之说由来已久，但在中国真正创立此学说的是东晋南朝时的道生。在他看来，在佛法的修行过程中，"七住"内不存在悟道的可能性，只有"十住"时的最后一念——"金刚道心"，如金刚一般坚硬无比，能够断除一切妄念，于刹那间悟道成佛。相传道生还著有《顿悟成佛义》，已佚。道生还认为一切众生皆有佛性，见性即可成佛，但佛理是一个不可分割的整体，无须次第修行，只能通过顿悟来把握。他的这一理论主张可谓惊世骇俗，在当时引起了巨大的反响和争议。与顿悟相对的是渐悟，所以反对者如慧观、昙无成等，分别撰《渐悟论》和《明渐论》，主张渐悟成佛，与道生的观点泾渭分明。但顿悟说也不乏一些支持者。名士谢灵运赞成道生的顿悟理论，并在此基础上有所发挥。他曾撰《与诸道人辩宗论》来与质疑和反对顿悟说者论辩。在谢灵运看来，渐悟只是一种引导愚昧者修行的方便法门，只有顿悟才能获得佛教的真谛。还有慧睿的《喻疑论》也支持道生的顿悟说。南齐时的荆州隐士刘虬，以及南朝宋文帝和孝武帝都赞成并支持道生的顿悟理论。

然而后来中国佛教中的顿渐之争不仅存在于禅宗和其他派别之间，也存在于禅宗内部。"南顿北渐"即是这种差异在禅宗内部的体现。北宗神秀主张渐修，南宗慧能则提倡顿悟。

慧能所言顿悟意在强调长年累月的修行并不是悟道的必经法门，人可以在刹那间悟得

---

① （唐）慧能著，郭朋校释：《坛经校释》，中华书局2012年版，第69页。
② （唐）慧能著，郭朋校释：《坛经校释》，中华书局2012年版，第73页。

本来存在于自身的真如佛性。因而慧能说"迷来经累劫，悟则刹那间"①。但慧能的独到之处在于他并不认为成佛的方法有顿渐之别，只是人有利钝之分，悟道程度有快有慢，所以才有顿渐一说。慧能解释道："何以渐顿？法即一种，见有迟疾，见迟即渐，见疾即顿。法无渐顿，人有利钝，故名渐顿。"②慧能的顿悟说立足现世，瞬刻即永恒，且强调人人都有成佛的可能性，消弭了世间与出世间、尘世与净土间的距离。这一思想在客观上既迎合了新兴官僚集团及士大夫的宗教需要，又为下层劳动群众提供了修行的方便法门，因此受到官僚道俗的真诚欢迎。《坛经》中记载，在慧能为众人讲法完毕后，"合座官寮、道俗，礼拜和尚，无不嗟叹：'善哉大悟，昔所未闻，岭南有福，生佛在此，谁能得智。'"③慧能的这些思想也促进了禅宗后来的迅速发展，大大推进了佛教中国化的历史进程。

此外，从禅宗顿悟的思维特征来看，顿悟不是经推理而得出的理性认识，而是个体对明心见性之境的直觉体验。这种体验排除了知性思维的干扰，在感性自身中获得超越。但超越感性却又不离感性，正如"青青翠竹尽是法身，郁郁黄花无非般若"。而且，这种直觉体验的心理状态很难用语言来描述，甚至会受到语言的束缚，所以禅宗强调"不立文字"。但也并不是要摈弃文字，而是要尽量避免语言文字对顿悟及明心见性形成障碍。

禅宗的顿悟说不仅在中国佛教思想史上有着巨大影响，也对宋明理学影响深远。作为理学的集大成者朱熹，他提倡的"一旦豁然贯通"的工夫，以及陆九渊提出的直接"发明本心"以达到"知"的认识论，都受到了禅宗顿悟说的深刻影响。

三、机锋与棒喝

禅宗的顿悟说到了后来还生成了"机锋"与"棒喝"，也是禅宗为了实现明心见性的修行法门。

机锋的本义是弓上的机牙和箭锋，在禅宗那里则用来比喻敏捷的思维和深刻的语言。"机锋"，又称"斗机锋"，它实际上是禅宗所采用的一种独特的教学方法，会因人、时、地的不同而灵活多变，从而引导和验证弟子的悟道程度。机锋通常以对答的形式呈现，称为"机锋对敌"。这种对答常常是超逻辑和反理性的。如《五灯会元》中，"僧问：'如何是三宝？'师（三角总印）曰：'禾、麦、豆。'曰：'学人不会。'师曰：'大众欣然奉持。'"按照佛教的说法，佛、法、僧为佛教三宝。但总印禅师的回答实质上表明了禅修离不开日常生活，契合禅宗"佛法在世间，不离世间觉"的精神。《景德传灯录》中记载："僧问：'如何

---

① （唐）慧能著，郭朋校释：《坛经校释》，中华书局2012年版，第87页。
② （唐）慧能著，郭朋校释：《坛经校释》，中华书局2012年版，第93页。
③ （唐）慧能著，郭朋校释：《坛经校释》，中华书局2012年版，第89页。

是西来意？'师曰：'不东不西。'"什么是祖师西来的旨意？这是一个只能自悟体会的问题，道钦禅师正是以"不东不西"挡回问僧的思虑，启发他回归本心，体悟自性。禅宗自称教外别传，以心传心，因而看重师徒之间言行上的默契，这正是修行与悟道的法门，所以禅宗往往采用这类比喻、隐语等方式绕路说禅，看似顾左右而言他，极其委婉曲折，甚至后来发展到拳打脚踢，棒喝交加的形式。

棒喝也是禅师引导与点拨弟子的一种方式。所谓"当头棒喝"，是禅师为了借棒打和大喝来警醒学人的执迷不悟。在禅宗的有些派别中，禅师面对弟子的提问，常常不作正面回答，而是举棒便打或大喝一声来启发弟子。据说"棒"的使用始于唐代德山宣鉴与黄檗希运，而"喝"的运用则始于临济义玄（或谓马祖道一）。因德山善用棒，临济善用喝，故有"德山棒，临济喝"之称。临济常以"喝"接引弟子："师（临济义玄）谓僧曰：'有时一喝如金刚王宝剑，有时一喝如踞地狮子，有时一喝如探竿影草，有时一喝不作一喝用。汝怎么生会？'僧拟议，师便喝。"在《五灯会元》这则公案中，临济把自己的喝分为四种：有时一喝像金刚王的宝剑，锋利无比，能一刀斩断对方的贪欲；有时一喝像踞地的狮子，威猛强势，能震慑对方的执着，令人心生畏惧；有时一喝犹如探草的竹竿，可以检验对方悟道的深浅；有时一喝不作一喝用，即对于前面的三种喝，仍旧不能执着而落于一端，必须喝过之后，再将其摈除。而僧不解其义，又欲发问，义玄便喝。在禅宗看来，语言、文字、概念只会遮蔽人的智慧，成为人们思想的负累，无益于发现佛法的真谛。为了使禅僧摆脱已有观念的桎梏和思想外在形式的束缚，回归自心与自性，禅师们便在机锋运用的基础上，因人而异，采取棒喝手段，令对方从虚妄和偏执中幡然醒悟，直了本心。

第三节 禅宗的分化与发展

禅宗不仅仅是中国佛教的一个重要派别，也是中国佛教发展的一个新阶段。禅宗在历史上曾展现其强大的生命力，也呈现出自身发展的独特性及重要变化。从一花开五叶到禅净合一，体现的都是禅宗历史发展上的典型巨变。禅宗甚至走出国门，对日韩佛教的发展也产生了深远影响。

一、一花开五叶

六祖慧能门下悟道者共四十三人，各化一方，所谓"一花开五叶，结果自然成"。慧能、神秀是五祖弘忍门下最有名的两位弟子。慧能的禅法后来在南方流行，所以被称为南宗。神秀则在北地弘法，故而称为北宗。六祖慧能之下生成南岳、青原两系。南岳传于马祖，青原传于石头。马祖一系发展尤盛，晚唐至北宋初期，生成沩仰、曹洞、临济、云门、法眼五家。到了宋代，临济宗又生成杨岐、黄龙两派，与前五家合起来并称禅宗史上的"五家七宗"，为唐代以后的佛教主流派别，但宋朝后，仅存临济与曹洞二宗。

在禅宗五家中，沩仰宗属南宗南岳法系，乃沩山灵佑及其弟子仰山慧寂创立，二人被奉为该宗的宗祖。唐元和年间，灵佑在谭州（今湖南长沙）的沩山弘法，宣扬宗风。门人慧寂成为其禅法的集大成者。该宗兴盛于唐末五代时，到了宋代渐渐失传、绝迹。在五家中最早衰落，最终与临济宗合并，仅存约一百五十年。

在理论方面，沩仰宗将主观与客观世界分为三种生——想生、相生、流注生，并逐一否定。想生指的是主观思维，该宗认为所有能思之心都仿佛是杂乱的尘垢，只有远离才能得到解脱。相生指所缘之境，也就是客观世界，也被持否定的态度。流注生指的是主观与客观世界变化无常，犹如微细的流注，从不间断。如果能直视且伏断之，即能证得圆明之智并达自在之境。该宗还继承并发扬了道一、怀海"理事如如"的精神，认为万物、有情皆有佛性。人如果能明心见性便可修成正果。该宗的禅风为方圆默契，在打机锋中多采用看似争夺而实为默契的交谈方式。

曹洞宗由洞山良价及其弟子曹山本寂创立。二人先后在江西高安县的洞山和吉水县的曹山，举扬一家的宗风，遂后世称其为曹洞宗（一说曹洞之"曹"是指洞山上承曹溪而言）。良价（807—869），乃禅宗六祖慧能之后第六代，会稽诸暨（今浙江诸暨县）人。在五泄灵默（747—818）那里披剃，受戒后前往诸方参学。首先谒见南泉普愿，后来参见沩山灵佑，最后来到湖南沣陵攸县谒见云岩昙晟（782—841），后来在洞山弘法。良价著有《大乘经要》一卷（已佚），还撰有《宝镜三昧歌》《玄中铭》《五位君臣颂》《五位显诀》等偈颂。其言行见于《瑞州洞山良价禅师语录》及《筠州洞山悟本禅师语录》各一卷。法嗣有云居道膺、曹山本寂等二十六人。

曹洞宗的思想渊源，可追溯至石头希迁。希迁对《肇论》的这句"会万物为己者其惟圣人乎"有独到体会，故写就《参同契》来表达对理事参同回互的体认。希迁传药山惟俨，惟俨传云岩昙晟。昙晟曾提出"宝镜三昧"的法门，意谓人对万象的观察，如临宝镜一般。镜中之影乃是镜外形貌的显现，所谓"渠（影）正是汝（形）"。这些对曹洞宗的"五位功勋""偏正回互"等思想影响深远。良价嗣法昙晟，因涉水睹影而彻悟"渠正是汝"之义，常说"只遮（这）个是"。曹山本寂也跟着说"即相即真"，具有异曲同工之妙。此外，良价为广接上、中、下三根，因势利导。其教法"五位君臣"说，从理事、体用关系上说明事理不二、体用无碍的道理。

临济宗由义玄创立，因开创者义玄在河北镇州（今河北正定）的临济禅院举扬一家的宗风，后世就称其为临济宗。义玄（？—867）是六祖慧能之下的第六代，曹州南华县人。出家后精研义理，既而到多地参学。最先谒见洪州黄檗山的希运禅师时，向其询问如何是佛法大意，三次发问，继而三次被棒打。唐大中八年（854），义玄来到镇州，在滹沱河边建立临济院，广接徒众，门庭繁盛。咸通八年（867）四月十日圆寂，敕谥"慧照禅师"。慧然辑录其语要为《镇州临济慧照禅师语录》，简称《临济录》一卷。

义玄提出"三玄"（三种原则）、"三要"（三种要点）、"四料简"（四种简别）、"四照用"（四种方法）等思想接引学人。在义玄看来，一念心上清净光即是法身佛，一念心上无分别光即是报身佛，一念心上无差别光即是化身佛。此外，众生之所以轮回三界受诸种苦，只是由于"情生智隔，想变体殊"。如果能认识到这一点，打消一切外在妄求的念头，当下即与佛同。因此，真正学道之人，只是随缘任势，并不执着于佛、菩萨、罗汉等果乃至三界殊胜的目标，而是要能够做到不为外物所束缚。这是临济宗的根本思想，义玄常常用峻峭的机锋接引学人悟得这一根本思想。义玄的弟子，有灌溪志闲、宝寿沼、三圣慧然、兴化存奖等二十余人，门庭枝叶繁盛，蔚为一大宗派。

云门宗由文偃创立，由于此宗的开创者在韶州云门山（广东乳源县北）的光泰禅院举扬一家宗风，后世便称其为云门宗。文偃（864—949），禅宗六祖慧能之后的第八代，嘉兴（今浙江嘉兴市）人，出家后在佛法上很是精进。最初往睦州（今浙江建德县）谒见黄檗希运的法嗣道踪（世称陈尊宿），参学数年，深入玄微。后来又往雪峰义存处参学。他到雪峰后，一日遇升堂，有僧问："如何是佛？"峰云："苍天苍天。"文偃听到后，豁然开朗。后历访洞岩、疏山、曹山、天童、归宗、干峰、灌溪等，最后往曹溪礼六祖塔，顺道至福州灵树如敏处，得到如敏的赏识和器重，后来继承如敏的法席。文偃晚年移居云门山光泰禅院，弘扬禅法。有《云门匡真禅师广录》三卷，法嗣有香林澄远、德山缘密等六十一人。

文偃曾开示众人："函盖乾坤，目机铢两，不涉万缘，作么生承当？"①大众无对，他自己代大众云："一镞破三关。"后来在其法嗣德山缘密的归纳下，涵盖乾坤句、截断众流句、随波逐浪句，成为云门接引学人常用的教学方法，也即所谓机用，云门尤其喜欢用"截断众流"之法。文偃接引学人，常用一语或一字截断葛藤，令问者截断转机，无可用心，从而悟得其禅法。例如，有僧问："如何是清净法身？"他用一句话回答说："花药栏。"又如，有僧问："如何是云门剑？"他用一字回答说："祖。"问："如何是禅？"他答："是。"这在当时称为一字关，都体现了文偃截断众流之机用。此外，本宗接化学人有其独特之处，即所谓云门八要：（一）玄，接化玄妙。（二）从，从学人之根基以接化之。（三）真要，拈出佛道宗旨。（四）夺，不容学人拟议，截断其烦恼性。（五）或，不拘言词，接化自在。（六）过，宗风严峻，不许转身回避。（七）丧，不执己见。（八）出，接化自由，予学人出身之路。

该宗在五代勃兴，到了宋代，与临济并盛，至南宋而逐渐衰微。后来有重显（980—

----

① 《云门匡真禅师广录》卷中，《大正藏》第47册，第563页。

1052)，住明州(今浙江省鄞县东)雪窦山，大振宗风，史称"云门中兴"。他曾选《传灯录》一千七百则公案中的一百则，用韵语颂其奥义，是为《雪窦颂古》。

　　法眼宗由文益创立。该宗因开创者圆寂后，南唐中主李璟赐谥其为"大法眼禅师"而得名。文益(885—958)，乃青原下第八世，余杭人。7岁时出家，后来到明州跟随律师希觉学律，兼研习儒家典籍。既而至福州参谒雪峰义存的法嗣长庆慧棱，不久便为大众所推许。文益还曾历览长江以南的丛林，到临川时住在崇寿院，开堂接众。仰慕文益的徒众甚多，还有人不远万里从异域跋山涉水而来向其求教。文益有法嗣六十三人，以天台德韶为上首。其余如报慈文遂、报慈行言、报恩法安等，均接众甚广，大扬一家的禅风，但德韶一支最为繁盛。文益的言行录于《金陵清凉院文益禅师语录》一卷及文益自撰的《宗门十规论》等。

　　文益在《宗门十规论》中阐明"理事不二，贵在圆融"与"不着他求，尽由心造"的道理。后来其再传弟子延寿发挥文益的"不着他求，尽由心造"之旨，著《宗镜录》一书。"举一心为宗，照万法如镜"，说明一切法界十方诸佛、菩萨、缘觉、声闻乃至一切众生皆同此心，若了悟自心即顿成佛慧。其宗风可概括为"对病施药，相身裁缝，随其器量，扫除情解"。

　　法眼宗为禅宗五家中最后创立的宗派，在宋初极其隆盛。历经文益、德韶、延寿三世后逐渐衰微，至宋代中叶法脉断绝，其间不过百年。

　　所谓五宗，到了宋代，实际上只有临济一宗为盛，其余各宗或衰微，或灭绝。曹洞一宗绵延至宋末时又忽然隆盛一时。但曹洞的法脉远不及临济繁盛，故而有"临天下，曹一角"之说。临济下的黄龙一派，数传即绝，杨岐一派则仍沿用临济旧称，因此五宗之中临济兴盛的时间最久。

二、禅净合一

　　作为中国佛教的一个重要派别，净土宗以修行往生阿弥陀净土为法门，宗名由此而来。净土宗又称"莲宗"，由唐代善导(613—681)创立。主要依托的经典有《无量寿经》《观无量寿经》《阿弥陀经》和世亲的《往生论》。中国净土宗在唐代共分为三种教系，即慧远系统(常识性论理派)、善导系统(体解信仰之佛愿派)、慈愍系统(指慧日，不舍万行之妙有派)。

　　其立祖之说起于宋代。四明宗晓(1151—1214)将东晋高僧慧远奉为莲社始祖。相传东晋时慧远曾在庐山邀请僧俗十八人成立"白莲社"，发愿往生西方净土，故被奉为初祖。隋唐时期，道绰在玄中寺传净土信仰，著有《安乐集》。唐初善导从道绰学习净土教义，之后往长安光明寺传教，正式创立净土宗。善导还完成了净土信仰的教义和行仪。其所著《观无量寿经疏》《往生礼赞》《法华赞》等都是该宗重要经典。《往生礼赞》等主要阐述了念佛、礼佛的方法及仪式。四明志磐立慧远、善导、承远、法照、少康、延寿、省常为莲社七祖。明清之际又推袾宏为八祖。这些祖师因贡献而被选立，并非前后有传承关系。

净土信仰主张依他力和自力的结合来求取来世的解脱，它的修行法门归根结底乃称名念佛。善导将修行的方法分为正行和杂行两类。正行又分为读诵、观察、礼拜、称名、赞叹供养等五种，其中又专门把称名作为正业，其他四种为助业，由此显出称名的重要性。念佛的方法共有四种：（一）专念佛的名号，称为持名念佛；（二）观佛的塑像与画像，称为观像念佛；（三）观想佛的妙相（包括《观经》十六观门），称为观想念佛；（四）观佛的法身，即谛观实相，称为实相念佛。由于这种方法简便易行，人们乐于接受，因而净土宗在中唐以后大为流行。

唐开元初，慧日从印度归来，强烈反对当时的禅家视净土为引导愚心的方便法门，大力提倡念佛往生，主张戒净并行、禅净双修。

到了宋代，净土信仰十分繁盛。志磐记叙杭州地区净土信仰盛况云："年少长贵贱，见师者皆称阿弥陀佛。念佛之声盈满道路。"其与佛教各派的关系逐渐密切，禅与净土的结合成为一大主流。

宋初以后，禅宗、天台宗、律宗等学者多兼弘净土。延寿是禅净一致说的积极推动者。延寿（904—975），净土宗六祖，法眼宗三祖。俗姓王，字冲元，浙江余杭人。自幼信佛，三十岁跟随龙册寺翠岩禅师出家。他将慧日禅净双修的主张加以发挥并身体力行，认为佛教的一切修行终将归于净土。其《净土指归》云："有禅无净土，十人九蹉路；阴境若现前，瞥尔随他去。无禅有净土，万修万人去；但得见弥陀，何愁不开悟。有禅有净土，犹如戴角虎；现世为人师，来生为佛祖。无禅无净土，铁床并铜柱；万劫与千生，没个人依怙。"①这一观念对促进禅众兼修净土发挥了重要作用。此外，云门宗的天衣义怀曾著《劝修净土说》，以禅僧身份劝诫信众修习净土。其思想代表了禅净双修的另一维，修行净土的重点在于修心，又被称为"唯心净土"，这一思想源自《维摩诘经》"心净则国土净"。

元代以后，禅净双修的风气越发流行，中峰明本、天如惟则等皆心归西方。明本（1263—1323），钱塘人，为宋末元初临济宗巨擘，能够将禅、教、律、密、净融会贯通，晚年专修净土。著有《净土忏》，还有《怀净土诗》等多篇诗文。为了纠正禅净分离的观念，他曾说："学者不识建立之旨，反相矛盾，谓禅自禅，净土自净土。殊不知参禅要了生死，而念佛亦要了生死。原夫生死无根，由迷本性而生焉。若洞见本性，则生死不待荡而遣矣。生死既遣，则禅云乎哉，净土云乎哉？"②在实践方面，明本还创造性地将话头禅与念佛法门相结合。

---

①　《净土指归集》卷上，《卍续藏经》第 61 册，第 379 页。
②　《天目中峰和尚广录》卷五，《大藏经补编》第 25 册，第 768 页。

明代，楚山绍琦、空谷景隆、一元宗本、云栖袾宏等，相继倡说禅净合行。其中尤以云栖袾宏表现最为突出。云栖袾宏（1535—1615），仁和人，起初参禅，后来住在梵村云栖。精修念佛三昧，注解阿弥陀经，撰有《阿弥陀经疏钞》四卷，且写有多部著作弘扬禅净一致之旨。时居士庄广还、袁宏道等亦各撰写著作弘宣净土。明代较为通行的净土著述有妙叶的《宝王三昧念佛直指》二卷，传灯（幽溪）的《净土生无生论》一卷，袁宏道的《西方合论》十卷。另有憨山德清（1546—1623）、灵峰智旭（1599—1655）等学者，或倡导禅净一致，或说性相融会，或论儒佛合一，但一概以净土为旨归。

然而，禅净合一的潮流将禅与教的界限有所模糊，净土法门原本与禅宗的根本宗义相违背，这种结合反映了禅宗有向教门回归的趋势。虽然禅宗各派在法系上不断传承，但这种潮流势必影响禅宗"教外别传"的基本性格与发展路径。

三、禅宗在日韩

禅宗不仅在中国大放异彩，也传至邻国，对其佛教及文化发展产生了深远影响。中国邻近诸国，例如日本、韩国之禅宗皆发源于中国，是中国禅宗的延续及发展。

1. 禅宗在日本

日本禅宗于镰仓时代（1192—1333）正式建立。日本禅宗共有三个派别，分别是由荣西（1141—1215）开创的临济宗、道元（1200—1253）开创的曹洞宗以及隐元隆琦（1592—1673）开创的黄檗宗。在明治维新以前，这三宗总称禅宗。明治七年（1874），教部省始立临济、曹洞二宗，并将黄檗宗并入临济宗。明治九年，又另立黄檗宗。

日本禅宗的开创与流传得益于中国禅宗的传入。道昭、道璇、义空等最早将中国禅宗传入日本，但此时还未形成独立的宗派。孝德天皇白雉四年（653），道昭入唐求法。天平八年（732），中国道璇赴日弘传北宗禅。9世纪，嵯峨天皇在位时，中国僧人义空应皇室邀请，东渡日本，弘传南宗禅。直到荣西入宋求法后回国，日本临济宗得以开创。

仁安（1168）三年，荣西来到中国，登天台山巡礼，并将天台宗章疏三十余部带回日本。文治三年（1187），荣西再次入宋，随怀敞学禅宗。怀敞是临济宗黄龙派第八代传人，所以荣西得传临济正宗法脉。荣西于五年后回到日本，在博德（今福冈）建寺，弘传临济禅法。他著有《兴禅护国论》三卷，强调禅宗的重要作用，认为兴禅能够护国。荣西系统地将中国禅宗介绍到日本，被视为日本临济宗的创立者，其禅派被后世称为"临济宗建仁寺派"。

在中国宋朝时期，有不少僧人东渡日本，在镰仓、京都弘传禅法。宋末元初，甚至有一些禅僧为躲避战乱而来到日本，从而为禅宗的传播做出了重要贡献。在宋代也有许多日本僧人来中国学习禅法，学成归国后成为日本很有名望的禅师。因此，这一时期禅宗也在日本大为盛行。

曹洞宗的开创者道元曾随荣西的弟子学禅，后来于二十四岁时入宋，求法三年。从天童寺如净禅师那里受传曹洞禅法，如净乃曹洞宗第十三代禅僧。回国后，道元先后在京都建仁寺、兴圣寺等地传法。著有《正法眼藏》《普劝坐禅仪》《永平清规》等。由于道元所倡导的禅法之基本要求是坐禅，注重在僻静的山林处专心打坐，不管烧香、礼拜及经忏之类，所以在其去世后的很长时间里，曹洞宗在日本的传播范围非常有限。

道元的弟子及其再传弟子不断努力，直到绍瑾（1268—1325）一改只重打坐的禅风，曹洞宗才有了较大的发展。绍瑾注意将一些佛教仪式吸纳进来，改良后的曹洞宗适应了民众的需要，受到许多人的欢迎和支持，信徒数量不断增加。与临济宗侧重建立与幕府上层武士的密切联系不同，曹洞宗更加重视自身在地方上的发展。曹洞宗的信徒多由地方农民构成，临济宗则多为将军武士，因而日本流传有"曹洞土民，临济将军"的俗谚。

除了临济、曹洞，日本禅宗的另一大宗派是黄檗宗，其创立者是来自中国明代的禅僧隐元隆琦。他原本是福建福清县人，曾拜在黄檗山临济宗费隐禅师门下。承应三年（1654），隐元受邀赴日本长崎，后来带弟子传法到江户，得到将军德川家纲的优待。隐元受赐土地后在山城（京都府）宇治建黄檗山万福禅寺，开创黄檗宗。所传禅法为明代盛行的"念佛禅"，主张禅净一致。隐元著有《弘戒法仪》《隐元禅师语录》《云涛集》等。

据统计，自镰仓时代传入日本的禅宗门派多达二十四个，有三派属于曹洞宗，其他归于临济宗系统。一直到室町时代，日本禅宗在此期间的不断发展也推动其文学艺术的进步，对国民的生活产生了深远影响。模仿中国宋代禅宗五山十刹制度的镰仓五山和京都五山的禅僧，因致力于诗文研究而形成了所谓的五山文学。绘画方面，镰仓以后还形成了一种将所悟禅机和禅之精神融入作品的禅机画，以山水自然为题材的水墨画也因中日间禅僧的交往而盛行。在能剧中，简洁的对白和舞台布置也打上了禅宗思想的烙印。此外，日本的书法、花道、茶道、庭院艺术等，都受到了禅宗的深刻影响。

2. 禅宗在韩国

在诸多佛教宗派中，禅宗传入韩国的时间相对较晚，却后来居上。法朗及其门人信行（又名神行）最早将禅宗传入韩国，但当时尚未形成禅宗。新罗善德王时（中国唐太宗在位），法朗来唐，于四祖道信处受法，归国后遂传其法。惠恭王时，信行来唐参谒志空，得证心印，回国后在丹城断俗寺弘传北宗禅。继信行之后，新罗宣德王五年（784），道义来唐拜谒并嗣法于虔州西堂智藏。三十七年后道义归国致力于南宗禅的弘传却未能实现其理想，于是在雪岳山隐居，但他成为禅门九山之一迦智山派的初祖。

禅门九山又称禅宗九山，其所属宗名，古称禅寂宗，后称曹溪宗。九山皆源于中国禅宗六祖慧能，乃韩国的九个禅宗派别。分别是迦智山派、实相山派、桐里山派、圣住山派、曦阳山派、阇崛山派、师子山派、凤林山派、须弥山派。禅门九山的出现表明韩国禅宗进入全盛时期。

禅门九山的开宗立派者大多在中国唐代时来华习禅，归国后弘传禅法。进而门庭繁盛，宗派林立。宪德王时(809—825)，洪陟入唐从智藏处受法，归国后在智异山建实相寺。于兴德王三年(828)开创禅门九山的实相山派，门下弟子多达千余人，使禅法大兴。与道义同时期来唐的另有真鉴慧沼，受法于马祖门下的沧州神鉴印可，归国后创建双溪寺。神武王元年(839)，寂忍惠哲也来唐参习西堂之法，回国后于武州桐里山大安寺弘法度众。慧沼、惠哲所传法系称为桐里山派。文圣王七年(845)，无染来唐得宝彻之心印，归国后大弘禅法，创圣住山派。此外，智诜、梵日、道允、审希以及利严分别开创了曦阳山派、阇崛山派、师子山派、凤林山派以及须弥山派。

高丽王朝时代(935—1392)，太祖王建崇信佛教，兴修寺塔，也对禅宗的发展给予了大力支持。王子出身的义天在出家后被封为佑世僧统，世称义天僧统。高丽宣宗二年(1084)，义天来到大宋，历访高僧大德，学习华严、天台教义以及戒法、禅法。归国后于肃宗二年(1096)创立了高丽的天台宗。天台宗的成立对禅宗影响不小，使得原本兴盛的禅宗——曹溪宗逐渐走向衰落。坦然等高僧力图挽回这种局面，但收效甚微。最终通过知讷的努力，禅宗得以中兴。知讷结定慧社，阐扬修禅宗风。他撰写的《圆顿成佛论》，成为曹溪宗的宗典。知讷为曹溪禅风的再次发扬做出了不可磨灭的功绩。后来有太古普愚，曾经到中国元朝的屋清珙那里受法，回国后将禅门九山统一为一宗，称曹溪宗(亦称禅寂宗)。当时的天台宗也被视为禅宗一派，因此禅宗有曹溪、天台两家。

高丽灭亡后，佛教随之走向衰落。14世纪末，太祖李成桂统一朝鲜半岛，国号朝鲜，亦称李朝。李朝立国后，兴儒排佛思潮的出现令禅宗的发展陷入艰难的境地。世祖(太宗)六年，曹溪、天台、慈南三宗被合为禅宗，华严、慈恩、中神(中道宗及神印宗)、始兴南山四宗被合为教宗。合并后的教、禅二宗，各保留一定数量的寺院。睿宗(1469在位)、成宗(1470—1494在位)、燕山君(1495—1505在位)、中宗(1506—1544在位)等皆实施排佛政策，禅宗的发展受到严重限制。明宗(1546—1567在位)初年，太后摄政，力图复兴佛教。禅宗迎来短暂的发展机会后，因为明宗的亲政和排佛政策的恢复而再呈颓败之势。1592年，"壬辰之乱"爆发，日本丰臣秀吉率大军侵入朝鲜，宣祖出奔义州。禅僧清虚休静率领门徒并招募僧兵五千人，与明军一起作战，收复京城并赶走日军。宣祖还都后，赐号清虚为国一都大禅师。后来，清虚回到妙香山弘法，有弟子千余人，编撰《清虚堂集》八卷等，禅宗在此时得以稍加恢复。李朝时期的不少高僧为佛法的振兴付出了巨大努力，如西山休静(1520—1604)大振禅风，现今韩国的僧徒多属此法系。李朝末期，在许多高僧的作用下，僧侣不得入京的禁令于1895年废除。四年后，京师建元兴寺，韩国佛教得以复苏。

后来，与中国一样，禅宗在韩国也出现禅净合一的局面。现代韩国最大的佛教宗派为曹溪宗，尊新罗时代迦智山派的初祖道义为宗祖，本山在今全罗南道升州郡松广寺。

【课外博览】

1. 魏道儒译注：《坛经译注》，中华书局 2010 年版。
2. 杜继文 魏道儒：《中国禅宗通史》，江苏人民出版社 2007 年版。
3. 葛兆光：《中国禅思想史》，北京大学出版社 2022 年版。

第七章
佛教与中国文化的新变

佛教自西汉末年传入中国以后，经过东汉到魏晋南北朝的长期发展，于隋唐时期形成了具有中国特色的宗派佛教。佛教入华后凭借其深刻的精神内涵和哲学意蕴，对中国的政治、哲学、艺术等文化领域产生了广泛而深刻的影响，改变着中国的文化生态与格局，使之展现新的风采。

第一节　佛教与中国政治

佛教与政治文化的关系充分反映其与世俗的关联性，了解二者的关系有助于认识佛教在世俗生活中的地位和作用。当时印度佛教的大小乘经典是糅杂在一起传入中国的，印度佛教的避世态度、对王权的依赖思想以及维护王法的护国主张，都曾为中国僧人接受和奉行，因此有必要首先了解原始佛教与政治的关系。

一、原始佛教与政治

原始佛教一方面在行为上呈现出对政治的超越性。在对待人世的态度上，佛教奉行出世主义，表现出人生观念的解脱性。它往往轻视权力与富贵，将政治视为人生解脱的羁绊，具有超越政治的倾向。此外，原始佛教还表现出修行方式上的离情绝世。例如，穿衣不过"三衣"，多的就要布施；饮食只以维持生命为限，日中一食；行走则赤足或穿芒鞋；随身最多带一个净水瓶，供饮用洗漱之用，一个钵盂，作吃饭之用。这些行为的目的就是为了尽量放弃物欲之负累，避免世事的烦扰，以利于忘情绝俗，专心修道。

但为了得到统治阶级的支持，以利于自身的发展，原始佛教作为宗教组织又对政治表现出依赖性。作为制度化的宗教，若不能得到统治阶级的支持，生存和发展便难以为继。因此，它们就会想办法依靠统治阶级并争取其支持，于是会采取肯定和赞颂国家政权、王法以及最高统治者的做法。例如，部派佛教时期上座部的《毗尼母经》明确提出佛法和王法"二法不可违"。佛教还宣扬国王只要信奉佛教，就会在有难时受到菩萨的庇佑，且以持国、增长，广目和多闻"四天王"为护国天王。大乘佛教兴起后，更将出世与入世加以调和，如龙树《劝诫王颂》专门讲述如何治理国家、对待臣民等。后来的笈多王朝对佛教并不重视，于是佛教作《王法正理论》，要求国王给予外护，向沙门咨询政事。后期大乘佛教逐渐融合于密教，密教也与王朝互为依赖。

原始佛教与政治关系的总体特征乃佛道高于王道，佛政不即不离。《般泥洹经》云："天下多道，此中王法最大，佛道为至上道。"印度佛教规定，各地的国王大臣凡觐见佛陀时都须去冠冕、跣足礼拜直至五体投地，起身之后，若佛不命坐则不敢坐；即使有座位其高度不得高出于佛座或说法者的座位，否则不能为之说法。此外，在古代印度，不乏豪门权贵甚至臣僚国君皈依佛门者，但佛教徒从不涉及官场和干预朝政。而且佛陀在世时，如果国王大臣想向其咨询国事，佛陀只给以道德的、宗教的启示，采纳与否全凭国王自己决定，佛陀从不直接干预军国政事。

二、佛教与中国历代政治

不同于原始佛教，中国古代政治制度的特点是王权高于一切，所谓"普天之下，莫非王土，率土之滨，莫非王臣"。佛教刚入华后"数百年不盛"，与外来和尚不能理解此道有关。而后来佛教的兴盛正是得益于对王权的依赖和维护，一直到封建社会末期。佛教对世俗政权的让步与妥协使得佛教能够获得多数统治阶级的支持，不断将自身发展壮大。在历史发展过程中，佛教也曾因利益冲突而受到统治阶级的打压，但并未影响其合作关系。

1. 魏晋南北朝

佛教入华后于魏晋南北朝迎来了发展的黄金时代。这一时期中国佛教的繁荣发展离不开统治阶级的大力提倡与扶植，僧尼参政的现象也较为常见。佛教与世俗政权之间的紧密互动是两者关系发展的主流。

面对沙门是否应向王者跪拜等一系列矛盾问题，东晋时高僧慧远作《沙门不敬王者论》，为调和佛儒关系做出了重要贡献。他提出的佛儒二教可合而明的论点，正迎合了统治阶级的心意。高僧道安提出的"不依国主，则法事难立"，更体现了僧团对世俗政权的自觉依附。佛教对世俗政权的妥协和依赖致使佛教获得了多数统治阶级的维护和支持，自身的力量因而不断强大。

东晋时的许多帝王都崇信并支持佛教的发展。习凿齿的《与释道安传》记录了明帝对待佛教的积极态度："唯肃祖明皇帝，实天降德，始钦斯道，手画如来之容，口味三昧之旨。"①除了明帝，东晋的元帝、哀帝、废帝、简文帝等都对佛教崇敬甚深。

北方十六国的最高统治者对佛教的传播也相当重视。他们对作为外来文化的佛教具有本能的亲近感。后赵国主石勒对来自天竺的名僧佛图澄信任有加，"事必咨而后行，号曰大和尚"。佛图澄"善诵神咒，能役使鬼神"，具有神异功能，赢得了石勒的敬佩与信任。后来的国主石虎对佛图澄也尊崇备至，撰《敕敬佛图澄》《下书尊佛图澄》等以示敬重。佛图澄不仅能辅佐朝政，在治国方面运筹得当，还建设起了大规模的僧团，具有巨大的影响及号召力。另外，后秦统治者姚兴也积极扶持佛教及佛教文化事业。他对名僧鸠摩罗什十分敬重与赏识，待之以国师之礼并大力支持其译经事业。

南北朝时期，政治力量对佛教事业的支持力度有增无减。北魏宣武帝在位期间斥巨资开凿数座石窟并兴修佛寺。他还喜欢钻研佛理，擅长讲经。在他的倡导下，僧尼及寺院数目都在不断增加。孝明帝在位时，还派遣僧人到西域取经，引进了大量佛教经典。北齐武成帝高湛及后主高纬也热衷佛教，多次举行佛事活动，举办水陆道场和盂兰盆会来超度亡灵，还多次请高僧入宫讲法。此外，北朝时有不少太后、公主等宫廷女性信奉佛教或出家修行，许多比丘尼得以出入后宫，密切了佛教与统治阶级的联系。

至于南朝，帝王及宗室中信奉并支持佛教的现象也层出不穷。从宋文帝刘义隆到后主陈叔宝，崇信佛教者代不乏人。尤以梁武帝为最，有"皇帝菩萨"之称，他还试图将佛教国教化。许多知名及颇具规模的寺院都由这些帝王支持修建。如宋文帝下诏兴修天竺寺、报恩寺。齐武帝萧赜造齐安寺、禅灵寺、集善寺，并修造佛像。有些帝王还请名僧参与朝政，如慧观、法瑶、道猷、释慧琳等都曾受到宋文帝重用，位高权重。还有些帝王及宗亲喜好佛理，具备一定的佛学素养。如宋文帝喜欢玄谈与佛理。齐武帝第二子竟陵文宣王萧子良，自名净住子，曾手抄佛经七十一卷。梁武帝则善于讲经，且著有数百卷佛经义记。另有一些帝王热衷佛事活动。如梁武帝经常发起水陆大斋、盂兰盆会、无遮大会等佛教盛会。陈朝时，武帝陈霸先也曾多次设无遮盛会。后来的文帝、宣帝等也多次设无碍大会。后主陈叔宝也曾两次于太极殿设无碍大会。

然而，佛教与政治间的紧密联系也会出现利益的矛盾与冲突，于是有了灭佛事件的发生。历史上"三武一宗法难"的前两次事件即发生在这一时期。北魏太武帝最初承继太祖、太宗的佛教政策，崇信佛法并迎请玄高为太子师。但后来又听信道士寇谦之对佛教的毁谤而对佛教渐生嫌隙。一次太武帝怀疑某寺僧人参与内乱，便下令诛杀全寺僧人，后又下诏将长安沙门全部诛杀并焚毁经像，境内的寺院建筑也悉数被毁，史称"太武法难"。第二次

---

① （清）严可均辑：《全晋文》，商务印书馆 1999 年版，第 1447 页。

灭佛事件的主人公北周武帝则将之前已经逐步恢复发展的佛教再次推向深渊。因寺院规模不断扩大，僧尼数量激增，国库收入则锐减，武帝于是下诏禁佛道二教，使得经像被毁，财物被没收，沙门及道士还俗。

两次灭佛事件都发生在北朝，说明北方寺院势力的急剧扩张与国家利益的矛盾更为尖锐。当时北方的劳动力人口及经济资源较南方匮乏，国家更需要坚实的物质基础作保障，所以一旦与其利益冲突，矛盾演化就更为激烈。相比之下，因南方佛教更注重义理的探讨，虽然也有反对佛教的声音，但统治阶级主要采取批驳、论争等相对缓和的方式来处理矛盾。

2. 隋唐五代

隋唐是中国的大一统时期，政治、经济、文化等各个方面的发展都呈现出非常繁荣的局面。佛教发展日臻鼎盛的同时也暗藏由盛及衰的转折点。这一时期佛教的发展与王权政治的联系更加密切，佛教的地位和命运被紧紧控制在统治者的手中。

隋朝的开国君主隋文帝即十分重视佛教，意识到了佛教对其统治的作用。在位期间实施了一系列措施来大力支持佛教的发展，佛教在隋朝也因此日益隆盛。隋文帝笃信佛法，将北周的毁佛令废除，并兴修寺塔。即位不久便在五岳建造佛寺，后来还在随州、江陵、晋阳等地广建佛寺，鼓励百姓出家。于开皇二年营造大兴城，同时建大兴善寺作为佛教的研究中心。还曾下令修复北周被毁的寺院。仁寿年间（601—604）即在全国建立一百多座舍利塔。隋文帝还延续并发展北朝时期的僧官制度，设置僧官，将佛教的管理和发展纳入世俗政权体系当中。大兴善寺是隋朝唯一的国策寺院，负责统治僧界官署的僧官多数由该寺的僧人担任。隋文帝还十分重视佛教译经事业，广开译经馆，诏命那连提耶舍、毗尼多流支、阇那崛多、达摩笈多等人，致力于译经及经录的编纂。据统计，隋文帝在位期间共度僧尼23万人，建寺3792所，写经46部132816卷，整理经典3853部，造像106580座，修复旧像1508940座。在隋文帝的倡导和扶持之下，当时佛教的兴盛之状由此可见一斑。

唐代的帝王也多数重视佛教的发展。唐太宗在位期间，政治方面的开明之举开创了中国历史上著名的贞观之治。他极为崇敬三宝，对玄奘法师礼遇有加，敕令住锡西京弘福寺，寺内置翻经院，国家供给其一切费用。唐太宗为玄奘传播佛教文化提供了极大的便利和支持，成就其译经事业的同时也为佛教的弘传奠定了坚实的基础。

作为中国历史上的唯一一位女皇，武则天早年曾削发为尼，与佛教有不解之缘。武则天在位期间，大力支持佛教发展并善于利用佛教巩固其政治势力。天授元年，有沙门十人进《大云经》，宣扬武氏为弥勒下生，理应代唐作阎浮提主。武氏令两京诸州各建大云寺，分别藏《大云经》一本，且度僧千人。天授二年，佛教的显赫位置被确定，僧尼的地位要高于道士、女冠。武则天还相当重视佛教的文化事业，因觉晋译六十卷《华严经》不够理想，于是派人前往于阗求取梵本，并命实叉难陀于洛阳大遍空寺将其重新翻译。历时五年，最终于圣历二年(699)完成八十卷《华严经》的翻译，武氏还亲自为其写序。此外，武则天还热衷建寺造像，如著名的龙门奉先寺毗卢遮那佛像，便是在她的支持下雕凿完成。不少名僧受到她的礼遇和优待，武氏曾经邀请北宗神秀至京师，"亲加跪礼，时时问道"，还敕建寺院来彰显神秀的功德。又常迎法藏入宫讲经说法，并赐其"贤首国师"之号。

唐代另有一些帝王也看到了佛教有益国治的一面，因此也十分重视其发展。在安史之乱时，唐王朝面临财政困难。六祖慧能的弟子神会曾设戒坛度僧，以寺院收入补助军营，获得肃宗、德宗的信任与尊崇。安史之乱被平定以后，肃宗还诏神会入内供养，敕建庙宇供其居住。

佛教的盛衰荣辱与封建统治阶级的意志息息相关。当佛教发展与皇权统治利益相冲突时，毁灭性的打击便接踵而至。后两次知名法难则出现在唐武宗与五代后周世宗时期。唐武宗自幼便对佛教没有好感，他崇信的道士也极力排斥佛教。会昌五年(845)，唐武宗下敕废佛，数万寺庙被毁，二十六万多僧尼还俗，无数经像被毁，还有数千万顷的寺院良田被没收，寺院经济遭到重创。五代后周世宗认为佛教的发展严重影响到了国家财政收入，于是在显德二年(955)下诏废佛，毁掉寺院三千余所。他实施的以国家权力完全支配佛教教团的政策被后世效法。

3. 宋元明清

这一时期，佛教的发展逐渐走向衰落，成为封建统治的利用工具。或被统治者扶植成为巩固皇权的思想武器，或被敌对势力利用，成为号召和组织农民进行起义的宣传工具。然而，藏传佛教在西藏、蒙古等地发展迅速，在元代受到帝王的重视，不少高僧积极参与政治决策。明清时期，统治者还借助藏传佛教来安定边疆，维护民族团结和巩固政治力量。

考虑到前代的毁佛政策不利于国家的安定，建立了新王朝的宋太祖赵匡胤则积极利用佛教来巩固和维护自身的统治。他停止废毁寺院，普度行童八千人。派一百五十七位僧人去印度求法，并派官员在益州(今成都)雕刻大藏经版。他的一系列举措对国家局势的稳定都起到一定的积极作用。

明太祖朱元璋十七岁时曾于濠州(今安徽凤阳)皇觉寺出家，对佛教有一定的了解。他在二十五岁时还投靠过白莲教徒郭子兴，亲历了打着佛教旗号的农民起义，深谙佛教之于政权的利弊，所以即位后对佛教采取既利用又控制的政策。一方面，为了笼络和收归民心，朱元璋曾鼓吹明王朝的建立是佛的授意。在立国初期经常举行各种佛事活动，为国家和百姓祝祷、祈福，以期佛的庇佑，神化皇权。另一方面，为了阻拒佛教与民间组织的联系，防止佛教被农民起义利用，朱元璋采取措施从政治、经济等方面加强对寺院的监管。

如国家统一设置机构并任命官员管理全国僧团，连僧侣的服装都有严格规定，还禁止买卖寺院土地。

从封建统治者维护政权的角度来看，这种控制有其根源。流行于元、明、清三代的白莲教正是佛教被利用、异化的工具典型。元代末年，韩山童、刘福通等人利用弥勒信仰，伪托佛教而创白莲教，声称弥勒佛下世，白莲盛开，称可以救民于水火。在他们的号召下，许多农民起义造反，加速了元朝的灭亡。在清代，白莲教也曾活跃一时，从乾隆后期到嘉庆年间，北方、南方多省都有其活动的身影。嘉庆年间此教也曾兴起大规模的叛乱，后被朝廷平定。

藏传佛教形成派别后，在蒙、藏地区发展迅速。最早在成吉思汗时期，蒙古族开始与藏传佛教接触，并力图使喇嘛教成为联结西藏上层的重要纽带。后来的忽必烈也大力支持喇嘛教的发展，鼓励其在蒙古地区的传播。他曾主持佛道辩论，八思巴作为佛教代表在论辩中获胜。忽必烈十分敬重八思巴，封其为国师，后来还命他为"大宝法王""帝师"，统领天下释教。从此元朝历代帝王都以喇嘛为帝师，喇嘛僧在政治、经济等方面都享受特权。

为了加强民族团结和巩固政权，明、清两朝继续在蒙、藏地区积极扶植藏传佛教。为了解决边疆之患，防止蒙古贵族侵扰，明王朝希望通过佛教来构建双方的友好关系。对有功的喇嘛予以封赏，为其佛教活动提供经济和政策上的便利。明王朝还向蒙古地区赠送佛经、法器等，并派遣工匠支援其佛寺建造。清王朝也十分重视喇嘛教对蒙古的作用，希望借助喇嘛上层力量控制边疆地区。清政府在蒙古等地兴修寺院，使喇嘛教在全国有了更大的发展。

三、佛教思想的政治作用

在中国古代，皇帝的地位不但高于观音，而且常常超过释迦牟尼。因此，佛教徒对当朝天子的服从，常常超过对释迦牟尼的崇敬，他们曾称皇帝为"当今如来"，深刻认识到维护封建王朝的统治是佛教生存和发展的必要条件。同时，佛教思想亦具有一定的社会政治功用，因此成为封建统治阶级巩固其权力的重要工具。佛教思想在东晋以后发挥了重要的政治作用，主要体现在神化皇权、辅助教化以及安抚民心这三个方面。

1. 神化皇权

在佛教自觉依附王权的同时，中国古代的许多帝王也认识到了佛教对维护其封建统治的重要性，常常在佛教中寻找支撑和巩固其皇权的理论依据。

隋文帝杨坚的父母笃信佛教，杨坚从小生活在寺庙中，由比丘尼智仙抚养长大。后来杨坚则利用自己幼时在寺庙生活的经历，宣扬"我兴由佛法"，认为做皇帝是秉承佛的旨意。还进一步利用佛教经典和天台宗创始人智顗来神化自己的身份和地位。

唐高祖李渊早年信仰佛教，曾为其子在寺院祈福。李渊在太原起兵时，还将兴国寺、阿育王寺等用作兵营。即位后兴修佛寺，以感通神异著称的沙门景晖帮助其宣扬自己当承天命做皇帝。

女皇武则天在位期间，大力支持佛教，将佛教的地位置于道教之上，并利用佛教扩充其政治势力。天授元年，有沙门十人进《大云经》，称武氏为弥勒下生，应代唐作阎浮提主。于是武则天制颁于天下，令两京诸州各置大云寺，皆藏《大云经》一本，并度僧千人。武氏还善于用"佛弟子""女菩萨"的名号来收买人心，且转借佛经教义为自身统治地位的合法性取得依据。

2. 辅助教化

中国古代的统治阶级还常常汲取并宣扬佛教思想中有利于辅助教化的成分，为自身的统治服务。例如，佛教中著名的节日盂兰盆会是根据《佛说盂兰盆经》于每年七月十五日举行的超度历代宗亲的佛教仪式，以经中释迦牟尼弟子目连入地狱解救母亲的故事为缘起，旨在祈求七世父母能离饿鬼之苦，永享福乐。中国佛教学者看重的是《盂兰盆经》中所反映的孝道精神，所以称其为"佛教孝经"。依史书记载，梁武帝萧衍是该仪式的开创者。《佛祖统纪》云："（大同）四年，帝幸同泰寺，设盂兰盆斋。"《释氏六帖》云："梁武每于七月十五日普寺送盆供养，以车日送，继目连等。"可见梁武帝十分重视《盂兰盆经》对教化的辅助作用，因而大加引申和推广。从此，盂兰盆会成为上自帝王，下至百姓都非常重视的盛会，以感念祖先之德。

在北朝，文成帝提倡佛儒结合，佛教在其统治期间迅速恢复和发展。文成帝看到了佛教有与儒学相似的对政权的帮助及对人性的教化作用："助王政之禁律，益仁智之善性。"[①]此外，《颜氏家训》的《归心篇》倡导"内外两教，本为一体"，还认为佛教的五戒与儒家的仁义五常相通，对封建伦理纲常起到了强化作用。

此外，宋代契嵩云："儒佛者，圣人之教也。其所出虽不同，而同归乎治。"也看到了佛教有与儒家同样重要的教化作用，洞察其具有重要的社会功用。

3. 安抚民心

佛教中的因果报应、极乐世界等思想观念对普通民众，尤其是对生活在乱世或艰难困苦中的百姓具有重要的心理安抚作用，如此则有利于封建统治的稳定。唐代李节曾说过：

---

① （北齐）魏收撰：《魏书》。

"俗既病矣，人既愁矣，不有释氏使安其分，勇者将奋而思斗，智者将静思谋，则阡陌之人皆纷纷而群起矣。"（《饯潭州疏言禅师诣太原求藏经诗序》）由此可见佛教思想的巨大功用。

因果报应是佛教用来说明世界一切关系的基本理论，又叫因果业报、善恶业报。认为一切事物都由因果法则来支配，这种法则即是"善有善报""恶有恶报"。《无量寿经》云："天地之间，五道分明，恢廓窈冥，浩浩茫茫，善恶报应，祸福相承。"这种思想会对百姓的行为起到一定的引导和规范作用，帮助人们积善修德。

"极乐世界"是佛教所宣扬的阿弥陀佛之净土，是无尽世界的其中之一，在人类世界的西方，距之有十万亿佛土之遥。据佛经记载，在这极乐世界中，金银珍宝无数，装饰极尽华美，五光十色，天乐声闻，功德庄严，无有苦痛。此外，《佛说阿弥陀经》云："若有善男子、善女人，闻说阿弥陀佛，执持名号，若一日、若二日、若三日、若四日、若五日、若六日、若七日，一心不乱。其人临命终时，阿弥陀佛与诸圣众现在其前。是人终时，心不颠倒，即得往生阿弥陀佛极乐国土。"按照此经的说法，闻说阿弥陀佛，执持名号，能够使人于临终之际得到阿弥陀佛与诸圣的接引，不生颠倒迷妄之心，死后还能往生阿弥陀佛极乐国土。佛教中的净土信仰在一定程度上可以消除人们对死亡的恐惧与焦虑，这些思想都有利于封建统治者安抚民心，巩固政权。

第二节　佛教与中国哲学

佛教在中国传播的过程同时也是与儒、道冲突及融合的过程，佛教最终以自身强大的生命力改变并适应中国的本土哲学，对中国哲学做出了重要贡献。佛教终于由一种外来文化成为中国传统文化的三大支柱之一。

一、佛教对中国哲学的主要贡献

从整体看来，佛教入华后对中国哲学产生了广泛而深刻的影响，尤其对中国人的人生观、思维方式和审美观念等方面影响颇深。

首先，在人生观方面，佛教的"三世"概念重塑了中国人的人生观。随着佛教思想的传入，人们逐渐接受了佛教的"三世"概念，乃一个人现在生存之现世、出生以前生存之前世及命终以后生存之来世，"三世"甚至常被文人指代佛教。这一新的观念拓展着个体的生命意识并改变人们对人生的看法。佛教的三世与轮回、报应观念相联结。个体现世的生存与死亡，只是其中的一个轮回，而人的生命会在三世中轮回，绵延不绝。每一世的福祸都是由前世的行为所决定的。原先的中国文化中也有报应的说法，只不过这个观念与佛教不同，此报是讲前辈所做的善恶之行会由后辈子孙来承受其后果，因此这种报应并不发生在行为人身上，所以对人的约束力要小得多。佛教的三世轮回和因果报应观念传入后，人们更愿意相信现世作孽，死后其本人就会受到惩罚。因而中国古代与此相关的报应故事非常多，在许多小说情节中都有鲜明的体现。此外，这种三世的轮回观念影响人们意识到死亡不是生命的终点，从而在一定程度上帮助人们超越对死亡的恐惧，更愿意以积极的态度直面现实中的苦难。

其次，在思维方面，佛教体系化、逻辑化的理性思维方式对国人有所启迪。正因中国早期的思维媒介和工具具有形象性之特点，故而中国人传统的思维方式更加接近于形象思维。中国古人擅长"立象以尽意"，以象的转换为特征，呈现出整体直观化的形象思维方式。而佛教长于辩论，其理论也往往具有体系化、逻辑化的特点，对中国的形象思维或诗性思维传统具有重要的补充作用。例如，佛教的理论概念中有许多名数的存在，如三宝、四谛、五蕴、八正道、十二因缘等，其内部的逻辑层次非常清晰，极具系统性。佛教中还有因明学的存在，因明是古代印度关于推理的学说。因明学于公元前六世纪萌芽，略早于中国的墨辩和希腊的逻辑。"因"指推理的依据，"明"则是通常所说的学。魏晋南北朝之际，佛教般若学与魏晋玄学相互影响，所以产生了像《肇论》这样具有纯粹思辨性格的哲学作品，无疑对中国人的哲学思辨层次具有很大的提升作用。六朝时期还出现了《文心雕龙》这样的文论巨著，作者刘勰曾遁入空门，有长期在寺院生活的经历。这部著作的论述方法以及严密的逻辑体系正是受到了佛学思想的深刻影响。

最后，在审美观念方面，佛教的境界论成为中国艺术境界论的重要来源，对中国古典美学的发展具有深远影响。"真如""法性"，这些皆指佛教的精神实体。东晋高僧道安和慧远等强调这些实体为世界万物的最高境界。认为这些精神实体不生不灭，无为而无不为，能够统领万物，是最高之境界。中国古代美学中所推崇的"境界"，正是从佛典中引申而来。南朝画家宗炳在探讨山水绘画理论的《画山水序》一文中，将作为佛教精神本体的"神"视为山水自然之美的本原，是审美的最高境界。还有许多诗人擅长以佛理入诗，谢灵运、王维等人的诗歌常常饱含空灵寂静、超尘拔俗的审美旨趣并体现作者的禅悟境界。宗白华先生曾讲过："中国自六朝以来，艺术的理想境界却是'澄怀观道'（晋宋画家宗炳语），在拈花微笑里领悟色相中微妙至深的禅境。"①可谓恰到好处地总结了佛教对中国古代美学的至深影响。

---

① 宗白华：《宗白华全集》（第二卷），安徽教育出版社 1994 年版，第 363 页。

二、佛教与儒家哲学

儒家哲学在中国古代社会往往处于一种主导地位。作为外来文化的佛教，在中国的传播和发展首先面临儒家思想的挑战。佛教对儒家哲学既依附又渗透，在佛教逐渐儒学化的同时也深刻影响着儒家思想的内涵并推动儒家哲学的进一步发展。

1. 佛教的儒学化

佛教传入中国后，其许多观念与儒家思想及礼法产生一定程度的冲突，尤其是在忠君和孝亲两个方面。比如，印度帝王所参拜的佛教徒，地位要高于自身，有背中国的纲常伦理；再如，个人出家与传宗接代和侍奉双亲的观念相违背。为了调和佛儒关系，促使佛教融入中国的本土文化，东晋时期的高僧慧远曾做出了突出贡献。慧远提出的"内外之道，可合而明矣"是点明佛儒关系的基本原则。他指出，奉上、尊亲与忠孝也是佛经上指明的，与儒家的倡导并不矛盾："佛经所明，凡有二科：一者处俗弘教，二者出家修道。处俗则奉上之礼，尊亲之敬，忠孝之义，表于经文；在三之训，彰乎圣典，斯与王制同命，有若符契。"①而且，出家修行看似远离尘世，实则是更高层次的忠君与孝亲："如令一夫全德，则道洽六亲，泽流天下，虽不处王侯之位，亦以协契皇极，在宥生民矣。是故内乖天属之重，而不违其孝；外阙奉主之恭，而不失其敬。"②另外，在政治方面，佛教有着与儒学相似的作用："重资生，助王化于治道者也。"③迎合了统治阶级的观念和立场。此外，晋代的《正诬论》也言说了佛与儒的共通性："佛与周、孔，但共明忠孝信顺。"④与慧远"可合而明"的观点相一致。并且，该文将佛儒共倡的"忠孝信顺"与报应论相结合，阐明了违背该原则的后果："从之者吉，背之者凶。"具体说来，坚持作恶而不肯悔改的后果是无尽的痛苦之报："若长恶不悛，迷而后遂往，则长夜受苦，轮转五道，而无解脱之由矣。"⑤

在南朝，作为最高统治者的梁武帝提倡佛儒并重。梁武帝在历史上奉佛之虔诚是出了名的，他曾四次舍身同泰寺，让大臣们用重金赎回。在他刚刚即位时便大兴佛寺且供奉虔诚："及居帝位，即于钟山造大爱敬寺，青溪边造智度寺，又于台内立至敬等殿。又立七庙堂，月中再过，设净馔。每至展拜，恒涕泗滂沱，哀动左右。"且擅长钻研佛经义理，为僧众宣讲："制《涅槃》《大品》《净名》《三慧》诸经义记，复数百卷。听览余闲，即于重云

---

① （清）严可均辑：《全晋文》。
② （清）严可均辑：《全晋文》。
③ （清）严可均辑：《全晋文》。
④ （清）严可均辑：《全晋文》。
⑤ （清）严可均辑：《全晋文》。

殿及同泰寺讲说，名僧硕学、四部听众，常万余人。"梁武帝笃信佛教的同时也热衷儒学，史书上记载，他曾经"造《制旨孝经义》《周易讲疏》，及六十四卦、二《系》《文言》《序卦》等义，《乐社义》《毛诗答问》《春秋答问》《尚书大义》《中庸讲疏》《孔子正言》《老子讲疏》，凡二百余卷，并正先儒之迷，开古圣之旨。王侯朝臣皆奉表质疑，高祖皆为解释。修饰国学，增广生员，立五馆，置五经博士"①。他还借用儒家典籍来作为捍卫佛教神不灭论的武器，其推崇的佛教打下了深深的儒学烙印。

在北朝，除了大力提倡佛儒结合的文成帝，其时的文人也不乏佛儒并重，儒释兼综者。史书记载北魏的卢景裕"虽不聚徒教授，所注《易》大行于世。又好释氏，通其大义。天竺胡沙门道悕每论诸经论，辄托景裕为之序。"②另外，"魏初已来，儒生寒宦，惠蔚最为显达。先单名蔚，正始中，侍讲禁内，夜论佛经，有惬帝旨，诏使加'惠'，号惠蔚法师焉"。③ 孙惠蔚本是儒生寒宦，但深得宣武帝赏识，显达非常，这与他能够日讲儒经，夜论佛经的才华密不可分。

此外，中国文化的家族中心和人间性特点，也引导着佛教的伦理观念趋近中国化。中国古代宗法社会所形成的稳定的家族制度，最终凝结为儒家思想所推崇的"孝"观念，对作为外来文化的佛教具有巨大的同化作用。梁漱溟认为："佛教本是反家族的或非家族的，但传入中国后，就很快地中国化，……变成维持家族的一种助力。"④最终，孝道论成为中国佛教伦理道德的核心。

为了努力解决出家修行与在家孝亲的矛盾，一些理论家甚至翻译伪造佛经来宣传孝道。例如："东汉安世高译《佛说父母恩难报经》、西晋失名译《佛说孝子经》这些阐扬中土孝道的小经，大概可以确定是译者所伪撰的，……西晋竺法护《佛说盂兰盆经》等佛经，也应可确定是取自中土思想习俗以成经者，皆是译者所杜撰之伪经。"⑤后秦鸠摩罗什所译的《梵网经》亦宣扬孝道："尔时释迦牟尼佛，初坐菩提树下成无上觉，初结菩萨波罗提木叉：'孝顺父母、师僧、三宝，孝顺至道之法，孝名为戒，亦名制止。'"⑥而这些做法都是在适应传统的孝道观念，无疑加速了佛教传入中国后的儒学化进程。另外，东晋孙绰的《喻道论》将佛教徒的出家修行视作更高层次的孝行。它称"父隆则子贵，子贵则父尊。故孝之贵，贵能立身行道，永光厥亲"⑦。赡养侍奉双亲并不是真的孝行，能够光宗耀祖才

①　（唐）姚思廉撰：《梁书》，中华书局 1973 年版，第 96 页。
②　（北齐）魏收撰：《魏书》。
③　（北齐）魏收撰：《魏书》。
④　梁漱溟：《中国文化要义》，上海人民出版社 1949 年版，第 36 页。
⑤　萧登福：《道家道教与中土佛教初期经义发展》，上海古籍出版社 2003 年版，第 511 页。
⑥　《梵网经》卷十，《大正藏》第 24 册，第 1004 页。
⑦　《弘明集》卷三，《大正藏》第 52 册，第 17 页。

是真正的尽孝。佛门弟子虽离开父母出家修道，但所做的贡献却会给双亲和祖上带来巨大荣耀甚或直接利益，这才是更有意义的孝行。

2. 理学与佛学

隋唐时期，天台宗、华严宗、禅宗等中国化的佛教宗派竞放异彩，极大推动了儒学的创新。到了宋代，儒家的发展到了一个新的高度，即理学的产生，理学在一定程度上吸纳了佛教的思维模式及内容。

追溯孔孟儒学阶段，其思想并没有形成一种体系，相对杂乱。他们并不去追问人的本质为何，世界的本质又是什么。它不去探讨形而上的问题，只是着眼于实践及伦理，所以被人们称为伦理哲学或实用哲学。这样的儒学发展到汉代已产生了一些变化，如引进了"天"这一观念，即天人感应。而到了宋明理学阶段，儒学在佛教的影响下，思维模式发生了巨大的改变。儒学引进了佛教的本体论方法，补充了对形而上问题的探究，形成了非常严谨与哲学化的理论体系。

作为理学之"开山"的周敦颐，其思维模式受到了佛教的深刻影响。他的《太极图说》思想主旨在于"明天理之本源，究万物之始终"，而这一主旨的落脚点在于人性与人伦。因此，他将天道伦理化。但同时又将伦理天道化，其"推明天地万物之源"的目的在于阐明"道之大源出于天"。这一思想理路与隋唐佛性理论将佛性人性化，从而使人性佛性化具有异曲同工之处。隋唐时期，佛教逐渐人性化和心性化，儒家的人性和心性与佛教中的佛性也具有了一定程度的通联性。周敦颐本人具有一定的佛学造诣，其《太极图说》中表达人之本性的"无极之真"一词即来源于唐代僧人杜顺的《华严经·法界观》。周敦颐的思维模式在整体上具有天道及人性本体的特点，正是受到了佛教思维的浸染。

理学对佛学的吸纳与接受，以张载的思想最具代表性，他是第一个建立系统本体论的理学家。张载在批判佛教的同时又积极吸纳其思想。在张载的哲学体系中，"太虚无形，气之本体"（《正蒙·太和》）这一命题最能体现其本体论性格，他的"气论"尤其具有本体论特征。他以元气本体论为依据来说明人、人之本性、人与人之间的相互关系，其所建立的完整的伦理思想体系吸纳了佛性理论。佛教哲学注重对抽象本体的研究，大乘佛教所讲的"实相""佛性""真如佛性"等都具有本体的特点。张载所提出的"天地之性"与佛教的"真如佛性"，在内容表述和思维方法方面都具有共通性。

除了周敦颐和张载，宋代理学诸大家，还有程颐、程颢、朱熹等，均与禅师交往甚密。他们深谙佛教智慧，其思想内容和思维方式都不同程度受到了佛学的重要影响，佛学可谓是宋明理学的渊源之一。

3. 心学与禅宗

以心为本体的陆王心学，其学说也受到了禅宗思想的深刻影响。朱熹甚至曾批评陆九渊：“陆子静(九渊)之学，自是胸中无奈许多禅何。看是甚文字，不过假借以说其胸中所见者耳。”①可见其理论受禅宗影响之深。陆九渊提出了“宇宙便是吾心，吾心即是宇宙”②这一命题。王守仁则进一步讲“心即理也”“心自然会知”，以及“心外无理，心外无事”③，这些皆源于禅宗理论：“一切万法，尽在自身中，何不从于自心顿现真如本性。”④“心即理”将心视作涵盖一切时间与空间的宇宙之本体以及一切道德的本源，而禅宗将一切诸法乃至一切众生、诸佛都归结于一“心”。此“心”既是一切诸法的本原，又指向众生成佛的根据；同时也是抽象本体与众生现实之“人心”的统一，说明了心学与禅宗之间的密切关联。

陆九渊的“发明本心”是受禅宗思想影响的又一典型例证。其“发明本心”强调“道不外索”，提倡“切己自反”，认为本心乃我所固有。因此，欲发明本心，无需向四处所求。这相似于禅宗认为人心先天就具备包括佛教全部道理在内的一切，成佛的过程实质就是修心的过程。人的本性或本心中不仅蕴含着世间万物，而且蕴含着全部的佛教道理，这是人们成佛解脱的内在依据。

此外，禅宗的顿悟成佛说对陆九渊与王守仁的思想也有重要影响。禅宗认为，成佛不需要经过长期的修行，也无须历经具体的修行阶位。成佛这种由凡入圣的转变可以瞬间于顿悟中实现。陆王吸纳了禅宗的顿悟成佛说，总结出儒学发明本心、顿悟成圣的简易功夫。陆九渊认为，道德修养就是在认识和存养本心。而心是一个整体，认识和存养本心也得从整体入手。所以，成圣不必渐修，只要顿悟本心就能一是皆是，一明皆明。王守仁也认为，人的良知是一个不可分割的整体，良知与孝、悌、忠是统一的，真诚恻隐是这个整体的核心。一旦致此良知之真诚恻隐，就能消除一切妄念，顿悟成圣。

三、佛教与道家哲学

佛与道的关系仍然是融合与冲突并举，但佛教与道教之间的冲突更加激烈。因为儒家的正统地位已然无法撼动，同样作为辅助地位的佛、道之间便常常面临争地位的问题。“老子化胡”一直是贯穿佛道两教之争的中心议题，集中反映了两者之间的矛盾及势力的消长。

---

① (宋)黎靖德编，王星贤点校：《朱子语类》，中华书局1986年版，第2978页。

② (宋)陆九渊著，钟哲点校：《陆九渊集》，中华书局1980年版，第273页。

③ 陈荣捷：《王阳明〈传习录〉详注集评》，学生书局1983年版，第70页。

④ (唐)慧能著，郭朋校释：《坛经校释》，中华书局1983年版，第71页。

1. 佛与道的融合

佛教传入中国初期，人们多把它理解为道教的神仙方术，在思想上则以道家或道教的思想来理解佛教。统治阶级还将佛陀当作黄老之学的创始人来祭祀，于是出现了"黄老与浮图并祠"的现象。

随着佛教在中土的传播和进一步发展，玄佛合流是佛与道融合的典型。魏晋玄学旨在探讨本末、有无的关系问题，而般若学的理论核心在于对万物空有问题的阐发，两者之间存在的相似性成为最初佛学对玄学依赖的基础。早期佛教学者解说佛典的"格义"之法便是这一特点的典型反映，即用中国固有的名词、概念及范畴来比附般若学经典中的相关内容，尤其是以老庄思想来阐发般若之空理。《世说新语》中记载："殷中军见佛经云：'理亦应阿堵上。'"①殷浩认为玄学义理也应该在佛经中，侧面反映了魏晋时期，佛教理论家对玄学家所讲的老庄之教的吸纳、融合，而佛教般若学正是在借助玄学的力量来发展自身。在经历了一两百年的发展之后，佛教思想在东晋南朝时代逐渐具有了比玄学更具优越的地位。南朝时期，"玄"已不仅仅用来指称何晏、王弼所创立的新道家思想，且用来指称佛学。佛学与玄学关系之密切还表现在江南佛学的发达上。有学者认为，南朝之所以重义解，正是在玄学盛行的气氛中形成的。尽管随着佛教玄学的深入，佛学义理日益明显，脱离佛经本义的玄学化倾向不再继续，但南朝佛教之重义解不仅出于玄学，而且继续受到玄学的影响，并最终在更高的基础上玄学化。②

到了隋唐时期，道教更多受到佛教的影响。道士成玄英、李荣、王玄览等人的思想理论受佛学思想的启发和浸染。成玄英常常用佛教的中观理论来释道，他还援引佛教"三业""六根"的概念来提倡无欲无为的静养方法，强调"三业清净""六根解脱"。李荣则借用佛教的中观思想来注解《老子》。王玄览在《玄珠录》中采用佛教中观方法论证道体本"空"，说明此"空"不是空无所有之空，而是用佛教之空义来解说道教之"道"。王玄览援佛入道，注重心性修炼，一改道教早期对形的重视而倾向内心的发展。这一时期道教对佛教的影响相对较小，例如，天台宗的先驱者慧思，将道教成仙看作成佛的必经步骤，天台教义吸收进了道教的一些迷信成分。还有慧能的禅宗在一定程度上吸纳了道家自然主义的思想。在当时三教鼎力的文化格局下，佛教对道教有所肯定，名僧宗密认为，"孔、老、释迦，皆是至圣"。

宋元时期，全真道的出现最能体现佛教对道教的深刻影响。全真道没有独尊道教，而是因标榜三教合一而著称。其教义融合三教，道教内丹和佛教禅学的色彩浓厚。全真道还

---

① 余嘉锡笺疏：《世说新语笺疏》，中华书局 2011 年版，第 187 页。
② 唐长孺：《魏晋南北朝隋唐史三论》，武汉大学出版社 1992 年版，第 225 页。

效法禅宗不立文字，注重宗教实践，认为个人内在"真功"的核心乃"识心见性"。在明心见性的修养方法上，强调无心无念。全真道甚至仿效佛教实行出家制度，可以说是佛与道融合最为紧密的宗派。

明清时期，在佛、道二教内部，道教仍不时对佛教加以吸收。明代道士何道全对禅学颇有研究，常与禅师一道参禅，擅于用禅宗的"参究"法门进行道法修炼。他曾作《三教一源》诗云："道冠儒履释袈裟，三教从来总一家。红莲白藕青荷叶，绿竹黄鞭紫笋芽。"这种三教同源的认识很能代表当时佛道二教所达成的共识。此外，佛道二教的混融现象也经常在民间信仰中出现，城隍土地与佛祖菩萨并祀的现象十分常见。佛教的轮回报应说、天堂地狱观和道教的承负论交织，在百姓的观念和生活中一并发挥作用。

2. 佛与道的冲突

佛道之争于早期的主要特点是道教与儒家相联合，从中土文化本位主义的立场出发，批判佛教的异域文化价值体系。由于儒家思想占主导地位，佛教一方面迎合儒家思想，另一方面将道家和道教相区别，批评道教的信仰与方术。牟子的《理惑论》以及"老子化胡"之争是佛道冲突的典型体现。

（1）牟子理惑

《牟子理惑论》，又称《理惑论》，通称《牟子》，相传乃东汉末年牟子著。内容主要论述儒、佛、道三教的异同及佛教的优越性。该书批判道教的神仙之说为"听之则洋洋盈耳，求其效，犹握风而捕影"的虚无之谈，且将神仙方术视为"不知物类各自有性"的荒谬之法。严格区分道家和道教是牟子批判道教方术的基本策略，用道家的清静无为来批驳道教方术的虚妄有为，甚至还借助儒家的学说来批判道教。

（2）老子化胡

老子化胡是贯穿佛道两教之争的一个中心议题，说老子西行到了印度，在那里创立了佛教，并收释迦牟尼为徒。"老子入夷狄为浮屠"的化胡成佛之说于东汉末年在社会上出现，老子化胡的传说在起初并没有贬损和排斥佛教的意图，而是用以宣传佛道同源论或老子转生论。老子化胡说在汉末三国时期广泛流行，当时的佛教在中国已具备一定的影响力。在《牟子理惑论》中开始出现了对化胡说的反对意见，认为佛教比道教优越。

到了两晋南北朝时期，佛道二教均有较大的发展。为了争夺社会地位，双方在化胡问题上展开了激烈的论争。晋惠帝时，天师道祭酒王浮与僧人帛远争论，为了抬高道教而贬抑佛教，王浮根据东汉以来流传的老子化胡说，伪造《老子化胡经》。谓老子西出阳关，经西域至天竺，化身成佛之后教化胡人，佛教因而诞生。南北朝时期，道教皆将此经作为与佛教论争的工具。北魏孝明帝时，昙无最曾与道士姜斌在朝堂上辩论《老子化胡经》的真伪，最后姜斌惨被崇信佛法的孝明帝发配。化胡之争在隋唐时期仍未停止，隋开皇三年

（583），沙门彦琮撰《辩教论》来驳斥老子化胡说。唐显庆五年（660），沙门静泰、道士李荣等奉诏在宫中辩论《老子化胡经》的真伪。在武则天执政期间，有关此经的论争仍然激烈。到了元代，化胡之说仍是佛道争论的焦点。宪宗、世祖二朝，佛教徒和道教徒又针对《老子化胡经》的真伪多次展开辩论。世祖至元十八年（1281），诏令除《道德经》外的道书全部烧毁，《老子化胡经》首当其冲成为被焚毁的对象，佛道之间的老子化胡之争由此告一段落。

从整体看来，佛与儒、佛与道之间既有冲突又相互影响，最终促使儒、释、道三家在对立中走向统一，在论争中走向融合。三教的论争与融合不仅构成了中国文化的基本形态与格局，也塑造了中华文化兼收并蓄，开放包容的品格。

第三节　佛教与中国艺术

佛教一方面借助艺术的手段加速自身的传播和发展，同时也丰富了自身的艺术宝库，使佛教文化本身呈现令人瞩目的艺术特征。在佛教中国化的进程当中，佛教对中国的文学、建筑、绘画、音乐等艺术门类加以融合、浸润，对其产生了潜移默化的影响，使得源远流长的中国艺术焕发璀璨的光芒。

一、佛教文化的艺术特征

佛教向来与艺术的关系十分密切。《大庄严论经》云："又善知裁割，刻雕成众像，文章与书画，无不系通达。"

佛教的宣传往往将艺术视为最有效的手段和方式之一。其所呈现的千姿百态的佛、菩萨等艺术形象常常能够调动艺术上的形象思维来引发人们的赞叹与敬仰心理。故而佛教绘画和雕塑经常采用艺术上的变形与夸张手法，将佛、菩萨等形象予以神秘化和理想化，从而令人们对法相庄严的佛产生美感与敬畏感。弘法者还在寺院佛塔的建筑上匠心独运，讲究布局。力求建筑的宏伟庄严与美轮美奂，并注意与周围的山水环境相协调，创造一个有利于修行的氛围。弘法者还会充分利用梵呗的天籁之音使听众的心灵产生宁静而愉悦的审美感受，进而起到收摄与净化人心的效果。此外，佛经中也有艺术与审美的身影。从佛教雕塑、绘画、建筑到音乐与文学，佛教文化无不透露着艺术化与审美化的特征。艺术能够美化生活，提升心灵层次和境界，因而佛教需要艺术的感性来传达佛法的理性，从而更容易使佛教深入人心，对大众产生广泛影响。

用佛像来承载和传达佛教的精神、理念是佛教文化艺术化的一大重要体现。公元一世纪时，古印度出现了最早的佛教造像艺术形式——犍陀罗造像。然而最初古印度认为雕画佛像是亵渎神圣的行为，因而山琦等古雕刻，仅用菩提树、佛足迹等来标记和象征佛。后来随着大乘佛教的兴起，雕刻佛像才开始盛行，所以许多大乘经典中有不少关于造像因缘及其功德的记载。

东汉时期，佛像艺术开始传入中国。原本佛教中的至理、至道是无法用语言和形象言说和表达的，正如僧肇的《涅槃无名论》云："夫涅槃之为道也，寂寥虚旷，不可以形名得；微妙无相，不可以有心知。"①但为了使人能够理解和接受，佛教仍然需要借助具体的事物来传达其深奥的智慧。佛陀为了佛法的传播也曾使用种种方便法门，且根据接受者的不同特点来应机说法，并示现种种形像来传法。《大般涅槃经》云："诸佛如来亦复如是，随诸众生种种音声而为说法，为令安住于正法故，随所应见而为示现种种形像。"②慧远的《襄阳丈六金像并序》云："夫形理虽殊，阶途有渐，精粗诚异，悟亦有因。是故拟状灵范，启殊津之心；仪形神模，辟百虑之会。"③点明了佛教仍然需要借形像来传理并启发众生。慧皎在《义解论》中亦阐明了这个道理，且论述更为详尽："夫至理无言，玄致幽寂。幽寂故心行处断，无言故言语路绝。言语路绝，则有言伤其旨；心行处断，则作意失其真。所以净名杜口于方丈，释迦缄默于双树。将知理致渊寂，故圣为无言。但悠悠梦境，去理殊隔；蠢蠢之徒，非教孰启。是以圣人资灵妙以应物，体冥寂以通神，借微言以津道，托形传真。"④佛教对形像极为重视，因而又称为"象教"。北魏孝文帝的《立僧尼制诏》云："自象教东流，千龄以半，秦汉俗革，禁制弥密。"⑤

雕塑像种类繁多，主要有铸像（金佛）、木像（木佛）、石像、塑像（泥像）、夹纻像（干漆像，以漆固定麻布）、纸泥像、砖像、蜡像等。铸像按材料分有金像、银像、金铜像、俞石像、铁像等类。木像依其造法则有一木造与寄木造之别，材料以旃檀（香木之一种）为贵。至于石像，有利用崖壁雕成的磨崖佛，也有用宝石雕成的宝石像；其雕刻手法有圆雕、半圆雕（半肉雕）、浮雕、毛雕（筋雕）等多种。传世的各类佛像以石像居多。印度犍陀罗、摩菟罗、波罗奈故址都有石像出土。在中国，东晋戴逵以雕画佛像著称。南北朝时期，开窟造像之风大为盛行。

此外，还有与佛像几乎起源于同时的佛画，除了被信仰者供养礼拜之外，它也具备对佛教传说及佛教义理的图解功能。古代的佛画常常被绘于墙壁、纸绢或布面上，对佛理的传播起到了重要的推动作用。佛画按所画材料分类，可分为壁画、扉绘、柱绘、天井绘、

①　（清）严可均辑：《全晋文》。

②　《大般涅槃经》卷十，《大正藏》第 12 册，第 423 页。

③　（清）严可均辑：《全晋文》。

④　《高僧传》卷八，《大正藏》第 50 册，第 382 页。

⑤　（清）严可均辑：《全后魏文》，商务印书馆 1999 年版，第 58 页。

纸绢画、绣像、织成像、结珠像、锦像、障子画等；若以画题分类则有一尊像、三尊像、群像、变相及曼荼罗等，种类繁多。

在佛教文化中，梵呗指的是以曲调诵经来赞咏、歌颂佛德。因据梵土（印度）曲谱咏唱，故称为梵呗。中国的梵呗相传源于曹植的改制。慧皎《经师论》云："夫篇章之作，盖欲申畅怀抱，褒述情志。咏歌之作，欲使言味流靡，辞韵相属。故《诗序》云："情动于中，而形于言。言之不足，故咏歌之也。"然东国之歌也，则结韵以成咏；西方之赞也，则作偈以和声……原夫梵呗之起，亦兆自陈思。"①

在慧皎看来，歌咏的目的在于补"言之不足"，这正说明了梵呗同样具有传达思想的功能，以弥补言说的局限性。且慧皎的《唱导论》云："唱导者，盖以宣唱法理，开导众心也。"②亦是相通的道理，所举这些方式都是传播法理，启迪、开导众生的有效手段。总的看来，梵呗主要用于三个方面：（一）讲经仪式，一般行于讲经前后。（二）六时行道，即后世之朝暮课诵。（三）道场忏法，旨在化导俗众，其仪式注重歌咏赞叹。梵呗流传以后，音调因地域而有南北之分。渊源不同，各有所长。

佛寺和佛塔是佛教建筑艺术的典型。佛寺一般通称寺院，又称寺，是安置佛像并供僧尼居住以修行佛道的处所。寺院还有其他名称，如寺刹、僧寺、精舍、道场、兰若、丛林、檀林等。印度最早的寺院为中印度王舍城之竹林精舍，及舍卫城之祇园精舍。从古寺院的遗址可以得知，一般佛寺多在中央设方形佛殿，外围设僧房，佛殿正面之内安置佛龛，布局讲究。建筑材料有石、砖、木等，建筑形式有佛堂、僧房、塔婆之分。杨衒之所撰的《洛阳伽蓝记》被视作中国现存文史典籍里寺塔记的典范之作，他在自序中描述了北魏隆盛时期洛阳佛寺的盛景："于是昭提栉比，宝塔骈罗。争写天上之姿，竞摸山中之影。金刹与灵台比高，广殿共阿房等壮。岂直木衣绨绣，土被朱紫而已哉！"③书中记载当时城内有许多寺院建造华美，精妙绝伦，如描绘景乐寺云："有佛殿一所，像辇在焉，雕刻巧妙，冠绝一时。堂庑周环，曲房连接，轻条拂户，花蕊被庭。"④又如，记叙胡统寺云："宝塔五重，金刹高耸。洞房周匝，对户交疏，朱柱素壁，甚为佳丽。"⑤每一座名刹都可谓一件巧夺天工的艺术作品。塔指埋藏遗骨、经卷，或为标示特别灵地而造的建筑物。佛塔虽然是佛寺的重要组成部分，但这一建筑类型又具有相对独立性。中国佛塔按形制来分，有楼阁式塔、密檐式塔、单层塔、喇嘛式塔、母子塔等，样式各具特色。

此外，即使是直接用以宣扬佛法的佛经也有艺术性。佛经当中，一些经典的文学性很

---

① 《高僧传》卷十三，《大正藏》第 50 册，第 415 页。
② 《高僧传》卷十三，《大正藏》第 50 册，第 417 页。
③ （北魏）杨衒之撰，范祥雍校注：《洛阳伽蓝记校注》，上海古籍出版社 2018 年版，第 2 页。
④ （北魏）杨衒之撰，范祥雍校注：《洛阳伽蓝记校注》，上海古籍出版社 2018 年版，第 56 页。
⑤ （北魏）杨衒之撰，范祥雍校注：《洛阳伽蓝记校注》，上海古籍出版社 2018 年版，第 63 页。

强，蕴含着丰富的人文精神。如《本生经》中一个常见的主题便是舍己救人，还有些本生故事体现了对孝道的推崇。整体看来，许多本生故事以其构思的大胆、新颖和手法的多元来传达佛教所倡导的理念。佛经当中诸如《杂譬喻经》《百喻经》等，更是集中展示了饱含哲理的譬喻故事，以生动、通俗或者幽默、风趣的故事给人以教化和启迪。如《百喻经》就以许多愚人所做的蠢事来作比，并在结尾点明作者打比方的用意。其中的《以梨打头破喻》云："昔有愚人头上无毛，时有一人以梨打头，乃至二三悉皆伤破，时此愚人默然忍受不知避去。傍人见已而语之言：'何不避去，乃住受打致使头破?'愚人答言：'如彼人者憍慢恃力痴无智慧，见我头上无有发毛谓为是石，以梨打我头破乃尔。'傍人语言：'汝自愚痴，云何名彼以为痴也? 汝若不痴，为他所打，乃至头破不知逃避?'比丘亦尔，不能具修信戒闻慧，但整威仪以招利养，如彼愚人被他打头不知避去，乃至伤破反谓他痴，此比丘者亦复如是。"①文中以此类比，讽刺了那些假做威仪，自欺欺人却不自知的比丘。

总之，佛教以多种多样的艺术手法传播其奥蕴和智慧，使佛教思想和观念深入人心，同时也为后世呈现了一个多姿多彩的艺术世界。

二、佛教与中国文学

自魏晋以来，中国的译经规模不断扩大，寺院的讲经方式也在逐渐普及。僧尼与文人们的交往日益频繁，他们相互切磋佛理、酬唱往来。佛教文化在中国的传播速度大大提高并逐步向文学领域渗透，对诗歌、散文、小说和戏剧等多种文类都产生了广泛而深刻的影响。

1. 佛教与诗歌

佛教的传入使得中国古代诗歌的题材和内容丰富了许多。佛经中往往包含大量的偈颂，汉译佛经中四言、五言、七言的偈颂居多。这些与诗歌在形式上相类似的偈颂一般直接传达佛理，引起东晋时期不少僧人和文人的兴趣与关注，于是他们创作了许多佛教色彩浓厚或饱含佛理内容的诗歌。例如，佛教中的"赞"原指以偈颂而赞叹佛德，一些僧人也尝试创作赞叹佛德的赞佛诗，如支遁的《文殊师利赞》《弥勒赞》《维摩诘赞》等。另外，东晋时期的许多名士，如许询、孙绰、张翼等喜欢用诗歌来探讨佛理，善于援引佛理入诗。他们还与名僧交游往来，以诗歌赠答。例如，康僧渊与张翼交往甚密，酬唱往来。康僧渊有《代答张君祖诗》与《又答张君祖诗》传世，张翼则作《答康僧渊诗》，内容多涉佛理。当时的东晋文坛弥漫着浓郁的佛理气息，玄言诗的发展达到鼎盛，在诗歌中融入对玄佛之理

---

① 《百喻经》卷一，《大正藏》第 4 册，第 543 页。

的探求和人生境界的思考成为当时的风尚。

佛教对中国古代诗歌的独特诗风和意境也有一定的影响。晋宋著名诗人谢灵运是中国山水诗派的开创者，留下了大量脍炙人口的佳作。令后世耳熟能详的佳句有"白云抱幽石，绿筱媚清涟"（《过始宁墅》），"池塘生春草，园柳变鸣禽"（《登池上楼》）等。他在佛学方面的造诣很高，并与名僧交往密切。佛教对谢灵运山水诗创作中所形成的清新自然的诗风和空明澄澈的意境都有着深刻的影响。还有被称为"诗佛"的盛唐诗人王维，喜好参禅悟道，也与佛教结下了不解之缘。他的许多诗作，如《山居秋暝》《鹿柴》《终南别业》等，都将禅意与诗心合而为一。诗境与禅境的巧妙融合，令其诗歌含蓄隽永，韵味无穷。

佛教对中国古代诗歌理论的发展也具有显著的作用。一方面，佛经语言讲究声韵的和谐，诵经、转读、梵呗、唱导均重视语言声律。这些现象对中国南朝时的声韵研究有所启发，永明时的周颙、沈约、王融、谢朓倡导声律论。佛经翻译推动了中国南朝诗歌声律的研究。另一方面，随着禅宗的发展，禅学与诗学理论的联系也更加紧密。中唐的皎然、灵澈、刘禹锡等人往往运用禅境来论说诗歌的意境。到了宋代，随着禅宗的进一步发展，文人学禅的现象也更加普遍，苏轼、黄庭坚当属其中的佼佼者。南宋诗论家严羽将以禅喻诗推向巅峰，他在《沧浪诗话》中提出："论诗如论禅，汉、魏、晋与盛唐之诗，则第一义也。"[1]严羽最为推崇汉魏晋与盛唐的诗歌，认为它们如佛教的"第一义"，即佛学中的终极真理。他还认为："大抵禅道惟在妙悟，诗道亦在妙悟。"[2]"妙悟"说是严羽以禅喻诗的关键，他认为诗歌要靠妙悟来领会和把握。这是因为禅与诗歌存在一定的共通性，语言和理论都不能将其准确地描述和表达出来，需要发挥直觉思维的作用与心灵的直感默契。

2. 佛教与散文

佛教对散文的影响首先表现在它丰富了散文的内容和题材。因为佛教中的许多名篇本身就可视为中国散文的重要构成部分。佛教三藏由经、律、论三部分组成，总称佛典。论藏又称论部，三藏的这一部分是在对佛典经义加以议论，由简入详，是后人对佛陀教法的深入发展，以组织化、系统化的议论和阐释呈现出殊胜的智慧。如《大智度论》《十地经论》等，而论部的散文特征十分明显。这些经论被翻译成汉文后，中国散文的内容被不断扩展。

佛教与儒道思想的斗争导致诸如《弘明集》与《广弘明集》等重要佛教文集的出现。围绕与关注佛教和儒道思想斗争的焦点：夷夏之争、神灭与神不灭之争，梁代释僧佑撰《弘明集》十四卷，收录东汉末至梁代百人左右所写的相关文章，如《牟子理惑论》《难顾道士

---

① （南宋）严羽撰，普慧等评注：《沧浪诗话》，中华书局2014年版，第12页。
② （南宋）严羽撰，普慧等评注：《沧浪诗话》，中华书局2014年版，第12页。

夷夏论》《勅答臣下神灭论》等。唐代释道宣编撰《广弘明集》三十卷，其主旨与僧佑《弘明集》排斥异端而弘道明教的目的大致相同。但此书也有自身的特色，《弘明集》仅是选辑，而《广弘明集》中则编入了许多作者论辩的文章，乃叙述辩论与选辑并用。总之，两部文集中汇聚了众多与佛教相关的议论性散文，使中国古代散文的内容和题材都得以丰富。

其次，佛教对文人的散文创作也有重要影响。一方面，佛教促进文人论说文的创作，对唐宋古文的繁荣具有一定影响。通过萧统《文选》与僧佑《弘明集》的对比可以看出，两者体现出重文辞与重议论的差异。佛教文章重"论"的特点促进文人们对"论"的技术加以研究。此外，比较六朝骈文与佛教文章可以看出，骈文多注重辞藻、对偶、音律、四六等，而佛教文章则倾向散体。虽然佛教文章也有骈体化，但总体上以散为主，这与佛教散文的表现内容及翻译外来语的语言习惯有关。宋代以来，古文成为用途最广的散文文体。宋代确立的以古文为主、骈文为辅的文体格局经历朝历代而没有被改变，佛教文化在其中也有一定贡献。另一方面是对文人散文写作技巧的启发和影响。佛经中条理清晰、层次分明的论说方式以及对名相的注重都会对文人创作的思维方法和文章结构安排加以启发。佛教还重视概念的辨析，例如，律藏中每讲一条戒律，都要明确规定每个概念的内涵和外延。佛教还重视驳论与立论的结合，善于推理演绎，因而对唐宋散文中的概念辨析以及论辩色彩具有一定影响。此外，随着佛经的大量翻译，许多新概念和外来词语不断进入汉语，如"境界""沙门"等，极大丰富了文人们的辞藻和语汇，散文中的文学语言也得以丰富。

3. 佛教与小说

唐代的俗讲与变文，导致了中国白话小说的产生，由此可以管窥中国小说的发展与佛教的密切关联。究其两者联系密切的主要缘由，其一在于小说这一文体与普通民众的关系较为紧密，受众较广，而佛教的传播从一开始就很重视民众的力量，因此会借助俗文学的力量进行传播；其二在于佛教的传入使得人们的想象世界变得丰富，中国以儒为主的传统学术一向重义理和现实，"子不语怪、力、乱、神"，这一文化语境容易束缚以超现实想象为主的小说的发展，而佛教富于玄想与夸张，注重利用形象，且带来了三世、三界、因果、轮回等新的观念，无疑能够扩大人们思维的时间与空间，想象世界的丰富有利于促进小说的创作；其三在于佛教促使小说的故事性加强，佛经中记载有丰富的故事，随佛经翻译而传入中国民间。有些故事直接取自佛经，在小说中被改写为中国本土故事，如吴均《续齐谐记》中"鹅笼书生"的故事。有的故事是受佛教思想观念的影响而产于中国本土，如中国南北朝时期出现了许多记载因果报应之类故事的小说。

从影响来看，佛教对小说的作用主要体现在形式和内容两个方面。形式上，首先是小说中的题材得以扩大。佛经中的大量故事被小说直接取材和借鉴，佛教中三世、轮回的观念使得文学的表现领域更加开阔。其次是小说中形象创造的丰富性。佛教中有种类繁多的佛、菩萨形象，包括观音形象，被吸纳后成为中国小说中的新形象、新人物。再次，小说的结构方面呈现了叙述的求真以及因果完整的特点。佛教故事常常将神佛具象化，当作实有。六朝志怪写神怪故事时经常指明事件发生的时间和地点，与现实某人的关联，何人可以作证等。后来小说创作往往力求与真实性的联系，将大量神异情节附会到历史中的真人真事上。此外，中国小说的叙述往往有头有尾，结构完整，且多是大团圆的结局，这一现象与佛教的因果报应思想不无关联。最后，在小说的情节方面，佛经故事中的奇思妙想丰富了中国小说的情节，从而形成了小说创作情节方面的几个重要模式：第一，转生与离魂。这一模式受到佛教神不灭论思想的影响，蒲松龄《聊斋志异》中出现许多相关情节。第二，神变。虽然神变现象古已有之，但佛经中的神变更加奇异超绝、精彩绝伦。神变是指为了教化众生，佛、菩萨等以超人间之不可思议力（神通力），变化出显现于外在的各种形状、动作。狭义地讲，神变一般以身来表现，即指六神通中的神足通；广义来说，则包括身、语、意。《大宝积经》举出了说法（意）、教诫（语）、神通（身）等三种神变（指三示现）。相对于神足通之神变，另有震动乃至放大光明等十八种，称为十八变、十八神变。佛教东传初期，来华的高僧多以神仙方术引起世人关注，加深了神变在人们意识中的影响。《封神演义》《西游记》中的相关情节体现得相对突出。第三，因果报应。佛教往往用因果报应来解释人世间的诸多现象，因此因果报应是许多小说情节中解决冲突和矛盾的关键以及必备环节，业报的逻辑往往在生活实际中更有说服力，由此影响了小说情节的程序化和概念化。

　　佛经故事对小说中的内容也有重要影响。在六朝，以晋干宝《搜神记》为代表的志怪小说和刘义庆《世说新语》为代表的志人小说创作于佛教兴盛时期，佛教的感应、灵应故事被纳入志怪体裁，影响到小说的虚构现象，因此佛教在中国小说发展初期就起到了积极的推动作用。虽然唐传奇中超现实的情节开始减少，表现现实人生的内容不断增加，但佛教观念却影响到了作品的更深层次。例如，《霍小玉传》中所体现的报应观，《柳毅传》中的神变情节，《枕中记》和《南柯太守传》中的离欲观等，都是佛教对其内容影响的显著体现。在宋元话本中，直接表现神怪的题材大大减少，但在反映市民生活的小说中，佛教中的报应、轮回思想较为常见。此外，话本中有讲经一类，称"说经话本"，专门讲佛经故事，如《大唐三藏取经诗话》，佛教内容成为宋元话本中的一类专门题材。在明清长篇小说中，也经常可见佛教观念和故事的身影。如毛宗岗父子在评刻《三国演义》时将明代文学家杨慎所作的《临江仙·滚滚长江东逝水》一词放在卷首，统领全书主旨。其中的"是非成败转头空"一语即受佛教"色空"观念的影响。《西游记》的故事更是直接以玄奘西天取经的真实历史为蓝本。《红楼梦》中的佛教色彩也非常浓厚，起初一僧一道关于色空的谈论，甄士隐的《好了歌》，以及宝玉出家的情节等都有佛教文化的烙印。

4. 佛教与戏剧

中国的戏剧艺术也与佛教有着千丝万缕的关联。就戏剧演出的场地来讲，最迟在北魏时期，佛教寺院便已成为上演百戏的场所，中国的佛寺逐渐成为民众共同的游艺场所。在唐代，"戏场"几乎成为佛教寺院的代名词，这与佛教所擅长的传播方式——唱导和俗讲有关。此外，"瓦舍"原指僧舍、寺院，因戏场为佛寺，故"瓦舍"在宋代被借称为演艺场所。而"勾栏"本意是栏杆，后被借称为剧场，也与佛教有关。佛典中有称表演场所为"钩栏"的记载。在敦煌壁画中也可以见到佛教中所宣扬的西方极乐世界之乐伎表演便在构栏之内。明初朱权《太和正音谱》将杂剧分为十二科，其中"神头鬼面科"即是表现鬼神和佛、菩萨的。清吕天成《曲品》又依据题材把明清传奇划分为六门，其中之一即是"仙佛"。整体看来，佛教对中国戏剧的影响主要表现在形式和内容两个方面。

形式上，不少曲牌名来自佛曲。例如，北曲中的《笑和尚》《菩萨蛮》《净瓶儿》《好观音》《五供养》《华严赞》等；南曲中的《烧夜香》《降黄龙》等。"净"角名称也来源佛教，因佛寺中有"净人"一类的称呼。在寺院中，未行剃染而服种种净业作者被称为"净人"，又称"道人""苦行""寺官"。元杂剧剧本体制所谓的"四折一楔子"，其"折"与"楔"的概念都借自佛教。此外，戏剧表演中的许多身段都来自对佛教仪式和造像的模仿。如湖南湘剧中有三十五种"跳"身段，其中明显与佛教有关的有跳金刚、跳罗汉、跳无常、跳和合二仙等。密宗手印也影响到戏剧的手姿，如兰花指与莲花印。

内容上，一些优秀的剧作家能够借助佛教提供的素材演绎出新奇的人物形象和生动的情节，从而取得令人瞩目的艺术效果。有的戏剧直接取用佛教题材，如《目连救母》《尼姑思凡》《唐三藏西天取经》等。取自《佛说盂兰盆经》的"目连救母"故事成为许多剧目的重要题材，目连戏是中国戏剧与佛教关系密切的典型表现。但直接以佛教故事为题材的戏剧作品，其说教意味稍显浓厚，人物塑造和艺术表现手法受到较大局限，与直接从佛教中取材的小说相类似。有的戏剧则间接取用佛教题材，例如戏剧中常见的人鬼、龙宫、天庭等意象。佛教观念对戏剧作品也有重要影响。例如，关汉卿的《窦娥冤》《望江亭》《蝴蝶梦》等，多掺杂因果报应等佛教观念，以助作者实现批判现实和劝人弃恶扬善的目的。

三、佛教与中国其他艺术

佛教传入中国后，以其强大的生命力融合并渗透进中国传统文化的各个角落，对中国的艺术领域也产生了广泛而深刻的影响。不只文学，佛教对中国其他艺术，如绘画、雕塑、音乐、建筑等艺术门类的发展也起到了重要的推动作用。

1. 佛教与绘画

在佛画传入中国以前，中国的绘画已呈独立发展之势。佛教绘画传入以后，中国画家积极吸纳佛教绘画技艺，从而更加有力地促进了中国绘画艺术的发展。

在绘画技巧方面，中国先秦两汉时期的绘画往往缺乏立体感，仅平列所有形象，没有纵深和远近空间关系的处理。因此，中国传统绘画的常用手法是"散点透视"，有别于西方绘画的"焦点透视"。佛教绘画则不同，由于佛教绘画与造像结合紧密，佛教造像艺术受到了古希腊艺术的影响，因此佛教绘画较重立体感。魏晋以后，由于佛教美术的影响，焦点透视法得以广泛应用，特别是凹凸法的引入，使得图画艺术具有了浮雕的审美效果。人物形象的立体感也得以增强，呈现出栩栩如生的艺术魅力。

此外，佛教中大量人物绘画的出现也对中国绘画的发展起到了重要的促进作用。在佛教传入以前的汉代，人物画并不发达。数量不太可观，技艺也不甚高超。不惟绘画，雕塑亦是如此。而中国人物画的兴盛恰肇始于魏晋南北朝时期，这正是佛教绘画影响的结果。不少魏晋南北朝的著名画家都是画佛像的高手，且经常到寺院里画画。魏晋南北朝与隋唐是中国佛教绘画的繁盛期，这时涌现了一大批擅长佛教人物画的名家，如东吴曹不兴，西晋张墨、卫协，东晋顾恺之，南朝梁代张僧繇，唐代画圣吴道子等。

2. 佛教与雕塑

造像在佛教文化中相当流行和普遍，其目的与画像相似，都用来作为求取功德的一种方式。佛像包含菩萨、罗汉、明王、诸天等像。其像虽有雕塑像、画像（绘像）两种，但只有雕塑像称佛像，画像则称图像。

佛教在传入中国前，中国雕塑艺术已达到较高水平，但雕刻内容多以人和动物为主。如著名的秦始皇兵马俑，汉代的马踏飞燕，陕西霍去病墓前的跃马、伏虎、卧牛等石刻，都是雕塑艺术中的精品。而佛教雕塑的内容则主要关涉佛教信仰与佛菩萨崇拜，佛教雕塑的传入丰富了中国雕塑的内容，也促进了中国雕塑技艺的成熟。

中国著名的敦煌莫高窟（始于前秦建元二年）、云冈石窟（始于北魏文成帝和平元年）、龙门石窟（始于北魏孝文帝迁都洛阳直至北宋）并称中国古代佛教石窟艺术的三大宝库。其开凿即是在佛教影响下，中国雕塑艺术达到高峰的集中体现。

甘肃敦煌东南有鸣沙山，其麓有三界寺（共三寺，俗称上寺、中寺、下寺）。寺旁石室众多，旧名莫高窟，俗称千佛洞。相传始建于苻秦建元二年（366），现存最早的洞窟，其开凿年代应为北凉（五世纪初），此后历经北魏、西魏、北周、隋、唐、五代、宋、西夏至元，始终建造不辍，保存至今者有七百三十余窟。其中彩塑达两千四百多尊，最大的一个高达三十三米。

莫高窟中的塑像都为佛教中的神佛形象，其排列有单身像和群像等多种组合。群像一般以佛居中，两侧侍立弟子、菩萨等，少则三身，多则达十一身。彩塑形式有圆塑、浮塑、影塑、善业塑等。这些塑像造型精巧，想象力丰富，艺术造诣极高，与窟中的壁画相得益彰。

云冈石窟位于今山西大同市西的武周山，今存洞窟四十余个，造像五万多躯，规模非同一般。云冈石刻比敦煌千佛洞的出现略后一百年，为北魏时所建造，堪称东方雕刻艺术上的伟大奇迹。《魏书·释老志》记载云冈石窟的开凿曰："昙曜白帝，于京城西武州塞，凿山石壁，开窟五所，镌建佛像各一。高者七十尺，次六十尺，雕饰奇伟，冠于一世。"

云冈石窟中的雕像以如来、菩萨形为主，其他为声闻、护法、飞天、供养者。大佛坐高十六米，大多结跏趺坐。也有立像、倚像。菩萨形另有采交脚、半跏姿态。飞天、供养像的姿态则更为多样。从这些雕像可以看出，佛教的传入使得中国原有的雕刻艺术风格发生了改变。从构图造型到花纹图案都散发着全新的美感与神韵，迥然于汉代未受佛教影响以前的风格和内容，那时的雕刻以质朴、古劲为特征的人物、车马为主。而云冈石刻则在保有中国传统艺术技法的基础上，因佛教影响而展现新的艺术特质。云冈石刻艺术的渊源可以追溯到印度笈多王朝的黄金时代，是多民族文化交流融合的产物。

龙门石窟位于河南洛阳南方十四公里处伊河入口两岸的龙门山（西山）和香山（东山），为伊河东西两岸的石窟群之一。因山谷成门阙状，故古时称其为伊阙石窟。因将岩石开凿为洞窟，在窟内刻龛及佛像，故又称龙门龛、伊阙佛龛。北魏孝文帝迁都洛阳以后，伊阙山大规模的开窟造像工程也开始了。伊阙山至隋朝时称龙门，龙门最后取代了云冈造像的地位。

整体看来，龙门石窟的窟型相对比较单一，变化较少。题材内容趋向简明集中，以突出主像为主。龙门石窟的造像风格在佛教影响下更加突显其中国特质，逐渐淡去了早期佛教艺术中的宗教神秘色彩。从造像的神态气质、衣着装饰到雕刻手法都焕然一新。龙门石窟造像具有鲜明的民族特点和民族风格，并且达到了艺术成熟期的鼎盛阶段。

3. 佛教与音乐

佛教中的音乐文化也十分盛行。随着佛教的东传，通过民族文化的交流与融合，佛教音乐为中国音乐的发展增添了崭新的内容与形式。

佛教的传入使众多的印度佛曲进入国人的视野，中国佛曲始自隋唐，随着佛教的流行而广泛传播。隋代宫廷设置"九部乐"，其中天竺部即为佛曲，可以看出佛曲在当时的盛况。

佛曲是以乐曲旋律配以佛经偈颂而谱成的歌曲，或是体现佛教精神的乐曲。在寺院中，僧人讲经前后，都要吟唱乐曲。所唱内容有咒、偈、吟、赞等。清代翟灏《通俗编》卷二十云："佛经无不可吟，不独偈颂然矣。"不仅佛经中的偈、颂可以吟唱，长行亦可。且唱时有管、笙伴奏，悦耳动听。例如唐代的《普光佛曲》《日月明佛曲》等。吟唱这些佛曲的主要是僧人。这些寺院中的乐曲，后来演变为讲唱文学。

此外，佛教的音律学说及其技术理论也在不断发展，由原来的单向生律派生出"对法"生律的理论与技术，在佛教与印度民族音乐文化中逐渐占据重要地位。后来随着佛教的传入而对中国的音律和音阶产生了重要影响，中国原本的音律与音阶面貌及形态得以改变。无论大江南北，中国几乎所有地区的音律、音阶和音乐结构都受到梵律梵乐学说及形态潜移默化的影响。尤其是佛教的清商乐音阶传入中国后，便在中国广袤的土地上流行开来。

4. 佛教与建筑

佛寺和佛塔是佛教建筑艺术的集中体现。佛教的盛行使得佛教建筑遍布中国大江南北。中国佛教建筑由印度式逐步向中国式过渡，最后形成独具中国特色的寺塔建筑风格，从而进一步影响到中国建筑艺术的格局和风貌。

中国最早的佛寺是东汉明帝永平年间（58—75）建立的白马寺。刘敦桢主编的《中国建筑史》认为，早期中国佛寺的平面布局大致和印度相同，以塔藏舍利（佛的遗骨），是教徒崇拜的对象，所以塔位于寺的中央，成为寺的主体。以后建佛殿供奉佛像，供信徒膜拜，于是塔与殿并重，而塔仍在佛殿之前。这种平面方形，四面开门，中央建主体建筑的布局方法，是从印度的佛寺得到启示，同时结合汉代以来的礼制建筑而发展起来的。

中国的佛塔源自印度，随着佛教东传，其建筑风格和艺术特色已显著中国化，佛塔以独特的结构和宏伟的气势在中国广袤的大地上盛开了精彩纷呈的艺术之花。长城内外，大江南北，经常可以看到伟岸挺拔的宝塔矗立在祖国美丽的山河间。据统计，中国现存最古老的塔是河南登封嵩岳寺塔，北魏孝明帝正光年间（520—524）所建。共十二角十五层，高四十余米。塔檐密接，外型优美。中国现存最高的木塔是山西应县佛宫寺释迦塔，建于辽代清宁二年（1056），八角，外观五层，夹有暗层四级，实为九层，通高六十七点一三米。中国建塔最多的地方在河南嵩山少林寺甘露台畔，有由唐至清历代僧人墓塔二百多座。塔有方形、圆形、六角形、八角形等多种不同的样式，是中国建塔最多的地方，故称"塔林"。

正因佛教对中国文化的影响深刻，所以季羡林先生曾直言："不研究佛教对中国文化的影响，就无法写出真正的中国文化史、中国哲学史甚至中国历史。"[①]他鼓励人们进行相关的研究，"否则我们就无法写什么中国哲学史、中国思想史、中国文化史，再细分起来，更无法写中国绘画史、中国语言史、中国音韵学史、中国建筑史、中国音乐史、中国舞蹈

---

① 季羡林：《季羡林文集》第七卷，江西教育出版社1998年版，第272页。

史，等等。总之，弄不清印度文化，印度佛教，就弄不清我们自己的家底"。①

【课外博览】

1. 方立天：《中国佛教与传统文化》，中国人民大学出版社 2010 年版。
2. 孙昌武：《佛教与中国文学》，中华书局 2019 年版。
3. 张法：《佛教艺术》，高等教育出版社 2004 年版。

---

① 季羡林：《季羡林文集》第七卷，江西教育出版社 1998 年版，第 275 页。

附录
佛教经典选

《心经》

（唐）玄奘　译

观自在菩萨，行深般若波罗蜜多时，照见五蕴皆空，度一切苦厄。舍利子，色不异空，空不异色，色即是空，空即是色，受想行识，亦复如是。舍利子，是诸法空相，不生不灭，不垢不净，不增不减。是故，空中无色，无受想行识，无眼耳鼻舌身意，无色声香味触法，无眼界，乃至无意识界，无无明，亦无无明尽，乃至无老死，亦无老死尽，无苦集灭道，无智亦无得。

以无所得故，菩提萨埵，依般若波罗蜜多故，心无挂碍。无挂碍故，无有恐怖。远离颠倒梦想，究竟涅槃。三世诸佛，依般若波罗蜜多故，得阿耨多罗三藐三菩提。故知般若波罗蜜多，是大神咒，是大明咒，是无上咒，是无等等咒，能除一切苦，真实不虚。故说般若波罗蜜多咒，即说咒曰：揭谛，揭谛，波罗揭谛，波罗僧揭谛，菩提娑婆诃。

《金刚经》

（后秦）鸠摩罗什　译

如是我闻：

一时，佛在舍卫国祇树给孤独园，与大比丘众千二百五十人俱。尔时，世尊食时，着衣持钵，入舍卫大城乞食。于其城中，次第乞已，还至本处。饭食讫，收衣钵，洗足已，敷座而坐。

时，长老须菩提在大众中即从座起，偏袒右肩，右膝着地，合掌恭敬而白佛言："希有！世尊！如来善护念诸菩萨，善付嘱诸菩萨。世尊！善男子、善女人，发阿耨多罗三藐三菩提心，应云何住？云何降伏其心？"

佛言："善哉，善哉！须菩提！如汝所说：'如来善护念诸菩萨，善付嘱诸菩萨。'汝今谛听，当为汝说。善男子、善女人，发阿耨多罗三藐三菩提心，应如是住，如是降伏其心。"

"唯然。世尊！愿乐欲闻。"

佛告须菩提："诸菩萨摩诃萨应如是降伏其心：'所有一切众生之类，若卵生、若胎生、若湿生、若化生，若有色、若无色，若有想、若无想、若非有想非无想，我皆令入无余涅盘而灭度之。'如是灭度无量无数无边众生，实无众生得灭度者。何以故？须菩提！若菩萨有我相、人相、众生相、寿者相，即非菩萨。

"复次，须菩提！菩萨于法，应无所住，行于布施，所谓不住色布施，不住声香味触法布施。须菩提！菩萨应如是布施，不住于相。何以故？若菩萨不住相布施，其福德不可思量。

"须菩提！于意云何？东方虚空可思量不？"

"不也，世尊！"

"须菩提！南西北方四维上下虚空可思量不？"

"不也，世尊！"

"须菩提！菩萨无住相布施，福德亦复如是不可思量。须菩提！菩萨但应如所教住。

"须菩提！于意云何？可以身相见如来不？"

"不也，世尊！不可以身相得见如来。何以故？如来所说身相，即非身相。"

佛告须菩提："凡所有相，皆是虚妄。若见诸相非相，则见如来。"

须菩提白佛言："世尊！颇有众生，得闻如是言说章句，生实信不？"

佛告须菩提："莫作是说。如来灭后，后五百岁，有持戒修福者，于此章句能生信心，以此为实，当知是人不于一佛二佛三四五佛而种善根，已于无量千万佛所种诸善根，闻是章句，乃至一念生净信者，须菩提！如来悉知悉见，是诸众生得如是无量福德。何以故？是诸众生无复我相、人相、众生相、寿者相。

"无法相，亦无非法相。何以故？是诸众生若心取相，则为着我、人、众生、寿者。

"若取法相，即着我、人、众生、寿者。何以故？若取非法相，即着我、人、众生、寿者，是故不应取法，不应取非法。以是义故，如来常说：'汝等比丘，知我说法，如筏喻者，法尚应舍，何况非法。'

"须菩提！于意云何？如来得阿耨多罗三藐三菩提耶？如来有所说法耶？"

须菩提言："如我解佛所说义，无有定法名阿耨多罗三藐三菩提，亦无有定法，如来可说。何以故？如来所说法，皆不可取、不可说、非法、非非法。所以者何？一切贤圣，皆以无为法而有差别。"

"须菩提！于意云何？若人满三千大千世界七宝以用布施，是人所得福德，宁为多不？"

须菩提言："甚多，世尊！何以故？是福德即非福德性，是故如来说福德多。"

"若复有人，于此经中受持，乃至四句偈等，为他人说，其福胜彼。何以故？须菩提！一切诸佛，及诸佛阿耨多罗三藐三菩提法，皆从此经出。须菩提！所谓佛法者，即非佛法。

"须菩提！于意云何？须陀洹能作是念：'我得须陀洹果。'不？"

须菩提言："不也，世尊！何以故？须陀洹名为入流，而无所入，不入色、声、香、味、触、法，是名须陀洹。"

"须菩提！于意云何？斯陀含能作是念：'我得斯陀含果。'不？"

须菩提言："不也，世尊！何以故？斯陀含名一往来，而实无往来，是名斯陀含。"

"须菩提！于意云何？阿那含能作是念：'我得阿那含果。'不？"

须菩提言："不也，世尊！何以故？阿那含名为不来，而实无来，是故名阿那含。"

"须菩提！于意云何？阿罗汉能作是念：'我得阿罗汉道。'不？"

须菩提言："不也，世尊！何以故？实无有法名阿罗汉。世尊！若阿罗汉作是念：'我得阿罗汉道。'即为着我、人、众生、寿者。世尊！佛说我得无诤三昧，人中最为第一，是第一离欲阿罗汉。我不作是念：'我是离欲阿罗汉。'世尊！我若作是念：'我得阿罗汉道。'世尊则不说须菩提是乐阿兰那行者！以须菩提实无所行，而名须菩提是乐阿兰那行。"

佛告须菩提："于意云何？如来昔在然灯佛所，于法有所得不？"

"世尊！如来在然灯佛所，于法实无所得。"

"须菩提！于意云何？菩萨庄严佛土不？"

"不也，世尊！何以故？庄严佛土者，则非庄严，是名庄严。"

"是故须菩提，诸菩萨摩诃萨应如是生清净心，不应住色生心，不应住声、香、味、触、法生心，应无所住而生其心。

"须菩提！譬如有人，身如须弥山王，于意云何？是身为大不？"

须菩提言："甚大，世尊！何以故？佛说非身，是名大身。"

"须菩提！如恒河中所有沙数，如是沙等恒河，于意云何？是诸恒河沙宁为多不？"

须菩提言："甚多，世尊！但诸恒河尚多无数，何况其沙。"

"须菩提！我今实言告汝。若有善男子、善女人，以七宝满尔所恒河沙数三千大千世界，以用布施，得福多不？"

须菩提言："甚多，世尊！"

佛告须菩提："若善男子、善女人，于此经中，乃至受持四句偈等，为他人说，而此福德胜前福德。

"复次，须菩提！随说是经，乃至四句偈等，当知此处，一切世间天、人、阿修罗，皆应供养，如佛塔庙，何况有人尽能受持读诵。须菩提！当知是人成就最上第一希有之法，若是经典所在之处，则为有佛，若尊重弟子。"

尔时，须菩提白佛言："世尊！当何名此经？我等云何奉持？"

佛告须菩提："是经名为'金刚般若波罗蜜'。以是名字，汝当奉持。所以者何？须菩提！佛说般若波罗蜜，则非般若波罗蜜。须菩提！于意云何？如来有所说法不？"

须菩提白佛言："世尊！如来无所说。"

"须菩提！于意云何？三千大千世界所有微尘是为多不？"

须菩提言："甚多，世尊！"

"须菩提！诸微尘，如来说非微尘，是名微尘。如来说世界，非世界，是名世界。

"须菩提！于意云何？可以三十二相见如来不？"

"不也，世尊！不可以三十二相得见如来。何以故？如来说三十二相，即是非相，是名三十二相。"

"须菩提！若有善男子、善女人，以恒河沙等身命布施；若复有人，于此经中，乃至受持四句偈等，为他人说，其福甚多。"

尔时，须菩提闻说是经，深解义趣，涕泪悲泣，而白佛言："希有，世尊！佛说如是甚深经典，我从昔来所得慧眼，未曾得闻如是之经。世尊！若复有人得闻是经，信心清净，则生实相，当知是人，成就第一希有功德。世尊！是实相者，则是非相，是故如来说名实相。世尊！我今得闻如是经典，信解受持不足为难，若当来世，后五百岁，其有众生，得闻是经，信解受持，是人则为第一希有。何以故？此人无我相、人相、众生相、寿者相。所以者何？我相即是非相，人相、众生相、寿者相即是非相。何以故？离一切诸相，则名诸佛。"

佛告须菩提："如是，如是！若复有人，得闻是经，不惊、不怖、不畏，当知是人甚为希有。何以故？须菩提！如来说第一波罗蜜，非第一波罗蜜，是名第一波罗蜜。须菩提！忍辱波罗蜜，如来说非忍辱波罗蜜。何以故？须菩提！如我昔为歌利王割截身体，我于尔时，无我相、无人相、无众生相、无寿者相。何以故？我于往昔节节支解时，若有我相、人相、众生相、寿者相，应生瞋恨。须菩提！又念过去于五百世作忍辱仙人，于尔所世，无我相、无人相、无众生相、无寿者相。是故须菩提！菩萨应离一切相，发阿耨多罗三藐三菩提心，不应住色生心，不应住声香味触法生心，应生无所住心。若心有住，则为

非住。是故佛说：'菩萨心不应住色布施。'

"须菩提！菩萨为利益一切众生，应如是布施。如来说：'一切诸相，即是非相。'又说：'一切众生，则非众生。'

"须菩提！如来是真语者、实语者、如语者、不诳语者、不异语者。

"须菩提！如来所得法，此法无实无虚。须菩提！若菩萨心住于法而行布施，如人入闇，则无所见；若菩萨心不住法而行布施，如人有目，日光明照，见种种色。

"须菩提！当来之世，若有善男子、善女人，能于此经受持读诵，则为如来以佛智慧，悉知是人，悉见是人，皆得成就无量无边功德。

"须菩提！若有善男子、善女人，初日分以恒河沙等身布施，中日分复以恒河沙等身布施，后日分亦以恒河沙等身布施，如是无量百千万亿劫以身布施；若复有人，闻此经典，信心不逆，其福胜彼，何况书写、受持、读诵、为人解说。

"须菩提！以要言之，是经有不可思议、不可称量、无边功德。如来为发大乘者说，为发最上乘者说。若有人能受持读诵，广为人说，如来悉知是人，悉见是人，皆得成就不可量、不可称、无有边、不可思议功德，如是人等，则为荷担如来阿耨多罗三藐三菩提。何以故？须菩提！若乐小法者，着我见、人见、众生见、寿者见，则于此经，不能听受读诵、为人解说。

"须菩提！在在处处，若有此经，一切世间天、人、阿修罗，所应供养；当知此处，则为是塔，皆应恭敬，作礼围绕，以诸华香而散其处。

"复次，须菩提！善男子、善女人，受持读诵此经，若为人轻贱，是人先世罪业，应堕恶道，以今世人轻贱故，先世罪业则为消灭，当得阿耨多罗三藐三菩提。

"须菩提！我念过去无量阿僧祇劫，于然灯佛前，得值八百四千万亿那由他诸佛，悉皆供养承事，无空过者；若复有人，于后末世，能受持读诵此经，所得功德，于我所供养诸佛功德，百分不及一，千万亿分、乃至算数譬喻所不能及。

"须菩提！若善男子、善女人，于后末世，有受持读诵此经，所得功德，我若具说者，或有人闻，心则狂乱，狐疑不信。须菩提！当知是经义不可思议，果报亦不可思议。"

尔时，须菩提白佛言："世尊！善男子、善女人，发阿耨多罗三藐三菩提心，云何应住？云何降伏其心？"

佛告须菩提："善男子、善女人，发阿耨多罗三藐三菩提者，当生如是心：'我应灭度一切众生。灭度一切众生已，而无有一众生实灭度者。'何以故？须菩提！若菩萨有我相、人相、众生相、寿者相，则非菩萨。所以者何？须菩提！实无有法发阿耨多罗三藐三菩提者。

"须菩提！于意云何？如来于然灯佛所，有法得阿耨多罗三藐三菩提不？"

"不也，世尊！如我解佛所说义，佛于然灯佛所，无有法得阿耨多罗三藐三菩提。"

佛言："如是，如是！须菩提！实无有法如来得阿耨多罗三藐三菩提。须菩提！若有法如来得阿耨多罗三藐三菩提者，然灯佛则不与我受记：'汝于来世，当得作佛，号释迦牟尼。'以实无有法得阿耨多罗三藐三菩提，是故然灯佛与我受记，作是言：'汝于来世，当得作佛，号释迦牟尼。'何以故？如来者，即诸法如义。

"若有人言：'如来得阿耨多罗三藐三菩提。'须菩提！实无有法，佛得阿耨多罗三藐三菩提。须菩提！如来所得阿耨多罗三藐三菩提，于是中无实无虚。是故如来说：'一切法皆是佛法。'须菩提！所言一切法者，即非一切法，是故名一切法。

"须菩提！譬如人身长大。"

须菩提言："世尊！如来说人身长大，则为非大身，是名大身。"

"须菩提！菩萨亦如是。若作是言：'我当灭度无量众生。'则不名菩萨。何以故？须菩提！实无有法名为菩萨。是故佛说：'一切法无我、无人、无众生、无寿者。'须菩提！若菩萨作是言：'我当庄严佛土。'是不名菩萨。何以故？如来说庄严佛土者，即非庄严，是名庄严。须菩提！若菩萨通达无我法者，如来说名真是菩萨。

"须菩提！于意云何？如来有肉眼不？"

"如是，世尊！如来有肉眼。"

"须菩提！于意云何？如来有天眼不？"

"如是，世尊！如来有天眼。"

"须菩提！于意云何？如来有慧眼不？"

"如是，世尊！如来有慧眼。"

"须菩提！于意云何？如来有法眼不？"

"如是，世尊！如来有法眼。"

"须菩提！于意云何？如来有佛眼不？"

"如是，世尊！如来有佛眼。"

"须菩提！于意云何？恒河中所有沙，佛说是沙不？"

"如是，世尊！如来说是沙。"

"须菩提！于意云何？如一恒河中所有沙，有如是等恒河，是诸恒河所有沙数佛世界，如是宁为多不？"

"甚多，世尊！"

佛告须菩提："尔所国土中，所有众生，若干种心，如来悉知。何以故？如来说诸心，皆为非心，是名为心。所以者何？须菩提！过去心不可得，现在心不可得，未来心不可得。

"须菩提！于意云何？若有人满三千大千世界七宝以用布施，是人以是因缘，得福多不？"

"如是，世尊！此人以是因缘，得福甚多。"

"须菩提！若福德有实，如来不说得福德多；以福德无故，如来说得福德多。"

"须菩提！于意云何？佛可以具足色身见不？"

"不也，世尊！如来不应以具足色身见。何以故？如来说具足色身，即非具足色身，是名具足色身。"

"须菩提！于意云何？如来可以具足诸相见不？"

"不也，世尊！如来不应以具足诸相见。何以故？如来说诸相具足，即非具足，是名诸相具足。"

"须菩提！汝勿谓如来作是念：'我当有所说法。'莫作是念，何以故？若人言：'如来有所说法。'即为谤佛，不能解我所说故。须菩提！说法者，无法可说，是名说法。"

尔时，慧命须菩提白佛言："世尊！颇有众生，于未来世，闻说是法，生信心不？"

佛言："须菩提！彼非众生，非不众生。何以故？须菩提！众生、众生者，如来说非众生，是名众生。"

须菩提白佛言："世尊！佛得阿耨多罗三藐三菩提，为无所得耶？"

"如是，如是！须菩提！我于阿耨多罗三藐三菩提乃至无有少法可得，是名阿耨多罗三藐三菩提。

"复次，须菩提！是法平等，无有高下，是名阿耨多罗三藐三菩提；以无我、无人、无众生、无寿者，修一切善法，则得阿耨多罗三藐三菩提。须菩提！所言善法者，如来说非善法，是名善法。

"须菩提！若三千大千世界中所有诸须弥山王，如是等七宝聚，有人持用布施；若人以此般若波罗蜜经，乃至四句偈等，受持读诵、为他人说，于前福德百分不及一，百千万亿分，乃至算数譬喻所不能及。

"须菩提！于意云何？汝等勿谓如来作是念：'我当度众生。'须菩提！莫作是念。何以故？实无有众生如来度者，若有众生如来度者，如来则有我、人、众生、寿者。须菩提！如来说：'有我者，则非有我，而凡夫之人以为有我。'须菩提！凡夫者，如来说则非凡夫。

"须菩提！于意云何？可以三十二相观如来不？"

须菩提言："如是，如是！以三十二相观如来。"

佛言："须菩提！若以三十二相观如来者，转轮圣王则是如来。"

须菩提白佛言："世尊！如我解佛所说义，不应以三十二相观如来。"

尔时，世尊而说偈言：

若以色见我，以音声求我，

是人行邪道，不能见如来。

"须菩提！汝若作是念：'如来不以具足相故，得阿耨多罗三藐三菩提。'须菩提！莫作是念。如来不以具足相故，得阿耨多罗三藐三菩提。

"须菩提！汝若作是念：'发阿耨多罗三藐三菩提者，说诸法断灭相。'莫作是念。何以故？发阿耨多罗三藐三菩提心者，于法不说断灭相。

"须菩提！若菩萨以满恒河沙等世界七宝布施；若复有人知一切法无我，得成于忍，此菩萨胜前菩萨所得功德。须菩提！以诸菩萨不受福德故。"

须菩提白佛言："世尊！云何菩萨不受福德？"

"须菩提！菩萨所作福德，不应贪着，是故说不受福德。

"须菩提！若有人言：'如来若来若去、若坐若卧。'是人不解我所说义。何以故？如来者，无所从来，亦无所去，故名如来。

"须菩提！若善男子、善女人，以三千大千世界碎为微尘，于意云何？是微尘众宁为多不？"

"甚多，世尊！何以故？若是微尘众实有者，佛则不说是微尘众。所以者何？佛说微尘众，则非微尘众，是名微尘众。世尊！如来所说三千大千世界，则非世界，是名世界。何以故？若世界实有者，则是一合相。如来说一合相，则非一合相，是名一合相。"

"须菩提！一合相者，则是不可说，但凡夫之人贪着其事。

"须菩提！若人言：'佛说我见、人见、众生见、寿者见。'须菩提！于意云何？是人解我所说义不？"

"世尊！是人不解如来所说义。何以故？世尊说我见、人见、众生见、寿者见，即非我见、人见、众生见、寿者见，是名我见、人见、众生见、寿者见。"

"须菩提！发阿耨多罗三藐三菩提心者，于一切法，应如是知，如是见，如是信解，不生法相。须菩提！所言法相者，如来说即非法相，是名法相。

"须菩提！若有人以满无量阿僧祇世界七宝持用布施，若有善男子、善女人，发菩萨心者，持于此经，乃至四句偈等，受持读诵，为人演说，其福胜彼。云何为人演说？不取于相，如如不动。何以故？

一切有为法，如梦幻泡影，

如露亦如电，应作如是观。"

佛说是经已，长老须菩提及诸比丘、比丘尼、优婆塞、优婆夷，一切世间天、人、阿修罗，闻佛所说，皆大欢喜，信受奉行。

《坛经》

（敦煌本）

（唐）慧能　撰

【一】

惠能大师于大梵寺讲堂中，升高座，说摩诃般若波罗蜜法，授无相戒。其时座下僧尼道俗一万余人，韶州刺史韦据及诸官僚三十余人，儒士三十余人，同请大师说摩诃般若波罗蜜法。刺史遂令门人僧法海集记，流行后代，与学道者承此宗旨，递相传授，有所依约，以为禀承，说此《坛经》。

【二】

能大师言："善知识！净心念摩诃般若波罗蜜法。"大师不语，自净心神，良久乃言："善知识静听：惠能慈父，本官范阳，左降迁流岭南，作新州百姓。惠能幼小，父亦早亡。老母孤遗，移来南海。艰辛贫乏，于市卖柴。忽有一客买柴，遂领惠能至于官店，客将柴去。惠能得钱，却向门前，忽见一客读《金刚经》。惠能一闻，心明便悟。乃问客曰：'从何处来，持此经典？'客答曰：'我于蕲州黄梅县东冯茂山，礼拜五祖弘忍和尚，现今在彼，门人有千余众。我于彼听见大师劝道俗，但持《金刚经》一卷，即得见性，直了成佛。'惠能闻说，宿业有缘，便即辞亲，往黄梅冯茂山礼拜五祖弘忍和尚。"

【三】

弘忍和尚问惠能曰："汝何方人？来此山礼拜吾，汝今向吾边，复求何物？"惠能答曰："弟子是岭南人，新州百姓，今故远来礼拜和尚，不求余物，唯求作佛。"大师遂责惠能曰："汝是岭南人，又是獦獠，若为堪作佛！"惠能答曰："人即有南北，佛性即无南北；獦獠身与和尚不同，佛性有何差别？"大师欲更共语，见左右在旁边，大师便不言，遂发遣惠能令随众作务。时有一行者，遂差惠能于碓坊踏碓八个余月。

【四】

五祖忽于一日唤门人尽来，门人集讫。五祖曰："吾向汝说，世人生死事大。汝等门人，终日供养，只求福田，不求出离生死苦海。汝等自性迷，福门何可救汝？汝等且归房自看，有智慧者，自取本性般若之智，各作一偈呈吾。吾看汝偈，若悟大意者，付汝衣法，禀为六代。火急作!"

【五】

门人得处分，却来各至自房，递相谓言："我等不须澄心用意作偈，将呈和尚。神秀上座是教授师，秀上座得法后，自可依止，偈不用作!"诸人息心，尽不敢呈偈。时大师堂前有三间房廊，于此廊下供养，欲画楞伽变，并画五祖大师传授衣法流行后代为记。画人卢珍看壁了，明日下手。

【六】

上座神秀思维：诸人不呈心偈，缘我为教授师，我若不呈心偈，五祖如何得见我心中见解深浅？我将心偈上五祖呈意，求法即善，觅祖不善，却同凡心夺其圣位。若不呈心偈，终不得法。良久思维，甚难甚难！夜至三更，不令人见，遂向南廊下中间壁上题作呈心偈，欲求衣法。若五祖见偈，言此偈语，若访觅我，我见和尚，即云是秀作。五祖见偈言不堪，自是我迷，宿业障重，不合得法，圣意难测，我心自息。秀上座三更于南廊下中间壁上秉烛题作偈，人尽不知。偈曰：

身是菩提树，心如明镜台，时时勤拂拭，莫使有尘埃。

【七】

神秀上座题此偈毕，却归房卧，并无人见。五祖平旦，遂唤卢供奉来南廊下，画楞伽变。五祖忽见此偈，读讫，乃谓供奉曰："弘忍与供奉钱三十千，深劳远来，不画变相也。《金刚经》云：'凡所有相，皆是虚妄。'不如留此偈，令迷人诵。依此修行，不堕三恶；依法修行，有大利益。"大师遂唤门人尽来，焚香偈前，众人见已，皆生敬心。弘忍曰："汝等尽诵此偈者，方得见性，依此修行，即不堕落。"门人尽诵，皆生敬心，唤言善哉！五祖遂唤秀上座于堂内，问："是汝作偈否？若是汝作，应得我法。"秀上座言："罪过！实是神秀作。不敢求祖，愿和尚慈悲，看弟子有小智慧识大意否?"五祖曰："汝作此偈，见解只到门前，尚未得入。凡夫依此偈修行，即不堕落；作此见解，若觅无上菩提，即不可得。要入得门，见自本性。汝且去，一两日思维，更作一偈来呈吾，若入得门，见自本性，当付汝衣法。"秀上座去数日，作偈不得。

【八】

有一童子，于碓坊边过，唱诵此偈。惠能一闻，知未见性，即识大意。能问童子："适来诵者，是何言偈?"童子答能曰："你不知大师言生死事大，欲传衣法，令门人等各作一偈来呈吾看，悟大意，即付衣法，禀为六代祖。有一上座名神秀，忽于南廊下书无相偈一首，五祖令诸门人尽诵，悟此偈者，即见自性；依此修行，即得出离。"惠能答曰："我此踏碓八个余月，未至堂前，望上人引惠能至南廊下，见此偈礼拜，亦愿诵取，结来生缘，愿生佛地。"童子引能至南廊下，能即礼拜此偈。为不识字，请一人读。惠能闻已，即识大意。惠能亦作一偈，又请得一解书人，于西间壁上题着，呈自本心。不识本心，学法无益，识心见性，即悟大意。惠能偈曰：

菩提本无树，明镜亦无台，佛性常清净，何处有尘埃？

又偈曰：

身是菩提树，心为明镜台，明镜本清净，何处染尘埃？

院内徒众，见能作此偈，尽怪，惠能却入碓坊。五祖忽来廊下，见惠能偈，即知识大意。恐众人知，五祖乃谓众人曰："此亦未得了。"

【九】

五祖夜至三更，唤惠能堂内，说《金刚经》。惠能一闻，言下便悟。其夜受法，人尽不知，便传顿教法及衣，以为六代祖。衣将为信禀，代代相传；法以心传心，当令自悟。五祖言："惠能！自古传法，气如悬丝！若住此间，有人害汝，汝即须速去。"

【十】

能得衣法，三更发去。五祖自送能至九江驿，登时便别，五祖处分："汝去，努力将法向南，三年勿弘此法，难去在后弘化，善诱迷人，若得心开，与吾悟无别。"辞违已了，便发向南。

【十一】

两月中间，至大庾岭，不知向后有数百人来，欲拟捉惠能，夺衣法，来至半路，尽总却回。唯有一僧，姓陈名惠顺，先是三品将军，性行粗恶，直至岭上，来趁把着，惠能即还法衣，又不肯取。惠顺曰："我故远来求法，不要其衣。"能于岭上，便传法惠顺，惠顺得闻，言下心开，能使惠顺即却向北化人。

【十二】

惠能来于此地，与诸官僚道俗，亦有累劫之因。教是先圣所传，不是惠能自知。愿闻先圣教者，各须净心，闻了愿自除迷，如先代悟。（下是法）惠能大师唤言："善知识！菩提般若之智，世人本自有之，即缘心迷，不能自悟，须求大善知识示道见性。善知识！愚人智人，佛性本亦无差别，只缘迷悟，迷即为愚，悟即成智。"

【十三】

善知识！我此法门，以定慧为本。第一勿迷，言慧定别，定慧体一不二。即定是慧体，即慧是定用。即慧之时定在慧，即定之时慧在定。善知识！此义即是定慧等。学道之人作意，莫言先定发慧，先慧发定，定慧各别。作此见者，法有二相，口说善，心不善，慧定不等；心口俱善，内外一种，定慧即等。自悟修行，不在口诤。若诤先后，即是迷人，不断胜负，却生法我，不离四相。

【十四】

一行三昧者，于一切时中，行、住、坐、卧，常行直心是。《净名经》云："直心是道场，直心是净土。"莫心行谄曲，口说法直，口说一行三昧，不行直心，非佛弟子。但行直心，于一切法上，无有执着，名一行三昧。迷人着法相，执一行三昧，直言坐不动，除妄不起心，即是一行三昧。若如是，此法同无情，却是障道因缘。道须通流，何以却滞？心不住法，道即通流，住即被缚。若坐不动是，维摩诘不合呵舍利弗宴坐林中。善知识！又见有人教人坐，看心看净，不动不起，从此置功。迷人不悟，便执成颠，即有数百般如此教道者，故知大错。

【十五】

善知识！定慧犹如何等？如灯光，有灯即有光，无灯即无光。灯是光之体，光是灯之用。名即有二，体无两般。此定慧法，亦复如是。

【十六】

善知识！法无顿渐，人有利钝。迷即渐劝，悟人顿修。识自本心，是见本性，悟即原无差别，不悟即长劫轮回。

【十七】

善知识！我此法门，从上以来，顿渐皆立无念为宗，无相为体，无住为本。何名无相？无相者，于相而离相。无念者，于念而不念。无住者，为人本性，念念不住，前念、今念、后念，念念相续，无有断绝。若一念断绝，法身即离色身。念念时中，于一切法上无住。一念若住，念念即住，名系缚。于一切法上，念念不住，即无缚也，是以无住为本。善知识！外离一切相，是无相。但能离相，性体清净，是以无相为体。于一切境上不染，名为无念。于自念上离境，不于法上生念。莫百物不思，念尽除却，一念断即无，别处受生。学道者用心，莫不识法意。自错尚可，更劝他人迷，不见自迷，又谤经法。是以立无念为宗。即缘迷人于境上有念，念上便起邪见，一切尘劳妄念从此而生。然此教门立无念为宗，世人离境，不起于念，若无有念，无念亦不立。无者无何事？念者念何物？无者，离二相诸尘劳；念者，念真如本性。真如是念之体，念是真如之用。自性起念，虽即见闻觉知，不染万境，而常自在。《维摩经》云："外能善分别诸法相，内于第一义而不动。"

【十八】

善知识！此法门中，坐禅原不着心，亦不着净，亦不言不动。若言看心，心原是妄，妄如幻故，无所看也。若言看净，人性本净，为妄念故，盖覆真如。离妄念，本性净。不见自性本净，起心看净，却生净妄，妄无处所。故知看者，看却是妄也。净无形相，却立净相，言是功夫，作此见者，障自本性，却被净缚。若修不动者，不见一切人过患，即是自性不动。迷人自身不动，开口即说人是非，与道违背。看心看净，却是障道因缘。

【十九】

今既如是，此法门中，何名坐禅？此法门中，一切无碍，外于一切境界上念不起为坐，见本性不乱为禅。何名为禅定？外离相曰禅，内不乱曰定。外若离相，内性不乱。本性自净曰定，只缘境触，触即乱，离相不乱即定。外离相即禅，内不乱即定，外禅内定，故名禅定。《维摩经》云："实时豁然，还得本心。"《梵网菩萨戒经》云："本源自性清净。"善知识！见自性自净，自修自作自性法身，自行佛行，自作自成佛道。

【二十】

善知识！总须自体与受无相戒。一时，逐惠能口道，令善知识见自三身佛：于自色身，归依清净法身佛；于自色身，归依千百亿化身佛；于自色身，归依当身圆满报身佛。(以上三唱) 色身是舍宅，不可言归，向者三身佛在自法性，世人尽有，为迷不见，外觅三身如来，不见自色身中三身佛。善知识！听与善知识说，令善知识于自色身见自法性有三身佛，此三身佛从自性上生。何名清净法身佛？善知识！世人性本自净，万法在自性。思量一切恶事，即行于恶行；思量一切善事，便修于善行。知如是一切法尽在自性，自性常清净，日月常明。只为云覆盖，上明下暗，不能了见日月星辰，忽遇慧风吹散卷尽云雾，万象森罗，一时皆现。世人性净，犹如清天。慧如日，智如月，智慧常明。于外着境，妄念浮云盖覆，自性不能明故。遇善知识，开真正法，吹却迷妄，内外明澈，于自性中，万法皆现。一切法在自性，名为清净法身。自归依者，除不善心与不善行，是名归依。何名为千百亿化身佛？不思量，性即空寂；思量，即是自化。思量恶法，化为地狱；思量善法，化为天堂。思量毒害，化为畜生；思量慈悲，化为菩萨。思量智慧，化为上界；思量愚痴，化为下方。自性变化甚多，迷人自不知见。一念善，智慧即生，此名自性化身佛。何名为圆满报身佛？一灯能除千年闇，一智能灭万年愚。莫思向前，常思于后，常后念善，名为报身。一念恶，报却千年善心；一念善，报却千年恶灭。无常以来，后念善，名为报身。从法身思量，即是化身；念念善，即是报身。自悟自修，即名归依也。皮肉是色身，色身是舍宅，不在归依也。但悟三身，即识大意。

【二十一】

今既自归依三身佛已，与善知识发四弘大愿。善知识！一时逐惠能道：众生无边誓愿度，烦恼无边誓愿断，法门无边誓愿学，无上佛道誓愿成。（三唱）善知识！众生无边誓愿度，不是惠能度，善知识心中众生，各于自身自性自度。何名自性自度？自色身中，邪见烦恼，愚痴迷妄，自有本觉性。只本觉性，将正见度。既悟正见般若之智，除却愚痴迷妄。众生各各自度，邪来正度，迷来悟度，愚来智度，恶来善度，烦恼来菩提度，如是度者，是名真度。烦恼无边誓愿断，自心除虚妄。法门无边誓愿学，学无上正法。无上佛道誓愿成，常下心行，恭敬一切，远离迷执，觉智生般若，除却迷妄，即自悟佛道成，行誓愿力。

【二十二】

今既发四弘誓愿讫，与善知识授无相忏悔，灭三世罪障。大师言：善知识！前念、后念及今念，念念不被愚迷染。从前恶行一时除，自性若除即是忏；前念后念及今念，念念不被愚痴染，除却从前矫诳心，永断名为自性忏。前念、后念及今念，念念不被疽疾染，除却从前嫉妒心，自性若除即是忏。（以上三唱）善知识！何名忏悔？忏者终身不作，悔者知于前非。恶业恒不离心，诸佛前口说无益，我此法门中，永断不作，名为忏悔。

【二十三】

今既忏悔已，与善知识授无相三归依戒。大师言："善知识！归依觉，两足尊；归依正，离欲尊；归依净，众中尊。从今以后，称佛为师，更不归依邪迷外道，愿自三宝慈悲证明。善知识！惠能劝善知识归依三宝。佛者，觉也；法者，正也；僧者，净也。自心归依觉，邪迷不生，少欲知足，离财离色，名两足尊。自心归依正，念念无邪故，即无爱着，以无爱着，名离欲尊。自心归依净，一切尘劳妄念，虽在自性，自性不染着，名众中尊。凡夫不解，从日至日，受三归依戒。若言归佛，佛在何处？若不见佛，即无所归；既无所归，言却是妄。善知识！各自观察，莫错用意，经中只言自归依佛，不言归依他佛。自性不归，无所依处。"

【二十四】

今既自归依三宝，总各各至心，与善知识说摩诃般若波罗蜜法。善知识虽念不解，惠能与说，各各听。摩诃般若波罗蜜者，西国梵语，唐言大智慧到彼岸。此法须行，不在口念。口念不行，如幻如化。修行者，法身与佛等也。何名摩诃？摩诃者是大。心量广大，犹如虚空。若空心坐禅，即落无记空。虚空能含日月星辰大地山河，一切草木，恶人善人，恶法善法，天堂地狱，尽在空中，世人性空，亦复如是。

【二十五】

性含万法是大，万法尽是自性。见一切人及非人，恶之与善，恶法善法，尽皆不舍，不可染着，犹如虚空，名之为大，此是摩诃行。迷人口念，智者心行。又有迷人，空心不思，名之为大，此亦不是。心量广大，不行是小。莫口空说，不修此行，非我弟子。

【二十六】

何名般若？般若是智慧。一切时中，念念不愚，常行智慧，即名般若行。一念愚即般若绝，一念智即般若生。世人心中常愚，自言我修般若。般若无形相，智慧性即是。何名波罗蜜？此是西国梵音，唐言彼岸到，解义离生灭。着境生灭起，如水有波浪，即是于此岸；离境无生灭，如水永长流，故即名到彼岸，故名波罗蜜。迷人口念，智者心行。当念时有妄，有妄即非真有；念念若行，是名真有。悟此法者，悟般若法，修般若行。不修即凡，一念修行，法身等佛。善知识！即烦恼是菩提。前念迷即凡，后念悟即佛。善知识！摩诃般若波罗蜜，最尊、最上、第一，无住、无去、无来，三世诸佛从中出。将大智慧到彼岸，打破五阴烦恼尘劳。最尊、最上、第一，赞最上乘法，修行定成佛。无去、无住、无来往，是定慧等，不染一切法。三世诸佛从中变三毒为戒定慧。

【二十七】

善知识！我此法门从一般若生八万四千智慧。何以故？为世人有八万四千尘劳，若无尘劳，般若常在，不离自性。悟此法者，即是无念、无忆、无着。莫起诳妄，即自是真如性。用智慧观照，于一切法不取不舍，即见性成佛道。

【二十八】

善知识！若欲入甚深法界，入般若三昧者，直须修般若波罗蜜行，但持《金刚般若波罗蜜经》一卷，即得见性，入般若三昧。当知此人功德无量，经中分明赞叹，不能具说。此是最上乘法，为大智上根人说。小根之人若闻法，心不生信。何以故？譬如大龙，若下大雨，雨于阎浮提，城邑聚落，悉皆漂流，如漂草叶；若下大雨，雨于大海，不增不减。若大乘者，闻说《金刚经》，心开悟解。故知本性自有般若之智，自用智能观照，不假文字。譬如其雨水，不从天有，原是龙王于江海中，将身引此水，令一切众生，一切草木，一切有情无情，悉皆蒙润。诸水众流，却入大海，海纳众水，合为一体。众生本性般若之智，亦复如是。

【二十九】

小根之人，闻说此顿教，犹如大地草木根性自小者，若被大雨一沃，悉皆自倒，不能增长。小根之人，亦复如是。有般若之智，与大智之人亦无差别。因何闻法即不悟？缘邪见障重，烦恼根深，犹如大云，盖覆于日，不得风吹，日无能现。般若之智，亦无大小，为一切众生，自有迷心，外修觅佛，未悟自性，即是小根人。闻其顿教，不信外修，但于自心，令自本性常起正见，一切邪见烦恼，尘劳众生，当时尽悟，犹如大海，纳于众流，小水大水，合为一体，即是见性。内外不住，来去自由，能除执心，通达无碍，心修此行，即与《般若波罗蜜经》本无差别。

【三十】

一切经书及文字，小大二乘，十二部经，皆因人置，因智慧性故，故然能建立。我若无世人，一切万法本亦不有。故知万法本从人兴，一切经书因人说有。缘在人中有愚有智，愚为小人，智为大人。迷人问于智者，智人与愚人说法，令使愚者悟解心开。迷人若悟解心开，与大智人无别。故知不悟，即佛是众生；一念若悟，即众生是佛。故知一切万法，尽在自身心中，何不从于自心顿见真如本性。《梵网菩萨戒经》云："本源自性清净。"识心见性，自成佛道。《维摩经》云："实时豁然，还得本心。"

【三十一】

善知识！我于忍和尚处，一闻言下大悟，顿见真如本性。是故以顿悟教法流行后代，令学道者顿悟菩提，各自观心，令自本性顿悟。若不能自悟者，须觅大善知识示道见性。何名大善知识？解最上乘法，直示正路，是大善知识，是大因缘。所为示道，令得见性。一切善法，皆因大善知识能发起故。三世诸佛十二部经，在人性中本自具有。不能自悟，须得善知识示道见性。若自悟者，不假外求善知识。若取外求善知识望得解脱，无有是处。识自心内善知识，即得解脱。若自心邪迷，妄念颠倒，外善知识即有教授，救不可得。汝若不得自悟，当起般若观照，刹那间妄念俱灭，即是自真正善知识，一悟即至佛地。自性心地，以智慧观照，内外明澈，识自本心。若识本心，即是解脱。既得解脱，即是般若三昧。悟般若三昧，即是无念。何名无念？无念法者，见一切法，不着一切法；遍一切处，不着一切处。常净自性，使六贼从六门走出，于六尘中不离不染，来去自由，即是般若三昧，自在解脱，名无念行。莫百物不思，当令念绝，即是法缚，即名边见。悟无念法者，万法尽通；悟无念法者，见诸佛境界；悟无念顿法者，至佛位地。

【三十二】

善知识！后代得吾法者，常见吾法身不离汝左右。善知识！将此顿教法门，同见同行，发愿受持，如是佛教，终身受持而不退者，欲入圣位；然须传授，从上以来，默然而付衣法，发大誓愿，不退菩提，即须分付。若不同见解，无有志愿，在在处处，勿妄宣传，损彼前人，究竟无益。若愚人不解，谤此法门，百劫千生，断佛种性。

【三十三】

大师言："善知识！听吾说〈无相颂〉，令汝迷者罪灭，亦名〈灭罪颂〉。颂曰：

愚人修福不修道，谓言修福而是道。
布施供养福无边，心中三业原来在。
若将修福欲灭罪，后世得福罪原在。
若解向心除罪缘，各自性中真忏悔。
若悟大乘真忏悔，除邪行正即无罪。
学道之人能自观，即与悟人同一例。
惠能今传此顿教，愿学之人同一体。
若欲当来觅法身，三毒恶缘心里洗。
努力修道莫悠悠，忽然虚度一世休。
若遇大乘顿教法，虔诚合掌至心求。"

大师说法了，韦使君、官僚、僧众、道俗，赞言无尽，昔所未闻。

【三十四】

使君礼拜，白言："和尚说法，实不思议。弟子尚有少疑，欲问和尚。望意和尚大慈大悲，为弟子说。"大师言："有疑即问，何须再三？"使君问："法可否？如是西国第一师达摩祖师宗旨？"大师言："是！"使君问："弟子见说达摩大师化梁武帝。帝问达摩：'朕一生以来，造寺、布施、供养，有功德否？'达摩答言：'并无功德。'武帝惆怅，遂遣达摩出境。未审此言，请和尚说。"六祖言："实无功德，使君勿疑达摩大师言。武帝着邪道，不识正法。"使君问："何以无功德？"和尚言："造寺、布施、供养，只是修福。不可将福以为功德，功德在法身，非在于福田。自法性有功德，平直是佛性，外行恭敬。若轻一切人，吾我不断，即自无功德。自性无功德，法身无功德。念念行平等直心，德即不轻。常行于敬，自修身即功，自修心即德。功德自心作，福与功德别。武帝不识正理，非祖大师有过。"

【三十五】

使君礼拜，又问："弟子见僧俗常念阿弥陀佛，愿往生西方。请和尚说，得生彼否？望为破疑。"大师言："使君听，惠能与说。世尊在舍卫城，说西方引化，经文分明，去此不远，只为下根。说近说远，只缘上智。人自两种，法无两般。迷悟有殊，见有迟疾。迷人念佛生彼，悟者自净其心。所以佛言：'随其心净，则佛土净。'使君！东方但净心无罪，西方心不净有愆。迷人愿生东方、西方，悟者所在处并皆一种。心地但无不净，西方去此不远；心起不净之心，念佛往生难到。除十恶即行十万；无八邪即过八千。但行直心，到如弹指。使君！但行十善，何须更愿往生？不断十恶之心，何佛即来迎请？若悟无生顿法，见西方只在刹那；不悟顿教大乘，念佛往生路远，如何得达？"六祖言："惠能与使君移西方刹那间，目前便见，使君愿见否？"使君礼拜："若此得见，何须往生？愿和尚慈悲，为现西方，大善！"大师言："一时见西方！无疑即散！"大众愕然，莫知何事。大师曰："大众！大众！作意听！世人自色身是城，眼、耳、鼻、舌、身即是城门。外有五门，内有意门。心即是地，性即是王。性在王在，性去王无。性在身心存，性去身心坏。佛是自性作，莫向身外求。自性迷，佛即是众生；自性悟，众生即是佛。慈悲即是观音，喜舍名为势至，能净是释迦，平直即是弥勒，人我即是须弥，邪心即是海水，烦恼即是波浪，毒心即是恶龙，尘劳即是鱼鳖，虚妄即是鬼神，三毒即是地狱，愚痴即是畜生，十善即是天堂。无人我，须弥自倒；除邪心，海水竭；烦恼无，波浪灭；毒害除，鱼龙绝。自心地上觉性如来，放大智慧光明，照耀六门清净，照破六欲诸天，下照三毒若除，地狱一时消灭，内外明澈，不异西方。不作此修，如何到彼？"座下闻说，赞声彻天，应是迷人，了然便见。使君礼拜，赞言："善哉！善哉！普愿法界众生，闻者一时悟解。"

【三十六】

大师言："善知识！若欲修行，在家亦得，不由在寺。在寺不修，如西方心恶之人；在家若修行，如东方人修善。但愿自家修清净，即是西方。"使君问："和尚！在家如何修？愿为指授。"大师言："善知识！惠能与道俗作〈无相颂〉，汝等尽诵取，依此修行顿教法，常与惠能说一处无别。"颂曰：

> 说通及心通，如日处虚空，惟传顿教法，出世破邪宗。
> 教即无顿渐，迷悟有迟疾，若学顿法门，愚人不可悉。
> 说即虽万般，合理还归一，烦恼暗宅中，常须生慧日。

邪来因烦恼，正来烦恼除，邪正悉不用，清净至无余。

菩提本清净，起心即是妄，净性于妄中，但正除三障。

世间若修道，一切尽不妨，常见在己过，与道即相当。

色类自有道，离道别觅道，觅道不见道，到头还自懊。

若欲觅真道，行正即是道，自若无正心，暗行不见道。

若真修道人，不见世间过，若见世间非，自非却是左。

他非我不罪，我非自有罪，但自去非心，打破烦恼碎。

若欲化愚人，事须有方便，勿令彼有疑，即是菩提现。

法原在世间，于世出世间，勿离世间上，外求出世间。

邪见在世间，正见出世间，邪正悉打却，菩提性宛然。

此但是顿教，亦名为大乘，迷来经累劫，悟即刹那间。

【三十七】

大师言："善知识！汝等尽诵取此偈，依偈修行，去惠能千里，常在能边；依此不修，对面千里。各各自修，法不相待。众人且散，惠能归漕溪山，众生若有大疑，来彼山间，为汝破疑，同见佛性。"合座官僚道俗，礼拜和尚，无不嗟叹："善哉大悟，昔所未闻，岭南有福，生佛在此，谁能得知？"一时尽散。

【三十八】

大师往漕溪山，韶、广二州行化四十余年。若论门人，僧之与俗，约有三五千人，说不可尽。若论宗旨，传授坛经，以此为约。若不得《坛经》，即无禀受。须知法处、年、月、日、姓名，递相付嘱。无《坛经》禀承，非南宗弟子也。未得禀承者，虽说顿教法，未知根本，终不免净。但得法者，只劝修行，净是胜负之心，与佛道违背。

【三十九】

世人尽传南宗能、北宗秀，未知根本事由，且秀禅师于南都荆州江陵府当阳县玉泉寺住持修行，惠能大师于韶州城东三十五里漕溪山住持修行。法即一宗，人有南北，因此便立南北。何以渐顿？法即一种，见有迟疾，见迟即渐，见疾即顿，法无顿渐，人有利钝，故名渐顿。

【四十】

神秀师常见人说，惠能法疾，直指见路。秀师遂唤门人僧志诚曰："汝聪明多智，汝与吾至漕溪山到惠能所，礼拜但听，莫言吾使汝来。所听得意旨，记取，却来与吾说，看惠能见解与吾谁疾迟。汝第一早来，勿令吾怪。"志诚奉使，欢喜遂行，半月中间，即至漕溪山，见惠能和尚，礼拜即听，不言来处。志诚闻法，言下便悟，即契本心。起立即礼拜，白言："和尚！弟子从玉泉寺来，秀师处不得启悟，闻和尚说，便契本心。和尚慈悲，愿当教示。"惠能大师曰："汝从彼来，应是细作？"志诚曰："不是！"六祖曰："何以不是？"志诚曰："未说时即是，说了即不是。"六祖言："烦恼即是菩提，亦复如是！"

【四十一】

大师谓志诚曰："吾闻汝禅师教人，唯传戒定慧，汝和尚教人戒定慧如何？当为吾说！"志诚曰："秀和尚言戒定慧：诸恶不作名为戒，诸善奉行名为慧，自净其意名为定，此即名为戒定慧。彼作如是说，不知和尚所见如何？"惠能和尚答曰："此说不可思议，惠能所见又别。"志诚问："何以别？"惠能答曰："见有迟疾。"志诚请和尚说所见戒定慧。大师言："汝听吾说，看吾所见处：心地无非是自性戒，心地无乱是自性定，心地无痴是自性慧。"大师言："汝师戒定慧劝小根智人；吾戒定慧劝上智人。得悟自性，亦不立戒定慧。"志诚言："请大师说，不立如何？"大师言："自性无非、无乱、无痴，念念般若观照，常离法相，有何可立？自性顿修，无有渐次，所以不立。"志诚礼拜，便不离漕溪山，即为门人，不离大师左右。

【四十二】

又有一僧名法达，常诵《妙法莲华经》七年，心迷不知正法之处。来至漕溪山礼拜，问大师言："弟子常诵《妙法莲华经》七年，心迷不知正法之处，经上有疑，大师智慧广大，愿为除疑？"大师言："法达！法即甚达，汝心不达！经上无疑，汝心自邪，而求正法，吾心正定即是持经。吾一生以来，不识文字，汝将《法华经》来，对吾读一遍，吾闻即知。"法达取经到，对大师读一遍，六祖闻已，即识佛意，便与法达说《法华经》。六祖言："法达！《法华经》无多语，七卷尽是譬喻因缘。如来广说三乘，只为世人根钝。经文分明，无有余乘，唯有一佛乘。"大师言："法达！汝听一佛乘，莫求二佛乘，迷即却汝性。经中何处是一佛乘？吾与汝说，经云：'诸佛世尊唯以一大事因缘故，出现于世。'（以上十六字是正法）此法如何解？此法如何修？汝听吾说，人心不思，本源空寂，离却邪见即一大事因缘。内外不迷，即离两边。外迷着相，内迷着空，于相离相，于空离空，即是不迷。若悟此法，一念心开，出现于世。心开何物？开佛知见。'佛'犹如'觉'也，分为四门：开觉知见，示觉知见，悟觉知见，入觉知见。此名开、示、悟、入，从一处入，即觉知见，见自本性，即得出世。"大师言："法达！吾常愿一切世人，心地常自开佛知见，莫开众生知见。世人心邪，愚迷造恶，自开众生知见；世人心正，起智慧观照，自开佛知见。莫开众生知见，开佛知见即出世。"大师言："法达！此是《法华经》一乘法。向下分三，为迷人故。汝但依一佛乘。"大师言："法达！心行转《法华》，不行《法华》转；心正转《法华》，心邪《法华》转。开佛知见转《法华》，开众生知见被《法华》转。"大师言："努力依法修行，即是转经。"法达一闻，言下大悟，涕泪悲泣，白言："和尚！实未曾转《法华》，七年被《法华》转；以后转《法华》，念念修行佛行。"大师言："即佛行是佛。"其时听人，无不悟者。

【四十三】

时有一僧名智常，来漕溪山，礼拜和尚，问四乘法义。智常问和尚曰："佛说三乘，又言最上乘，弟子不解，望为教示。"惠能大师曰："汝自身心见，莫着外法相，原无四乘法。人心量四等，法有四乘。见闻读诵是小乘，悟法解义是中乘，依法修行是大乘。万法尽通，万行俱备，一切不离，但离法相，作无所得，是最上乘，最上乘是最上行义，不在口净，汝须自修，莫问吾也。"

【四十四】

又有一僧名神会，襄阳人也。至漕溪山礼拜，问言："和尚坐禅，见亦不见？"大师起，把打神会三下，却问神会："吾打汝，痛不痛？"神会答言："亦痛亦不痛。"六祖言曰："吾亦见亦不见。"神会又问："大师何以亦见亦不见？"大师言："吾亦见，常见自过患，故云亦见。亦不见者，不见他人过罪，所以亦见亦不见也。汝亦痛亦不痛如何？"神会答曰："若不痛，即同无情木石；若痛，即同凡夫，即起于恨。"大师言："神会！向前！见不见是两边，痛不痛是生灭。汝自性且不见，敢来弄人？"神会礼拜，再礼拜，更不言。大师言："汝心迷不见，问善知识觅路；汝心悟自见，依法修行。汝自迷不见自心，却来问惠能见否？吾不自知，代汝迷不得；汝若自见，代得吾迷？何不自修，问吾见否？"神会作礼，便为门人，不离漕溪山中，常在左右。

【四十五】

大师遂唤门人法海、志诚、法达、智常、智通、志彻、志道、法珍、法如、神会。大师言："汝等十弟子近前，汝等不同余人，吾灭度后，汝等各为一方师。吾教汝等说法，不失本宗。举三科法门，动用三十六对，出没即离两边，说一切法，莫离于性相。若有人问法，出语尽双，皆取法对，来去相因，究竟二法尽除，更无去处。三科法门者，荫、界、入。荫，是五荫；界，是十八界；入，是十二入。何名五荫？色荫、受荫、想荫、行荫、识荫是。何名十八界？六尘、六门、六识。何名十二入？外六尘，中六门。何名六尘？色、声、香、味、触、法是。何名六门？眼、耳、鼻、舌、身、意是。法性起六识：

眼识、耳识、鼻识、舌识、身识、意识，六门、六尘。自性含万法，名为含藏识。思量即转识，生六识，出六门、六尘，是三六十八。由自性邪，起十八邪；若自性正、起十八正。恶用即众生，善用即佛。用由何等？由自性。"

【四十六】

对。外境无情对有五：天与地对，日与月对，暗与明对，阴与阳对，水与火对。语言法相对，有十二对：有为无为对、有色无色对、有相无相对、有漏无漏对、色与空对、动与静对、清与浊对、凡与圣对、僧与俗对、老与少对、长与短对、高与下对。自性起用对有十九对：邪与正对、痴与慧对、愚与智对、乱与定对、戒与非对、直与曲对、实与虚对、崄与平对、烦恼与菩提对、慈与害对、喜与嗔对、舍与悭对、进与退对、生与灭对、常与无常对、法身与色身对、化身与报身对、体与用对、性与相对。语言与法相对有十二对，外境无情对有五对，自性起用对有十九对，都合成三十六对也。此三十六对法，解用通一切经，出入即离两边。如何自性起用三十六对共人言语？出外，于相离相；入内，于空离空。着空，则惟长无明；着相，则惟长邪见。秉法直言，不用文字。既云不用文字？人不合言语，言语即是文字。自性上说空，正语言本性不空。迷自惑，语言除故。暗不自暗，以明故暗；暗不自暗，以明变暗。以暗现明，来去相因，三十六对，亦复如是。

【四十七】

大师言："十弟子！以后传法，递相教授一卷《坛经》，不失本宗。不禀受《坛经》，非我宗旨。如今得了，递代流行。得遇《坛经》者，如见吾亲授。十僧得教授已，写为《坛经》，递代流行，得者必当见性。"

【四十八】

大师先天二年八月三日灭度。七月八日，唤门人告别。大师先天元年于新州国恩寺造塔，至先天二年七月告别。大师言："汝众近前，吾至八月，欲离世间，汝等有疑早问，为汝破疑，当令迷者尽悟，使汝安乐。吾若去后，无人教汝。"法海等众僧闻已，涕泪悲泣。唯有神会不动，亦不悲泣。六祖言："神会小僧，却得善不善等，毁誉不动。余者不得，数年山中，更修何道？汝今悲泣，更忧阿谁？忧吾不知去处在？若不知去处，终不别汝。汝等悲泣，即不知吾去处；若知去处，即不悲泣。性体无生无灭，无去无来。汝等尽坐，吾与汝一偈：〈真假动静偈〉，汝等尽诵取，见此偈意，与吾意同。依此修行，不失宗旨。"僧众礼拜，请大师留偈，敬心受持。偈曰：

一切无有真，不以见于真。若见于真者，是见尽非真。

若能自有真，离假即心真。自心不离假，无真何处真？

有情即解动，无情即无动。若修不动行，同无情不动。

若见真不动，动上有不动，不动是不动，无情无佛种。

能善分别相，第一义不动。若悟作此见，则是真如用。

报诸学道者，努力须用意。莫于大乘门，却执生死智。

前头人相应，即共论佛义。若实不相应，合掌礼劝善。

此教本无诤，若诤失道意。执迷诤法门，自性入生死。

【四十九】

众僧既闻，识大师意，更不敢诤，依法修行。一时礼拜，即知大师不久住世。上座法海向前言："大师！大师去后，衣法当付何人？"大师言："法即付了，汝不须问。吾灭后二十余年，邪法撩乱，惑我宗旨。有人出来，不惜身命，定佛教是非，竖立宗旨，即是吾正法。衣不合传，汝不信，吾与诵先代《五祖传衣付法颂》。若据第一祖达摩颂意，即不合传衣。听吾与汝诵。"颂曰：

第一祖达摩和尚颂曰：

吾本来东土，传教救迷情，一花开五叶，结果自然成。

第二祖惠可和尚颂曰：

本来缘有地，从地种花生，当本元无地，花从何处生？

第三祖僧璨和尚颂曰：

花种须因地，地上种花生，花种无生性，于地亦无生。

第四祖道信和尚颂曰：

花种有生性，因地种花生，先缘不和合，一切尽无生。

第五祖弘忍和尚颂曰：

有情来下种，无情花即生，无情又无种，心地亦无生。

第六祖惠能和尚颂曰：

心地含情种，法雨即花生，自悟花情种，菩提果自成。

【五十】

能大师言："汝等听吾作二颂，取达摩和尚颂意。汝迷人依此颂修行，必当见性。"第一颂曰：

心地邪花放，五叶逐根随，共造无明业，见被业风吹。

第二颂曰：

心地正花放，五叶逐根随，共修般若慧，当来佛菩提。

六祖说偈已了，放众僧散。门人出外思惟，即知大师不久住世。

【五十一】

六祖后至八月三日食后，大师言："汝等着位坐，吾今共汝等别！"法海问言："此顿教法传授，从上以来至今几代？"六祖言："初，传授七佛，释迦牟尼佛第七，大迦叶第八，阿难第九，末田地第十，商那和修第十一，优婆鞠多第十二，提多迦第十三，佛陀难提第十四，佛陀蜜多第十五，比丘第十六，富那奢第十七，马鸣第十八，毗罗长者第十九，龙树第二十，迦那提婆第二十一，罗罗第二十二，僧迦那提第二十三，僧迦耶舍第二十四，鸠摩罗驮第二十五，阇耶多第二十六，婆修盘多第二十七，摩拏罗第二十八，鹤勒那第二十九，师子比丘第三十，舍那婆斯第三十一，优婆崛第三十二，僧迦罗第三十三，须婆蜜多第三十四，南天竺国王子第三子菩提达摩第三十五，唐国僧惠可第三十六，僧璨第三十七，道信第三十八，弘忍第三十九，惠能自身当今受法第四十。"大师言："今日以后，递相传授，须有依约，莫失宗旨。"

【五十二】

法海又白："大师今去，留付何法，令后代人如何见佛？"六祖言："汝听！后代迷人，但识众生，即能见佛；若不识众生，觅佛万劫不可得见也。吾今教汝识众生见佛，更留《见真佛解脱颂》，迷即不见佛，悟者即见。"法海愿闻，代代流传，世世不绝。六祖言："汝听！吾与汝说。后代世人，若欲觅佛，但识众生，即能识佛，即缘佛心有众生，离众生无佛心。"

迷即佛众生，悟即众生佛。
愚痴佛众生，智慧众生佛。
心崄佛众生，平等众生佛。
一生心若崄，佛在众生中。
一念悟若平，即众生自佛。
我心自有佛，自佛是真佛。
自若无佛心，向何处求佛？

【五十三】

大师言："汝等门人好住！吾留一颂，名《自性见真佛解脱颂》。后代迷人，闻此颂意，即见自心自性真佛。与汝此颂，吾共汝别。"颂曰：

真如净性是真佛，邪见三毒是真魔。邪见之人魔在舍，正见之人佛在堂。
性中邪见三毒生，即是魔王来住舍。正见忽除三毒心，魔变成佛真无假。
化身报身及法身，三身原本是一身。若向性中觅自见，即是成佛菩提因。
本从化身生净性，净性常在化身中。性使化身行正道，当来圆满真无穷。
淫性本是净性因，除淫即无净性身。性中但自离五欲，见性刹那即是真。
今生若悟顿教门，悟即眼前见世尊。若欲修行求觅佛，不知何处欲觅真？
若能心中自有真，有真即是成佛因。自不求真外觅佛，去觅总是大痴人。
顿教法者是西流，救度世人须自修。今报世间学道者，不依此见大悠悠。

大师说偈已了，遂告门人曰："汝等好住，今共汝别，吾去以后，莫作世情悲泣，而受人吊问钱帛，着孝衣，即非圣法，非我弟子。如吾在日一种，一时端坐，但无动无静，无生无灭，无去无来，无是无非，无住，坦然寂静，即是大道。吾去以后，但依法修行，共吾在日一种；吾若在世，汝违教法，吾住无益。"大师云此语已，夜至三更，奄然迁化。大师春秋七十有六。

【五十四】

大师灭度之日，寺内异香氛氲，经数日不散。山崩地动，林木变白，日月无光，风云失色。八月三日灭度，至十一月迎和尚神座于漕溪山，葬在龙龛之内，白光出现，直上冲天，三日始散。韶州刺史韦据立碑，至今供养。

【五十五】

此《坛经》，法海上座集。上座无常，付同学道际。道际无常，付门人悟真。悟真在岭南漕溪山法兴寺，现今传授此法。

【五十六】

如付此法，须得上根智，深信佛法，立于大悲，持此经，以为禀承，于今不绝。

【五十七】

和尚本是韶州曲江县人也。如来入涅盘，法教流东土，共传无住心，即我心无住。此真菩萨说，真实亦譬喻，唯教大智人，无住是旨依。凡发誓修行，修行遭难不退，遇苦能忍，福德深厚，方授此法。如根性不堪，裁量不得，虽求此法，建立不得者，不得妄付《坛经》。告诸同道者，令知密意。

后　记

由于我博士论文做的是与佛教相关的题目，因此 2004 年 7 月来到武汉大学文学院工作后，便申请开设了一门全校通识课"佛教与中国文学"。在上这门课的过程中，我发现一个有趣的现象：学生更感兴趣的是"佛教"，而对"佛教与中国文学"则不太感兴趣。此外，通过这门课的教学，我还发现绝大多数本科生对佛教文化的常识基本不了解，所了解的多是一些枝枝叶叶的东西，而且充满着误解和偏见，这一情况让我相当吃惊。于是，为了顺应学生的需求，我于 2008 年又申请开设了一门全校通识课"佛教文化"，开课的目的，就是希望通过这门课，让学生对佛教文化有一个基本的、真切的了解。果然，这门课大受学生欢迎，选课人数次次爆满，成为那几年最难选上的通识课程之一。

于是，"佛教文化"课程在 2015 年被学校评为"精品基础通识课"；在 2016 年课程又被制作为 MOOC 并推送至"中国大学 MOOC"网，从而使课程能有更多学生参与学习。截至 2021 年 12 月本课程在"中国大学 MOOC"网上共开课 12 次，选课学习者共计 15.2 万人次，远远超过了在学校开课的选课人数。2017 年"佛教文化"在线课程被评为"国家精品在线开放课程"，2020 年又被评为"国家级一流本科课程"。从本课程所获得的一系列奖项可以看出课程的受欢迎程度，因此很有必要编写一部与课程配套的图书以便于学生学习。

现在本书已经完稿，准备交付出版社出版。希望这本书的出版，能为同学们更好地学习"佛教文化"课程提供便利，也希望还有更多的人通过阅读这本书，对佛教文化有一个真切的了解。

本书编写由高文强整体统筹，最后统稿由王婧负责。编写具体分工如下：

前　言　　　高文强（武汉大学）

第一章　　　马　麟（复旦大学）

第二章　　　高文强

第三章　　　马　麟

第四章　　　李艳萍（大理大学）

第五章　　　杨森旺（武汉大学）

第六章　　　王　婧(江汉大学)

第七章　　　王　婧

附　录　　　高文强　王　婧

高文强

2022 年 1 月 17 日于武大振华楼